現代社会の法と民法

小野 幸二【編著】

浅野 裕司
石川 信
大杉 麻美
小松 進
平田 陽一
山口 國夫

八千代出版

執筆者紹介（五十音順）

浅野裕司	元東洋大学教授	第１編第１章〜第８章
石川　信	白鷗大学法科大学院教授	第２編第２章第２節第１款第５項七
大杉麻美	明海大学教授	第２編第２章第１節第３項
小野幸二	大東文化大学名誉教授・弁護士	第２編第１章・第２章
小松　進	大東文化大学名誉教授	第２編第３章
平田陽一	大東文化大学非常勤講師	第２編第１章第１節第４項第４
山口國夫	元平成国際大学教授	第２編第２章第２節第１款第５項四〜六

はしがき

本書は、実質的には昭和六〇年に発刊した浅野裕司教授との共著『法学概論』の改訂版である。その旧著はすでに執筆以来一八年が経過した。

その間、大きく社会状況は変化し、学説や判例も著しい発展、変更をみた。また、平成一一年には民法総則編の能力部分が全面的に改正された。

そこで、今度これらの点を書き改め、また従来書き足りなかった部分を補充することにした。その結果、民法に関する記述が大幅に増えたので、本書の書名を『現代社会の法と民法』と改め、またこれらを執筆していただいた諸先生との共著とした。今後ともご利用を願ってやまない。

平成一五年春

編著者　小　野　幸　二

第一版四刷に際して

本書の刊行以来三年が経過した。法令の改正等を踏まえ、今回の増刷に際し、全体の補正作業を大東文化大学非常勤講師平田陽一氏にお願いした。ここに記して、謹んで感謝の意を表したい。

編著者　小　野　幸　二

平成一八年三月

目次

第二編　各　論

第一編　総　論

第一章　総　説

第一節　法学を学ぶにあたって

「法」とは何であるかという問題は、法学を学ぶ場合に最初の問題であると同時に最後の問題でもある。こうした、法とは何か、という法学の根本問題についてさえ、必ずしも学者の見解が一致しているとはいえない。ほとんどの法学者は、法に関する研究を終生の課題としながらも、法に安住することができないでいる。それは法の中にも社会的正義や公共の福祉の現われを認めはしていても、なお満足できるだけの法的保障が与えられていないからであろう。あらゆる学問のうちでも法学は、複雑な学問であるともいわれているが、広義では法解釈学、法哲学、法史学、法社会学、比較法学、法政策学などが含まれる。今日では、法哲学、法史学、法社会学で構成されている基礎法学よりも実定法の法解釈学を中心にして、法学という科目を学ばせる傾向もあるが、基礎法学を地道に学ぶことが大切である。しかし、いずれにしても法学的教養は人間形成にとって不可欠のものであり、法学的教養を通じて、ゆたかな人間的教養を身につけながら、広い社会的視野による理解力と判断力をもつことが重要である。わが国はもちろんのこと近代国家は法治主義の建前をとっており、人々の日々における生活をはじめ、あらゆる社会的な現象はきわめて多岐にわたっている。われわれは、日常それを意識しないで過している場合が多い。われわれの生活をとりまく政治や経済も法の拘束のわくの中で動き、また法の動きは常に政治によって促進され、その政治の動きは経済的な諸関係を基盤にしているように、法は政治や経済とも密接な関係をもっている。もちろん法のない政治、法をもたない社会というものができたとしたら、それは理想的なものであるかも知れない。孔子なども、法律や刑罰で世の中を治めれば「民は免れて恥なし」というようになってしまうといって、法治よりも徳治の大切なことをいっている。しかし、現実の人間生活の間にあっては、それは到底望みえないことだといわなければならない。法学教育の目的は、法的知識 Legal knowledge を授けることではなく、法の心ないし法的なものの考え方 Legal mind を植えつけることであるといわれる。そこにいう法の心というのは、法的判断のための思考態度というものといってよいであろう。法は人間社会生活の実践規範として、社会に対して人間が働きかける一種の社会的技術であるから、法を理解するためには、各種の社会現象についての知識と一定の価値判断をする能力とを必要とする。

法学は一種の科学として成り立たなければならない。すなわち、法学は、他の社会科学の諸分野と同じように、社会現象であるいっさいの法現象を研究対象とするのでなければならない。法律・命令という法規範はもちろんのこと自然法・法理念・法感情など、法意識一般についてもそうであり、また人々がとりむすぶ法関係のいっさいについても法現象でないものはなく、裁判所や立法機関など法制度も一種の法的な社会現象である。法学は、考えられるいっさいの法現象を対象とし、それらがどのような論理構造をもっているか、どのような生成・発展・死滅の歴史法則をもっているか、あるいは、もっていないかを明らかにしたとき、そして、法現象が社会現象全体の中で占める位地を明確にしたとき、はじめて社会科学の名に値するものになる。サヴィニー (Friedrich Karl von Savigny 1779~1861) によれば、法の科学の目的は、国家を行為する存在としてとらえ、その行為の中の立法機能を歴史的に叙述することにあり、国家は、個人相互の恣意の支配を制限するために立法機能を営む。したがって、法は、そこではいっさいの個人的信念から遠く隔たった完全に客観的な、独立したものとして存在していなければならないとする。また、立法は法の創造ではなく法の発見であり、このように客観的に存在する法を研究する方法は、歴史でなければならないとサヴィニーは主張している(「法学方法論」Juristische methodenlehre, 1951)。そして、法の科学は、法が内面的関連のある統一体であることを明らかにしなければならず、したがって、それはまた普遍的内容を求める体系的研究であるとする。その意味で、法の科学はまた哲学的でなければならない。さらに、法の科学の方法は、法の純粋な体系を基礎におく方法でなければならないが、それとともに、これまでの法学文献を批判的かつ歴史的に研究することが必要であり、この観点から、大学の法学教育の方法もまた検討されるべきであるとしている。

法学は一種の技術的学問でもあるが、論理を無視して学問は成り立たないように、法学の場合にも綿密な論理は生命に等しい。また真理と虚偽が背中合わせに存在しているのが法学であり、法律である。法律的に正しいということと、人間行動として間違っていないということとは一致するわけではなく、しばしば矛盾さえする。もし、かりに両者が矛盾する場合、どちらをとるべきか、答えは自ら明らかであろう。しかし、人間行動として正しいかどうかは、結局、人生観、世界観の問題に帰着する。もちろん、近代人にとって、法は自分の心の中にあり、法律があろうとなかろうと、自分の行動に対しては自分が責任をとるというのが近代精神というものであろう。よく法律家が、法律にだけ没頭していて、六法全書以外のことをあまり知らなさすぎる場合もあり、義理や人情に白い眼を向けがちなため「最も善き法律家は最も悪しき隣人である」といわれる。視野は広くすべきであり、政治、経済事情もこれをよく知らなければ、法律を合目的に解釈運用することができない。ことに、人生観、世界観、人格の如何によって法律の解釈、運用は全く異ってくる。正しき人生観、世界観を確立し人格の長養に不断の努力を払うべきである。ショペンハウェルは、われわれの権利自由を保障する最後のものは人格であると喝破している。法学を学ぶについては常に正義感を重視しなければならないであろう。

第二節　社会生活と法

社会とは、人間の作ったものである。人間が生きるために作りあげた便宜上のものである。しかし、人間が生きてゆく限り、人と人との交わる社会がなくては生きてゆけない。これはまた人間の有限である理由でもある。法は、人間が一緒に住むことから生ずる生活のための規則ということもできる。法は、人と人とが結びついてつくる社会のうちに発生し、また存在もする。ロビンソン・クルーソが絶海の孤島でたった一人でどのような社会からも離れて生活している間は何の規則もいらないはずである。ところが数人をひきつれたフライディを救助し、また英国の船長を救出したことからロビンソンの生活は以前より複雑となり、島の生活は人間社会の実際に近づいた。二人や三人でなく、何千、何万、何億という人が、生活を共同するということになればどうしても守らなければならないルール、破ってはいけないルールというものが必要になる。必要というよりそれなしには共同生活が成り立たないということになる。二人以上の者が相集って社会をなすと、そこに必ず生活の規則ができてくる。もっとも、社会は、ロビンソンのような何の絆もない孤独人が集ってできるという考え方は適当ではない。古代ギリシャの哲学者アリストテレスがいったように人類はもともと社会的動物でもある。人類は、その発達の初めから社会として存在したもので、ロビンソンのような全く社会と切離された孤独人を想像することは、はるかにずっと後のことである。ドイツの法学者オットー・ギールケ (Otto Friedrich v. Gierke) は、その代表作「ドイツ団体法論」(Das deutsche Genossenschaftsrecht) 四巻を書くにあたり、その第一巻の冒頭に「人の人たるゆえんは人と人との結合にあり」(Was der Mensch ist, verdankt er der Vereinigung von Mensch und Mensch) という言葉を書いているが、共同生活をいとなむことが今日ある人間の社会と解することができる。したがって「人と人との結合」である人間は、各個人が自己の人格を尊重すると同時に他人の人格を尊重する、すなわち、人格相互の尊重の下に緊密な共同生活を営むのであって、これがすなわち「人の人たるゆえん」である。各個人が独立しているがために全体がうまく結合し、全体がうまく結合しているために各個人の特色が顕著である。すなわち、人間の共同生活においては各人が勝手気ままにふるまうことは許されない。人間同志の慾望がかち合い、全体の中における個人の利益が衝突すれば社会は支離滅裂で、所詮社会というものが成り立ち得ないことになる。そこで、社会生活の秩序を保ち、その幸福をはかり、その向上発展をはかるがためには、一定の規則を設けることが必要となってくる。規則を設けるというよりも規則が発生するといった方が適当かもしれない。共同生活のためには、命令・禁止のルールが必要なことはくりかえすまでもないが、これを一般に規範といい、社会生活を成り立たせるための規範を社会規範という。社会生活には規範が必ずなければならないし、規範のない社会というものはありえないということになる。そこで、法もまた社会規範であるということが指適されるし、社会規範にはいろいろのものがあって、法もまたその一つであるということがいえる。社会規範が現実にわれわれの社会に現われるときには、あるいは法という形をとり、それがなくては社会が成り立たないという意味で社会には必然のものである。法はこうした社会の所産であり、人が必然的に社会をつくるという歴史的な事実を反映するように、法も社会の歴史的な変遷に伴い変化する。それゆえに「社会があれば法がある」(Ubi societas ibi ius) また「法があれば社会もある」(Ubi ius societas) という法格言もある。アラン・ハーディン (Alam Harding) は、「イギリス法の社会史」(A Social History of English Low) のなかで、法は社会のために存在するものであること、そして社会の変化に即応して断えず時代おくれにならないように自らを改正しなければならないものであること、このことを徹底させることが、法の歴史の実際的価値の主たるものであろう、といい、社会を忘れた法は、神秘学 an ocult science

となり、魔法 a black art となり、手がかりを失った迷宮と堕してしまうであろうといっている。また、歴史家は、法制 jurisprudence の歴史は文明の歴史である、といって、文明を知るためには法を知らなければならないという態度で、法の歴史と取り組んでいるのに、法律家は、自国の法の歴史にはほとんど無関心で、当面の事件を処理するための法にのみ没頭している。だが法を作り、法を変更しようとする段になると、法の歴史の研究は欠くことができない。なぜなら、法は自分から生れるものではなく、またそうあるべきものではなく、過去の社会の所産にほかならないのであるから、どのようにして現在のようになったのかを知らないでどのようにして事態が変るのかを知ることは困難であるからである、ともいっている。ともかく法と社会の関連性を論究することによって法が社会の所産であることを明らかにしていかなければならない。

第二章　規範とは何か

第一節　法と規範

人と人が結合して社会関係をつくるところにはかならず規律がある。まして集団をなして社会生活をいとなむとき、規律がなくては結合関係を維持していくことができない。「こうすべきである」とか、「そうすべきではない」とかいう、命令、禁止のルールを一般に規範といっている。そして、人間の社会生活の行なわれるところには、必ず共同生活における各人の行動の一般的規律としての規範、すなわち、社会生活を成り立たせるための規範である社会規範がある。たとえば、スポーツをするにしてもルールが必要であるように、人が集まり共通の目的をもって成果をあげようとすれば、その集団が、職業上のもの、信仰的なもの、趣味や教養上のものなどであっても、そこには必ず共同生活における行為の一般法則としての社会規範がなければならない。そこで、法もまた社会規範であるということをここで指摘しておかなければならないが、社会規範のすべてが法ではない。社会規範には、いろいろなものがあり、法もまたその一つであるということである。前述したように、社会規範が現実にわれわれの社会に現われるときには、あるいは、法という形をとり、また、あるいは道徳という形をとる。風俗というようなものも、また一種の社会規範ということができよう。われわれの行為は、日常すべてといってよいほど、何が「為すべきこと」であり、何が「為すべからざること」であるかという規範によって規律されている。それは法であったり、道徳であったり、宗教であったりする。そういう規範はいったい何のために存在しているか、それらの規範の存在形態は何か、それをどうして認識するのか、それらの規範はどういう手続とか経過といったものを経て定立され、修正されてゆくか、という問題がある。規範というのは、前述したように「すべし」、「すべからず」という命令を定めたものであるから、その本質は価値にあって、「である」、「でない」という事実をあらわした法則とは、根本的に異なっている。そこで、これらの問題についても原始的社会から現代社会までを究明する必要もあろう。

第一項　社会規範

およそ社会生活を営むためには、どうしても秩序を保つためのなにかが必要であり、それが社会の成立要件でもある。それは、規則や規範といった「きまり」であり、これを社会規範ともいう。今日においては、法は社会規範ともいう。今日においては、法は社会規範のうちでもっとも顕著なもので、法のない現代社会は容易に考えられない。社会規範は、かならずしも守られるというものではない。他人の物を盗んではならないとか人を殺してはならないということはできるが、実際には、他人の物を盗んだり、人を殺すものも少なくない。

そういうことを考えると、社会規範は、はじめから遵守されないこともあること、すなわち、やぶられたり、例外のおこることを考慮においているといわなければならない。したがって、社会規範は「当為の法則」であることもわかる。当為とは、「当(まさ)に何々を為(す)べし」という定め(ドイツ語ではSollen)であり、「かくあるべき」法則である。したがって社会規範は、いいかえると「かくあらねばならない」、「……しなければならない」という「当為」を核心として成り立つ人間の行為や態度に関する規準となるから、自然法則とは異なる。自然法則とは、自然現象間におこる必然的な関係を抽象的に引き出したもので、人力ではどうにもならない天地自然の道理である。社会規範も自然法則も、その抽象的な点においては同じであるから共に法または法則と呼ばれるが、そこに本質的な差異がある。社会規範の定める関係は必然性を有していないが自然法則に支配される関係はこれを有している。他人の物を盗むな、人を殺すな、というような規範は、これが、しばしばやぶられることによって、その規範としての存在価値を増すものであり、引力の法則や運動の法則のような自然法則は、すべての自然界に例外なしに行なわれるもので、もしもこれに反する現象が発生したならば、もはや自然法則としての価値を失なうものである。すなわち、社会規範は「かくあるべき」法則であり、自然法則は「かくある」法則である。

法と社会規範については前述したが、法という語を社会規範の意味に解するかぎり、社会のあるところ法があるということもいえるが、社会規範のすべてが法とはかぎらない。法規範なるものが何であるかも考えなければならない。人間の社会生活の規範としては、まず宗教的規範、習俗的規範、技術的規範などが成り立ち、やがてそれらのものから遅れて法規範が登場した。したがって、宗教、習俗、礼儀、技術などの規範を第一次社会規範とよび、それに対して法規範は第二次社会規範として説明される。広義では、第一次規範、第二次規範も社会規範であることに変わりはないが、第二次規範は社会がある程度進歩発達したのちに出現する。第一次規範のどのような部分が法規範となってゆくかは、国によりまた時代によって相違がある。第一次規範と第二次規範とは異なった規範であるが、第一次規範は、国がその一部分を認めて、法という形式を与えることによって第二次規範としての法規範となる。第二次規範としての法規範は、第一次規範である社会規範を基礎としながら、しかも社会規範そのものではなく、国家理念あるいは国家存立の立場から法の定型にかこまれた社会規範の一部分である。たとえば、宗教的規範、道徳的規範、習俗的規範、技術的規範などの一部が、国家存立の立場から承認されて法という形式を与えられることによって法が成り立つということになる。

規範としての法と本質的に相違があるのは、事実の法則、因果関係の法則である。すなわち、自然法則のような必然の法則が行なわれる領域は、存在(Sein)の世界であり、事実出来事の世界であって、それは因果律の世界である。価値の世界と事実の世界、規範と実在、当為と存在、これら二つの世界は超えることのできない深淵で分れていて、両者は本質的に違ったものである。しかし、社会規範も自然法則を無視しては成り立たない。

第二項　原始規範と法の発生

原始規範といわれる慣習に拘束されて生活していた原始人やタブー（社会的禁忌、taboo tabou）と結合して宗教的規範に盲従して生活していた未開人の社会には、今日われわれがいうような法はなかったといわれている。すなわち、原始社会では、社会規範は、法とか宗教とか習慣とか道徳などに分化しておらず、おそらく宗教と深く結びついた習慣が、社会を秩序づけていたと思われる。

こうした規範は、どうゆう経過を経て定立されたかが問題となる。規範を立てる者、すなわち規範定立行為が、だれによってなされたかということである。まず規範を立てる立法者は神と考えられた。旧約聖書の冒頭の創世紀第一章第一節によれば、神の天地創造のはじめは、神が、「光あれ」という命令を発したことにある。これは規範定立行為であり、神は光あるべしという命令、当為、規範を定めたということになる。そして、そこにあった無が、この命令にしたがい光となってあらわれることによって、天地創造の第一歩がなされたというのである。そこで、天地創造は、神の規範定立行為と、無の規範適合行為とから説明されている。したがって、神は、はじめから、命令をくだし、掟を定め、これに違反する者を処罰することによって、世界を支配していると考えられた。後に、地上の支配者が立法するようになった時にも、これらの支配者、国王たちは、命令を自分で定めたといって、国民に宣布する代わりに、神が、これを彼らに授けたというのが通例となった。原始社会では、郡・集団・部族などといわれる血縁社会で、すべての社会的いとなみが行なわれ、のちに発達してくるいろいろな種類の社会、組織、制度、規範は、みなこのうちに芽ばえとして発現している。集団とか部族とかいう血縁社会には、まだ、はっきりした姿での国家はみられないし、法といわれるような規範も現われていないが、それらの萌芽をみつけだすことができる。法は、そのはじめ、他の社会規範と未分化のまま原始規範のうちに含まれていたといわれている。人間社会の発展に伴って、個人は、各共同体から解放されるようになり、伝統や因襲の拘束を免れるようになった。このような過程において、原始規範の否定的分裂態として現われたものが、道徳であり法である。とりわけ法の発生の契機は、裁判という司法作用にあるとされる。原始社会においては、人間の社会生活はいまだ十分に組織化されず、したがって各人は社会的保護に依存できなかったため、自給自衛しなければならない状態にあったとされており、その自衛作用のうちでもっとも主要なものは、社会学的研究によれば復讐で、身体または財産に被害を受けた者あるいはその親族が、加害者あるいはその親族に対して、同様の加害殺傷をもってむくいることであり、やがて復讐は対外的には血族復讐に変わった。復讐という形式による制裁は、原始社会における秩序維持の役割を演じた。タブーは、神罰による制裁を伴う社会的禁忌であるが、人々は盲目的にこのタブーによる災いのおこることを恐れ、このためによくこの慣習が守られた。しかし、社会が発達し、個人の意識が高まってくると、これらの復讐などを放任していたのでは、個人的にも集団的にも対立が生まれ、社会が混乱におちいるばかりで社会生活の秩序を保つことができなくなる。そこで、やがて復讐は禁じられ、かわってこれを制裁することは、法に基づいて行なわねばならないようになる。こうして法は、ここにいたって慣習も道徳からも分化した。法は、慣習、宗教、道徳などにくらべると遅れて発生したのであり、社会が組織化され、組織的な社会力をもつにいたって法は発生した。とくに法は、国家を成立すると強固になったといえる。すなわち、原始社会が発展して組織化され、国家という政治団体に進化すると、その政治組織を通じて発動される公権力が、賠償制と刑罰制を樹立し、これを直接、主動的に専行することになり、やがて法治国状態にまで発展した。したがって、法は、社会生活における私的権力が国家によって公権力化され、社会生活における実践規範として施行されることによって発生したということができる。

また、未開社会、とくに文字をもたない無文字社会では、法とか規範とかいうことはどのように考えられるであろうか。未開法という表現をもってする学者もあるが、現在でも、アフリカ諸国の部族の一部にみられる無文字社会のイデオロギーの表明としての歴史伝承は、文字社会のイデオロギーと同じく、現存する社会制度の単なる反映でなく、ある歴史的状況から生まれたものでありながら、逆に現実の社会に働きかけ、それを規制してゆく力をもっている。バビロニアの楔形文字の昔から、文字は社会の「掟」と密接なかかわりをもってきた。文字社会では、成文法、慣習法などという区別をするが、社会の成員が強い合意で結びあわされていれば掟を文字にする必要はないし、逆に文字化されていても、成員の合意がないか、権力が法の裏付けとなる力をもたない場合には、成文法もたやすく空文化することにもなろう。

第二節　法の構造と規範

法は、国家がその秩序の維持および発展のため、その成員をして共同目的達成について必ず遵守するように、その中心権力によって強行する団体規則であるといえる。そして、国家の団体規則である法は、国家の共同目的を達成するための規範であるから、その目的のうちに、国家の特有の目的であるところの内部における治安の維持と外部からの侵攻の防衛などの、特殊の目的を含んでおり、こうした法の目的は、ほかの団体規則とは異なる。また、法が国家社会的共同生活の秩序の維持および発展を目的とするかぎり、当然に国家によって、その共同生活における行為の一般法則として承認されることを必要とする。

法は、国家を構成する規範であって、国家は、この規範にしたがってつくられた組織体であり、国家という政治的統一体の規則としての法は、その中心権力によって、その成員に対して強制される。この公権力というべきものの裏づけなしには、法は、その強制力を発揮することはできない。そこで、法という規範には、いわば潜在的に国家というものを含み、したがって、国家の物理的強制力を含んでいるといえる。憲法という組織規範と刑法その他の裁判規範のあることが、これをよく示している。法は、一定の国家社会的目的の立場からする目的合理的価値判断としての経験的規範ともいえるが、経験的規範としての法は、人間が社会生活をする上において、どんな行為をなすべきであるか、どんな行為をなすことができるか、どんな行為をなすべきではないか、また、どんな行為をなすことを妨げないかを指示するものである。そこで、このような生活規範は、実践的観点から人間の生活に対して制約を与えるから行為規範ともよばれる。これらの行為規範の内容は、各人が思い思いに定めるわけではなく、国家の中心権力による法の制定作用と裁判所による個別的な法規の適用の作用を通して形成される。しかも、国家の中心権力による法の制定作用も、裁判所による法規の適用作用も、両者は一般的基準にしたがってなされるのである。このように法の制定・適用・執行などの仕組を規定したりどういう犯罪にはどういう刑罰を科し、どういう争訟にはどう裁きをつけるかというような規範によって、はじめて行為規範の裏づけが可能となるわけである。法は行為規範・裁判規範・組織規範というような仕組から形づくられて、その機能を営んでいるとみることができるが、その重要性において、どの規範も欠くことのできない三位一体である。

第一項　行為規範

法規範として、みとめられる行為規範の内容は、宗教規範もあり、道徳規範もあり、習俗規範もあり、技術規範もあって多様である。神仏の礼拝が強要されることもあったが、信教の自由が法規範として保障されるとともに、宗教規範を行為規範として強制することは、今日ではほとんどなくなってきた。法は社会生活において人々の守らねばならない規則、つまり社会生活における行為の準則であるから行為規範の一つでもある。道徳規範である「殺すなかれ」、「盗むなかれ」、「偽るなかれ」とかの規範が、行為規範として重要なものであることは、たとえ成文化されていなくても明らかである。行為規範は、社会生活を営む不特定の一般の人々に向けられている規範である。これらがみとめられなければ、刑法の処罰規定や民法の債務不履行の責任規定も、不法行為の制裁規定も規範として成立しなくなるのである。習俗規範として、多くのものが行為規範としてみとめられている。たとえば、技術規範としては、建築や造船、交通や運輸、医薬や衛生についておびただしいものが法規範となっている。道徳・習俗・技術の規範が法規範となっても、それは規範の内容だけであって、法規範としての性質までかえるものではない。また、それらの規範が消滅してしまうものでもないことは、もとよりのことである。行為規範は、それ自体としては、宗教的・道徳的・習俗的・技術的などの意味の規範であっても、それが法規範となるについては、かならず組織規範にもとづいて制定されることを要する。

第二項　裁　判　規　範

裁判規範は、行為規範に違反する行為に対して、一定の制裁を加え、それによって社会の秩序を維持しようとする規範である。したがって、裁判規範は一般の国家構成員にむけられた規範ではなく、裁判を行なうことを任務とする広い意味での裁判官にむけられた規範、すなわち、受範者が国家機関たる裁判官である点に特色がある。裁判官は、裁判規範の適用を受けて法秩序の維持に任ずるものであるが、裁判官は、個人の資格においてではなく、国家の機関としての資格においてである。したがって、裁判規範の実現を保障するものは、法によって組織づけられた国家の公権力である。それゆえ、裁判規範は組織規範によって承認されることが必要である。民法や刑法は、裁判規範を多く含んでいる、いわゆる司法法である。民法のうち、たとえば相続分・遺留分の規定などは裁判規範として理解するのでなければ、規範的意味を曲解してしまうことになる。

第三項　組　織　規　範

行為規範にしても、裁判規範にしても、それらが法として制定され、承認されて、いかに適用され、どのように執行されるかは、国家構成員おのおのの自主的判断にまかされるべきことではなく、統一的・組織的権威によって定めなければならない。法の制定・適用・執行は、国家の中心権力によって行なわれるが、その組織・作用は法によって定められている。法の制定・適用・執行を定めている法を組織規範とよぶのである。国家には、憲法をはじめ、国会法・選挙法・内閣法・裁判所法・検察庁法・国家行政組織法・国家公務員法などがあって、組織規範としてはたらいている。このように、組織規範は一般者にむけられたものでもなく、裁判官にむけられたものでもなく、広い意味での国家の公務にあずかるものにむけられたもの、すなわち受範者を国家の公職者とする規範である点が特色である。国会の総選挙の場合には、有権者は公職者とみられるべきである。

要するに、法の構造は、行為規範、裁判規範、組織規範の三つに分けることができる。しかも、これらはたがいに密接に関連している。たとえば、民法第二一四条に定める「土地ノ所有者ハ隣地ヨリ水ノ自然ニ流レ来ルヲ妨クルコトヲ得ス」の規定は、一般の土地所有者に対し、自然の排水を妨げてはならないということを意味しており、行為規範である。しかし、それとともに、土地の所有者が隣地からの自然の排水を妨げて隣地の所有者との間に争いがおこったときは、裁判官はこの規定にもとずいて裁判しなければならない。したがって民法第二一四条の規定は、行為規範であるとともに、裁判規範としての性質もそなえているのである。

(註)　ピーター・マッケラー（Peter Mckellar）は、その著「経験と行動」（Experience and Behaviour）のなかの「犯

罪と犯罪性」の章で、「社会規範と犯罪」を問題とし、「犯罪とは、社会の規範または規準からの逸脱の一種である。この社会規範そのものが歴史的・地理的に差違がある。法律は、形式化された社会規範であるが、それも近年においても変化している。たとえば、イギリスでは自殺や自殺の生き残りは、以前には殺人罪とされたが、今日ではそうでなくなった。一九六七年、アメリカではローデシヤと取引することは犯罪で、十年以下の懲役となった。犯罪か犯罪でないかは、当該行動のなされた社会の規範による。また地理的にみると、アメリカでは各州によって犯罪となるものとならないものがある。たとえば年少者の飲酒禁止について、その年令に差違がある。このように法律は、思考の習慣や伝統によって異なるものがある。法は、社会規範の一つにすぎず、もっと重要なのは、習俗 mores である。これに反すると強い社会的反感を惹き起す社会のルールをいう。習俗に反すると背徳となり、法を破ると不法となる。背徳は不法でもありうるが、不法かならずしも背徳とはいえない。習俗と法とがたがいにうまくかみ合わなくなったとき、社会改良家の活躍が有意義となる」と論述している。

【主要参照文献】

杉山逸男・粕谷進編「法学入門」
峯村光郎「法学」
私立大学通信教育協会編「法学」
穂積重遠・中川善之助「法学通論」
鵜飼信成「法とは何か」
井上茂「現代法」
尾高朝雄「法学概論」(新版)
高梨公之「法学」
峯村光郎「法学概論」(新版)
団藤重光「法学入門」

柿本啓「法学概論」
伊地知大介・色摩辰雄「基礎法学入門」
金子利一・伊地知大介・小野幸二「法学新講」
浅野裕司・入江忠史「法学」

第三章　法と他の社会規範

第一節　法と習俗

人類の原始未開の時代には、習俗は原始規範として、全面的に社会統制の作用をいとなんでいた。すなわち人はきわめて社会的であったが、自我の意識や独立の判断というようなものは、ほとんど持ち合せなく、また自制の観念を欠き、まったく小児のような心理状態であって、自己の所属する社会集団のうちにおいて、ただ摸倣によってのみ行動するいわば習俗の奴隷であった。この時代には、法は道徳や宗教と分化することなく、未分化のまま習俗のうちに含まれていた。

そこで、習俗または風習とは、ある社会において無自覚的にくり返される同一行為の態様であるということができる。習俗は一定の人々によって慣行され、それらの人々をして、それに準拠して行動しなければならないという意識を生ぜしめる社会規範である。もともと、習俗は人間の摸倣性にもとづいて、人の現実の生活から無意識的に生まれる社会生活の準則であって、他の社会規範（たとえば、法・道徳・宗教）に比較して、そのもつ理想的要素はきわめて稀薄であり、その核心をなすものは事実性、すなわち、人生の現実の姿である。習俗は社会的な一般慣行であり、歴史的伝統を根幹とし、つねに事実的なものの上に築かれ、伝統的規範、あるいは自由規範として一種の社会規範的性質を有する。それは道徳や宗教ほどに体系づけられ、ととのったものではないが、内容的に規範的性質を有することにおいては、道徳および法と異なるものではない。しかし、本質的に習俗は、法と異なった特質を有する。人々は、むかしからの非合理的な「しきたり」をそのままに受け入れて怪しまず、新たな目的に基づいて規範の改廃を行なう必要性もなく、したがって、規範の種類も分化せず規範と現実生活とが大体においてよく融合していたのである。法と習俗との区別を、社会共同生活の規範に対してもつ意義の程度、その機能的側面に求めることのほかにその標準を発見することができない。習俗のうちには、高位の「善良の風俗」もあれば低位の「礼儀作法」もあるし、また、反良俗的な「しきたり」も存在する。社会倫理と密接する高位の習俗は「良俗」として、しばしば、法的規制への前段階となり、組織的規範たらしめることによって法にまで転化せしめられる。習俗は、人々の社会生活の現実の姿をもっとも反映し、人の歴史・自然的環境・心理的傾向・嗜好などによって多大の影響を受ける。したがって、習俗は、古今東西各民族により相違する。この点で、習俗は、むしろ、言語に類似した側面を有する。

習俗的規範がその社会を支配しているもので世界的に有名なのは「タブー」と「トーテム」である。「タブー」とは、元来太平洋群島のポリネシヤ族の言葉であるが、この習俗を適確に表示する自国語がないところから、各国の民族学者は期せずして、始めて注意を引いたこの「タブー」という言葉をそのままつかい現在では

「タブー」は常用語になった。「タブー」の意味は神聖あるいは汚穢(おあい)に触れることの禁忌ということでこれを犯すときは、かならず神罰をこうむるとの信仰より生じた習俗をいうのであって一種の宗教上の禁制である。わが国の言葉で「タブー」の意味にあたる言葉は「いみ」「忌」である。「いみ」は「タブー」と同じく神聖・忌避および禁戒という三つの意味がある。神聖で汚れを忌み避けるところから「いみ」という言葉が神聖という意味をもつようになったのである。

「トーテム」も、もとはアメリカインディアンの言葉であったのが、現在では、社会学上の言葉となっている。原始社会では、動植物のような自然物中のあるものをもって、その社会に属する人々の祖先であると信じてこれを崇拝し、これをその社会の表徴となし、またその社会に属する人達は、その動植物の精霊を宿すものであると信じ、これによって相互に強く精神的に結合していたのである。このような制度を「トーテミズム」(to'emism, totemismus)とよび、その動植物のような自然物を「トーテム」とよぶ。そして、自分達のトーテムである動植物は絶対に食べない。また同じトーテムに属する男女は結婚をしてはならない。こうすることによって、わが国の法令で動植物の保護を命じたり、近親結婚を禁止したりしているのと同様の禁制が行なわれているのである。

「タブー」はおそらく慣習から生まれたものであろうが、誰がはじめたかわからないのに、非常に広くかつ長年にわたり行なわれるものがあるが、それらのなかには、あるいは何かの事件が契機となり、それがいつの間にか、恒例となってしまったものもあるであろう。「タブー」が最初どんなふうにして生じたかについてはいろいろ議論もあり、またその設け方も多種多様であるが、もっとも普通なのは宣言・標示および触接である。宣言というのは、たとえば酋長が「この森林はタブーなり」と宣言すると、すなわち、それが禁林となって誰も入ってはいけないことになるし、「この樹木を伐るときは神罰をこうむるであろう」と言えば、誰れも神罰を怖れて伐らなくなるというようなものである。標示というのは、たとえばニュージランドで木船を造るために木材がいるとき、木の幹になわを結びつけて置くと、その木は「タブー」だということになって、他の者はこれを勝手に伐採することができない。身体の触接も「タブー」設定の一原因である。国王の身体が神聖で、それに触れる物はことごとく「タブー」であるとするのは、各民族の間にひろく行なわれている習俗であって、王宮を禁廷または禁裡とよび、その園を禁苑として、人民の出入を禁ずるようなことも、触接の「タブー」からきたものではないだろうか。「タブー」は、法以前の社会生活規範であるとされるが、これがいかにして法に転化したり発展したりするかについては、人間の共同生活体制が進化発展して国家組織にまでなるには相当長い年月を要するが、国家を形成する準備条件のうち、もっとも重要なものは服従と協和との二つであろう。すなわち、縦に各員が「タブー」によって、首長に服従すると同時に、横に各団員がおたがいに協和することによって、はじめて継続的な共同生活をなすことができるのであって、服従は各員の求心力となり、協和は、その凝集力となる。原始時代には宗教上の戒律もなく、道徳上の訓戒もなく、もちろん法律上の禁令もなかったために、身を守ろうとする自己保存の本能にもとずいた作用は迷信によって維持され、それが、その社会の権力の持主である酋長によって訓戒として与えられたのである。こうした酋長というような集団の長たちは、タブーやトーテミズムの背後にかくれ、なにか災難が起きると、タブー侵犯のせいであるという判示を下して、一種の責任転嫁ができた。

こうした習俗は、歴史的発展につれて、しだいに分化し、一方は、人格的道徳性の顕現として内面化し、自律化し、個人化し、全体社会化して道徳となり、宗教として発達し、他方は、国家という団体の規制として、外面化し、他律化し、公権化して法秩序となるのである。

第二節 法と宗教

宗教も、また社会規範の一つであるが、宗教は、本質的には、神あるいは絶対者を信仰することによって、個人の心の救いを得るものである。宗教が、個人限りの意味で行なわれるのであるならば個人規範にほかならない。しかし、宗教も信者が団結し、教義が生れ儀式などが行なわれるようになると、社会規範としての機能をもつようになる。しかも、神を絶対に信ずるものにとって教義は法規以上に強力な規範となる。法と宗教も法と道徳の関係も、同じような内容の事柄を定めていることが少なくない。

社会生活規範として、はじめにあらわれるものの一つに宗教規範がある。当初は、ある自然力を畏怖するとか動物を崇拝するとかいうような極めて原始的幼稚なものかも知れないが、ともかくも同じ神仏をおがむということで結びつくのが原始人の社会であって、そこに、ほかの神をおがんではならぬ、仏を礼拝するにはこういう儀式というような規則ができる。たとえば、古代の宗教規範として名高い「モーゼの十戒」は、ハムラビャ・モーゼが、シナイ山において、神から粘土板に書かれた律法およびその解釈と口伝律をも授けられたのであるが、その内容は、(1)ほかの神を拝むな、(2)偶像をつくるな、(3)みだりにエホバの名をあげるな、(4)安息日を守れ、(5)父母を敬え、(6)殺すな、(7)姦淫するな、(8)盗むな、(9)偽証するな、(10)隣人の所有をむさぼるな、ということになっている。この(1)から(4)までは純粋な宗教規範だが、酋長なり国王なりがそれらの宗教規範に重きをおくと、背教者を宗教裁判にかけて、ほかの神を拝んだ者を火あぶりの極刑に処する、というような順序で、宗教規範がだんだんと法律規範になっていく。そして、西洋中世の宗教的国家においては、宗教規範がすこぶる多量に法律化され、「教会法」という一部分もできた。しかし、今日では、その大部分が純粋の宗教規範に還元されたが、それでもカソリック教国などには、ある程度、宗教的法律が残っている。協議離婚の禁止の例は、「神の合わせたまえるものは人これを離すべからず」の宗教則の法律化であった。わが国では、古来の宗教たる仏教が結婚離婚というような問題に無関心であったし、また、現在では、信教の自由が旧憲法以来保障されている関係上、積極的に宗教規範を内容とする法律はない。

宗教的規範は、法律的規範の内容となり、他方において、法律的規範は宗教的規範の内容となることが少なくないが、その内容からみれば、相互に交錯し、それぞれの本質的特性がみられない。しかし、宗教の中における道徳律を考察すれば、法は社会の平均人における実現の可能性を前提とするのに対して、宗教の道徳律の完全な実現は、およそ、いかなる完全な人といえども、なしとげることのできない困難な課題であって、「天に在す汝が父が完全無欠なるごとく、汝も完全無欠なれ」という聖書の命令に従い得た人間は一人もいない。宗教は、律法の実現を法や道徳のように仮借なく要求しないで、いたわりながらこれを求め、その精神を恩寵と愛とにおき、世界における理想と現実との対立から生まれ、個人的、霊的生活上の救済、解脱に関し純然たる内面的のものである。これに反して、法は社会的・物質的生活の秩序維持に関し純然たる外面的のものであることから、両者の差異を分説すれば、つぎのようである。すなわち、(1)宗教は、その基礎を神あるいは絶対者の権威に対する信仰におくのに反して、法は、その基礎を正義観念におき、その終局的維持を国家権力に依存する。(2)宗教は、個人の信仰によって維持されるのに反して、法は、国家権力によって維持され、国民各自の意思に反してでも時として強行される。(3)宗教は、その規範性の範囲が信仰者のみにおよぶのに反して、法は、すべての国民に対して強行される。なお、宗教は、信仰者であるならば、国境を越えて、その規範性がおよぶ。(4)宗教は、現実的な強制手段を必要としない。こうした宗教は、悠久の歴史を通じて、人々の内心の要求を満たし、国家と人類の運命・歴史・文化を支配して、現在、なお人々の健全な自覚の中に生き、一大社会的勢力として存在することを無視することはできない。さらに、宗教は、実定法の発達に対して、大きな影響を与えたばかりでなく、また、法哲学の思想的根底にも深く反映しているのであって、法律学的観点からきわめて重要な問題であるといわねばならない。

　近世における社会立法の発達、ことに、労働者の保護、刑法の人道主義化、国際法の進歩および理論的基礎づけ、世界の平和実現のための運動などに、宗教の思想的根底をみることができる。

第三節　法と道徳

法の直接の目的は、国家の共同生活における秩序の維持および発展にあるが、道徳は、人格の完成を直接の目的とするもので、国家的共同生活における秩序の維持および発展は、そこからもたらされる間接の効果にすぎない。法は国家が制定し、かつ、強行する他律的な規範であるが、道徳は良心の命ずる自律的な規範といえよう。そこで、法は、外面的のものであり、道徳は、内面的なものであるということができる。

法と道徳とは、しばしば同じような趣旨を規定している場合がある。たとえば、人の物を盗んではいけないということは、法の規範であると同時に、道徳の規範でもある。初期の宗教規範には、モーゼの「十戒」のなかにあるように、「殺すなかれ」、「盗むなかれ」、「なんじの父母を敬え」、というようなことが雑然と盛られていたものであったが、これらは道徳規範として分化発達し、宗教のいかんにかかわらず、人類の社会生活においてすこぶる重きをなすにいたった。この道徳規範の内容の一部分にもう一段力が加わってだんだんと法規範になっていく。

法と道徳との本質的差異は、法が人間と人間との諸関係をその対象とするのに対し、道徳が個別的存在として人間を対象とするところにある。道徳が法の内容になったからといって、道徳でなくなるわけではなく、「殺すなかれ」という道徳的規範が国家によって認められて、「人を殺した者は死刑又は無期若しくは三年以上の懲役に処する」（刑法第一九九条）と規定されることになり、殺人行為は道徳と法によって二重に禁止され、これによって道徳の効力が法の保障によって確保される。道徳規範のすべてが法となったわけではなく、道徳のうちで最小限度に必要と思われる範囲で法が生れたといわれる。そこで、「法は最小限度の道徳である」といったのは、ドイツの法学者イェリネック（一八五一―一九一一）であるが、法と道徳との守備範囲の広狭という点を指摘したものとしては、正しいといってよい。道徳的法律が法律中もっとも重きをなし、刑法などは大部分といってよいほど道徳的法律であり、一般人は法律といえばすぐに「殺すなかれ」「盗むなかれ」の刑法を連想する。法は外面的ということをいったが、法はまったく人間の内面に関係しないということはできない。過失致死罪など法律に特別の定めがある場合は別として、刑法第三八条に「罪ヲ犯ス意ナキ行為ハ之ヲ罰セス」とあるのは、罪を犯す意思、つまり故意のある場合を処罰しようとする趣旨だからである。これに対し、道徳もまた人間の外面的な行為に関係している。人を殺すこと、盗むこと、それ自体が道徳にも反することにもなる。人を殺してはいけない、というのは、道徳の規律であると同時に法の規律でもある。道徳は、人々の「良心」によって守られるが、人間は、おおむね良心に恥じる言動をしたりして、道徳をよく守ることは困難である。しかし、それでは、社会を秩序づけることができないから、法に頼って物理的強制を加えてもらおうとするのである。すなわち、人を殺したものは、「良心」の呵責にあえぐと同時に、法の裁きを受け、定められた刑罰を加えられる。しかし、法も物理的強制をもっているというだけでは守られないことが多い。もし、露見したら刑罰を課せられると思っても、法網をくぐろうとするものが絶えない。こうなると、もとより物理的強制のみではどうすることもできない。たとえば、「うそ」をついてはいけないという規範は、道徳にはあるけれども、直接、被害や危険がなければ、法は、それだけでは直ちに刑罰を科したり、契約を無効にしたりはしない。実際にも、今日の社会は生き馬の目を抜くほどはげしい競争の中にあって、少しぐらい「うそ」をつくのは、商人の手腕と考えられており、法律がとくに、それに干渉するということはない。要するに、頼れるものは、公徳心をもって言動し、法は守らねばならないという「良心」を喚起することである。法網をくぐる不心得な者がでないようにするには、まず、道徳に頼るほかない。これまでのところを言いかえれば、道徳はかなり厳しい規律を定めていて、それに違反すれば、良心の責めを受けるけれども、そのうち、法もまたこれを禁止していて、それに違反すれば、刑罰を科せられるというのは、最小限度に必要な範囲に止められているということである。

民法においては、どちらかといえば、道徳的規定が中心だが、一方においては、道徳的法規分離の傾向があると同時に、他面には、道徳的法規再握手の現象も見られる。ひとたび、法律になった道徳規範が再び法律でなくなることも珍しくないのであり、子の結婚に父母の同意がいるという古来の道徳規範に重きが置かれて法律になっていたのが、「婚姻は両性の合意のみに基づいて成立する」という、昭和二十一年十一月三日公布の日本国憲法の新精神に即応する民法改正で法律でなくなったなどは、その適例である。また民法は、今までその親族法・相続法の中心だった家族制度の規定を全面的に道徳に返上したが、そのかわりにまた「直系血族および同居の親族は、たがいにたすけ合わなくてはならない」という純道徳的な規定を設けた。さらにまた、今までの第一条を繰り下げて新たに、民法第一条は「私権は、公共の福祉に適合しなければならない。権利の行使及び義務の履行は、信義に従い誠実に行わなければならない。権利の濫用は、これを許さない。」という道徳味ゆたかな規定を、全民法典のあたまにかぶせた。

もとよりここで、道徳と全く無関係な法があるのではないか、という疑問が起る。たとえば、国会法とか、国家公務員法などは、国会や公務員についての手続的、技術的な規定であり、各種の交通法も、道徳的な意味をもった規定はほとんどない。したがって全く道徳と無関係な法の世界があるとも考えられる。けれども、たとえば、日本で一番古い成文法といわれている聖徳太子の一七条憲法（六〇四年）の内容をみると、それは今日の憲法と違って、官吏服務規律を中心としたものであるが、それに道徳的な教えが混在している。

それであるから、法と道徳は、結局は、互いに結びついたもので、とくに、道徳の教えは法を守れといっているのに対し、法は必ずしも道徳を守れとは定めていないのであるから、いわば、道徳は法の根拠となり法を支えているのに対し、法は道徳の教えの一部を自分の中にとり入れ、法としても強制しているとみる見方は当っているといえよう。イェリネックの「法は最小限度の道徳」というのは、この関係をよくあらわしている。「人の物を盗んではいけない」という規範でも、外部的な「盗む」行為さえしなければ、法的規範を破らないでいることになり、したがって法的強制をこうむることはないが、内心で道徳的規範を犯していれば、たえず良心の呵責をうけることを免がれない。

このことは、どういう限度まで、道徳的規範とするのが適切かという立法政策の問題ともなる。

わが国の現行法に、酒に酔って公衆に迷惑をかける行為の防止等に関する法律（昭和三六年法一〇三号）があるが、その第二条には、「すべて国民は、飲酒を強要する等の悪習を排除し、飲酒についての節度を保つように努めなければならない」という規定があって、いかにも道徳的な香りがする。ところがこのように道徳的な定めも、限度以上に立法化すると、法としての役割りを演じきれないで、破たんをきたしてしまうことがある。たとえば、アメリカ合衆国は一九一九年に憲法を改正して、合衆国の領土内で、酒類の製造、販売あるいは輸送をすることを禁止した（修正第一八条）。これは第一次世界大戦にアメリカが勝って、平和と民主主義との勝利を高らかにうたいあげていた時期に、理想主義者のウィルソン大統領が、アメリカにおけるピューリタン主義の伝統を、自分の精神の内面から、法律制度の外面にまでもちこんで、実施したものである。しかし、不幸にして、アメリカ国民の大多数はこの精神主義について行けなかった。その結果ついに新しく世界恐慌のさなかに登場した同じく理想主義的でありながら、ウィルソンよりはかなり現実主義的な政治家であるルーズヴェルト大統領の下で、禁酒法は撤廃された。

道徳の領域に止まるべき規範が、法の領域にまで拡大してくると、こういう問題が生ずることは、人間性の本質からいってむしろ当然で、そこにまた、同じ社会規範でありながら、法と道徳あるいは宗教との間に、区別のある理由があるのである。

法と宗教との関係は、基本的にはこれまで述べてきたところと同じで、宗教の方が道徳よりもさらに一層、凡人にとっては守りにくい規範なのであるが、法との関係では本質的に道徳と同じである。この関係を説明するために例えば、性に関する規範を例にとってみよう。法律の定めているところは、公然わいせつ、わいせつ物頒布、あるいは暴行による姦淫など、著しく善良な風俗を害する行為だけに限られている。戦前の刑法では、妻が姦通した時には二年以下の懲役に処するという規定があった(一八三条)。戦後の改正民法の離婚原因は、「配偶者に不貞な行為があったとき」(民法第七七〇条) と夫婦一本建に改正された。しかし、「すべて色情を懐き乙女を見るものは、すでに心のうち姦淫したるなり」(マタイ伝五章二八節)という道徳にたちいることはない。ただし、厳しくいうならば、外面にでなくても、心のうちで姦淫することは、道徳に反することにもなる。刑法の姦通罪については、夫の姦通をも同様に罰すべし、という案もあったが、もし夫を罰とするならば、やはり妻からの親告罪にしないわけには行かず、親告罪にすれば不徹底であり弊害もあり得るから、いっそのこと妻の姦通を罰しないことにして、片手落を救ったのである。それ故、姦通罪の廃止はけっして姦通の是認ではなく、ただこれを刑法からはずして道徳に環元したのである。そして、民法が夫の姦通をも離婚原因としたこととあいまって、むしろ貞操の夫婦平等を確認したものというべきである。この夫婦相互貞操義務は今日においては「人類普遍の原理」であるが、その原理を法律化すべきかどうか、どういう形で法律化すべきか、については、おのずから限界があり、また、それが法律からはずされたからといって、必ずしも原理であることを失なわないのである。

パウンド(Roscoe Pound (1870~1964) Law and morals, 1926.「法と道徳」)によれば、「法と道徳の差異は、各時代ごとの法律成長すなわち道徳および倫理慣習の法律への侵入のあり方に帰着する。したがって、この差異は絶対的に存在するものではない」とするが、法の内容は、本来、道徳と矛盾するようなものであってはならないはずのものである。そこで、法と道徳の区別をその内容に求めることは困難であって、どうしても、その作用の面において、法は、強制と結びつくという点に、道徳との区別を求めるよりほかはないであろう。法と道徳とは互に密接に結びついている、といっても、法と道徳とは決して全面的に重なり合っているわけではない。道徳の中には、強制することもできないし、強制すべきでもないものが少なくない。たとえば「孝行は百行の基」といわれているが、親孝行の義務を法規で規定してみたところが、それで人の子たるものが親孝行になるわけでもなく、また、そこまで法規で規定してしまったのでは、最高道徳としての親孝行の本領を害することになってしまう。親孝行における敬愛というような要素は法によっては触れられない道徳固有の領分なのである。

家族関係の法規に道徳的観念がいかに導入されているかをみると、前述した民法七三〇条の「直系血族および同居の親族は、たがいにたすけ合わなければならない」という規定は、結局のところ法律の道徳に対する信託であって、人倫の基本である孝悌慈愛と、今日の経済生活の単位となってきた世帯の観念とからなり、家族制度の廃止によって家族生活を充実・純化しようとする民法の新精神を表わすものというべきである。いいかえれば、民法が家庭を破壊し、親族を解体しようとするのではないことはもちろんであるが、その証拠には、民法改正と同時に施行された「家事審判法」も「家庭の平和と健全な親族共同生活の維持を図ることを目的とする」ことになっている。要するにこの場合にも、「法律の上に道徳が在る」ことを前提にしなくては、民法の真意をつかむことはできない。

道徳の領域にある事項を、どこまで法の領域にとり入れることが妥当かということの判断は、それが法規範として、強制力によって強行されることがどれだけ可能であるか、法をくぐる者を多くし、行なわれない法の数をふやすことが、社会秩序の維持そのものの目的達成をどれだけ阻害するかによってきまる。法も道徳もまた宗教規範も、人間の天性本能の要求するところを制約して、人間社会が、動物的本能による集団生存とは異なることを示すものである。

法は、近代社会に入ってその重要性を増した。道徳規範の片面性から、共同社会維持の手段としての必要性が要請された。ところが、自分にとって、「悪法でも法は守るべきか」という問題もないではない。法は本来、正当である。また法治主義の建前から、正義からしてみてもそうでなければならない。各人が自分に都合のわるい法律を、これを悪法だから法律でない、と勝手に主張し、それに違反してその制裁にも服さない、ということになっては、その法律だけの問題ではなく、全体の法律秩序の破壊であって、許されるべきことではない。法は、社会という共同体における一種の規範であり、具体的な規律であることは前述したが、共同体は、規律なくして維持できないし、これはまた、思想の類を問わない。法は、むしろ積極的に共同社会を束縛する。「強制を伴わない法は燃えていない火である」とも云われている。時には、法の性質、内容、政治性の民主的考慮を欠いた立法がなされることもある。昭和二〇年の食糧管理法は、終戦直後の極端に急迫した国民食糧の配分に、同法は統制法として偉大な力を発揮した半面、これを守ることによって、餓死者さえ出してしまったし、実際に国民の大部分は、ヤミ米などを口にしなければ働けなかったし、生命の危険性もあったので、人々にとって不便な法であった。当時、ある正義感の強い裁判官は「食糧統制法は不便な法だが、ヤミは拒む」といって栄養失調で餓死した。今日の世相からみれば、ばか正直と云われるかもしれない。しかし、社会道徳と法の強制に忠実な人であったことは否定できない。法律の内容の善悪の問題はまた別である。個人の感情では失ないがちな公平性、道徳では解決できない人間の外面的な行為、法はそれらを維持し、規律する。だからこそ人々は、全体の利益と個人の尊重とを両立できる。

法規範自身が、道徳的価値を、体系の中に取り入れることがある。民法第九〇条は「公の秩序又は善良の風俗に反する事項を目的とする法律行為は、無効とする」と定めているから、とばく行為に基づく債務とか、奴隷とすることを目的とする契約などは無効である。同じ意味で奴隷的拘束を定めた法律も無効であるといわなければならない（憲法一八条）。

立法にも、法の施行にも、法を守るにも、また法律を学ぶにも、法律を最上のものと考えず、法律の上に、また法律の中に何かが「在る」ことを忘れてはならない。その「何か」は、すなわち「人類普遍の原理」であって、その代表的なものは道徳である。そこで、法律の上に道徳が在り、法律の中に道徳が在るということができる。しかし、前述した通り、法律の全部が道徳でないと同時に、道徳の全部が法律になるのではなく、むしろ道徳の真髄たる最高の部分は法律になり得ない。法律を低くみるのではなく、道徳をより高くみるのである。

（註）　近世に入ると、法と道徳との区別についての理論的考察が試みられるようになり、その先駆的役割を演じたのがトマジウス（Christian Thomasius 1655～1728）であった。トマジウスは、法と道徳とを外界と内界とに分け、法の外面性および強制可能性、道徳の内面性および強制不可能性という特質から、両者を区別しようと試みた。その後、この理論が発端となり多くの議論がなされ、カント（1724～1804）が、このトマジウスの思想を継承し、体系的に考察した。カントは、法は、合法性、つまり、行為が規範の定めているところに違反しないということだけを問題にするのに対して、道徳は、道徳性、つまり、心の中で正しい動機をもっているかどうかを問題にする。さらに、オースチン（John Austin 1790～1850）の流れをくむ分析法学派が、その実証主義の立場から、それまで自然法論が法の道徳への従属を推進してきたことへの反動として、法と道徳の従属関係の解放に力をそそぎ、その結果、両者の理論的峻別に一応成功した。現代においては、法を法典以上に出ないものとする法実証主義者ならびに社会学的法学者などは、主として社会学的および経済学的考察に興味を集中して、法と道徳とに関する理論的思索にあまり関心をはらわない傾向にある。これに反して、資本主義的経済組織から必然的に生ずる社会的矛盾が、個人主義的法思想に原因していると認識する社会哲学的色彩の強い諸学派、ことに新カント学派および新ヘーゲル学派の諸学者は、法と道徳とのつながりを強調して、法に対する道徳の優位を説く傾向にある。また新自然法学派は、自然法の再生に伴う法の道徳への復帰を強く指向しているということができる。

【主要参照文献】

私立大学通信教育協会編「法学」
鵜飼信成「法とは何か」
井上茂「現代法」
杉山逸男・粕谷進編「法学入門」
ラードブルッフ・阿南成一訳「法哲学入門」
田中耕太郎「法と道徳」

峯村光郎「法学」
穂積重遠・中川善之助「法学通論」
尾高朝雄「法学概論」「法の窮極にあるもの」

第四章　倫理的規範

第一節　法と倫理

法も倫理も社会生活の規範であることに変わりない。しかし、倫理違反は、それ自体としては国家権力による制裁・強制の対象とはならないのが原則である。国家法のなかには、倫理を前提とし、その倫理的原則を維持するために制裁・強制の権限をつけたものと、倫理的には無色であるが、社会生活上必要であるとして制定されたものとの二種がある。たとえば、刑法第一九九条で「人を殺した者は、死刑又は無期若しくは三年以上の懲役に処する」と定められているのは、殺人の結果についてだけ規定した形がとられているが、その基本には「殺してはいけない」という倫理的原則があることを認めなければならないであろう。倫理的規範の内容は、各国家・各民族における正義感の所産として歴史的・個性的性格をもち、また、一般社会生活に基礎をおくから、条理や慣習法の形で存在することが多く、それが成文法の形をとる場合にも、成文法によってはじめてつくり出されるものではない。他方において、倫理的法規の違反が個人の素朴的正義感に背馳し、社会心理上は罪悪とされることによって、国家的制裁のほかに社会的非難によって担保される。

日常一般によくつかわれる言葉に「悪法といえども法なり」という、法格言がある。いったん法律として成立した以上は法律としての効力があり、その規定たる法に反する行為をした以上、その適用をまぬかれ得ないということである。法というからには、法による生命・身体・自由・財産などの法益を保護することによって、社会生活の安定性をはかること（われわれが安心して社会生活を営むこと）、つまり社会秩序を維持することが法の目的とされなければならない。したがって、各人が自己の価値観念にもとずき「悪法は法にあらず」として勝手に違法行為をおこなったり、その制裁に服しないとするならば、もはや法律だけの問題にとどまらず、全体の法律秩序の破壊につながり、社会生活を維持する上では、とうてい許されないことである。実定法秩序の原理からいえば、もし悪法と判断せられたのならば、憲法上の手続きの下でその法規は改廃、改正されていかねばならないものであろう。法律は、今日施行されて明日には廃止されるというようなものではない。つまり朝令暮改であってはならず、ある程度の恒久性（法的安定性）を有するものである。さもなければ、法的安定性が失なわれて、われわれは安心して日々の行為をすることができなくなってしまう。例えば、朝に適法な行為であったものが夕べには犯罪となったりしたのでは、われわれは自由な行動ができず、法にふれることを恐れて、満足な生活ができず、社会の秩序は乱れてしまうであろう。法が「人類普遍の原理」の規範化だとすれば法の生成・存在の基盤、つまり法の根本は何かということが問われてくる。そこで、法の概念、法の本質を知るために、法と道徳、法と倫理がきわめて密接な形でクローズ・アップされてくる。以下でケースをとりあげて考えてみることにする。

われわれの最も基本的な関心事の一つは、人間の生命についての問題であろう。人は、いつの日にか生をたまわり、いつの日にか死にふす。一世紀を生きながらえることはまれであり、肉体的にも精神的にも健全で十分な活動ができるのは、わずか数十年である。それだけに人間の生命は短かく、それ故に尊いものである。生命への畏敬の念を重視する中で、法と重要な関係をもち、また、道徳・倫理とも重要な関係をもちつつ、今日的な環境と現代感覚の中で、生と死に関する身近な問題の一つに、自殺・安楽死・堕胎・尊属殺人・死刑などの問題がある。

(1) 自殺および安楽死

純粋な意味での自殺というのは、自分の自由な意思で自らの生命を自ら断つことである。しかし、その他にも自殺の形はいろいろある。例えば、わが国でよくみられる無理心中や、江戸時代における主君に対する忠義心よりする殉死(切腹)、上官の命令による死(第二次世界大戦にみる神風特攻隊の体あたり玉砕)など、自分の本来の意思にもとずくものではなく、責任とか強制により死なざるを得ない自殺もある。そうした意味で自殺を考察してみると、例えば、キリスト教の立場からすれば、生命の処分は神の手にあること、人間は、生命の使用権はこれを有するが、生命に対する支配権はなく、勝手に生命を処分できないこととされる。したがって、自殺は生命の神聖を犯し、神の意に反するので罪であるとされている。なお、カトリック教においては、自殺はもちろんのこと、安楽死・妊娠中絶・受胎調節・断種(優生手術)は、基本的には否定する立場にある。今日のように、経済的社会的な文化水準が向上し、個人の生命を尊重するということが、文化の基本的要請であるという意識を高めたのも、一つには西洋におけるキリスト教、東洋における仏教などの宗教的倫理思想に負うところが多いといえるだろう。そして、こうした宗教倫理は、時代の流れと文化の発展に伴ない、近代の法思想に大きな影響を与えてきたのである。

現行刑法においては、自殺に関する罪として「人を教唆し若しくは幇助して自殺させ、又は人をその嘱託を受け若しくはその承諾を得て殺した者は、六月以上七年以下の懲役又は禁錮に処する」（刑法二〇二条）と規定され、自殺を手助けした者は自殺関与罪として罰せられることになる。しかし、自殺は、自殺が罪であるかないかは別として、一般的に重要なのは、何故自殺をするのか、しなければならないのかということで、社会倫理との関係からこの問題はとらえるべきであろう。敬老の日に多い老人の自殺、生活苦や病苦からの親子心中や家族心中、青春の恋に破れての自殺、情緒不安定による衝動的自殺、その他、今日的環境ではまれである三島由紀夫の切腹自殺など、精神的、肉体的に打ちひしがれた人々に援助の手をさしのべてくれない今日の社会状況のありかたが問題にされるべきであろう。

たとえば、日本の大学生を対象に自殺の問題についてのアンケートの結果を診断してみると、「十分な理由があれば、自殺をしてもよいか」という問に対して、「よい」という回答をした学生が常に四五％ないし五一％に達している（金沢文雄・ホセ・ヨンパルト「法と道徳」）。これはキリスト教国とわが国と比較した場合、かなりの高率を示している。また世界保険機構（ＷＨＯ）の一九六七年の統計によると、六五才以上の婦人の自殺率はわが国が第一位であり、人口一〇万人に対して四五・九人にも達しており、原因は病苦・孤独・貧困・えん世などであると発表されている（昭和四七年九月九日「毎日新聞夕刊」）。

自殺は法とは関係なく、ただ道徳的・倫理的に問題とすればよいのかというとそうでもない。法が社会規範として社会の秩序維持という大きな役割りを保有している以上、たとえ自殺という行為が個人的なものであるにしても、それは同時に社会的な面を持つことになる。経済的社会的な文化水準が高くなり、個人の生命が高く評価されている今日、そして、われわれの生命・身体・自由・財産などが憲法の下に法律によって保護せられ、高度の法的安定性を有している今日、諸外国に比べて自殺者が多いということは、大きな問題である。自殺を犯罪とするかしないかという直接的な法との関係は、その国の社会状況や、世界観的な情況と関連するものであろう。法は歴史的に変遷するが、その根本においては永遠に変わらないものを規範とした自然法があり、現行法は多かれ少なかれこの自然法の理想を採り入れ、現実的なものとしたにほかならない。しかしながら、倫理・道義というのもまた、その具体的な内容は歴史的に変遷し、その時代の社会構造および社会状態の変化に従って、その配置をかえる。人間の生命に対する倫理的な価値観でさえも、民族により時代によって大きく違ってくる。殺人・自殺・安楽死などの行為がどう評価され、どう評価しなければならないかという倫理的な問題も、社会の状況を離れたものではないのである（小野清一郎「刑罰の本質について・その他」）。

次に安楽死は、最近、国民世論の関心をいっそう高めている問題の一つである。わが国には超スピードで高齢社会がおとずれつつある。そして、その対策はほとんどなされていない。老齢人口の増加、寝たきり老人の問題など、特に痴呆状態のひどい老人を抱えている家庭では、経済的・精神的に大きな問題の一つとなっている。高度医療技術の発達は、人命をいかに救うか、生命の尊厳をどう回復するかという命題に応えて、すでに精神が肉体からはなれてしまった人間や、生きる本能さえ喪失してしまった人間さえも生かし続ける程に進歩している。そこで問題となるのは、死期が切迫した病人が耐えがたい肉体的苦痛にあり、しかも現代の医学で最善をつくしても救えないような場合、病人が苦痛に耐えながらわずかな生命を延ばすより、安らかに静かに死なせてほしいと切実にたのまれたらどうすべきか、また口もきけず、考えることもできず、自分で食事もとれず植物人間のような病人に対し他の力、たとえば医者が安らかな死を与えることは慈悲か殺人か自殺幇助になるのかということである。現行刑法の下では、正当行為として違法性または責任性を阻却するものとしての構成要件が規定せられていないから、安楽死として死のための行為を行ったものは、殺人罪又は自殺幇助罪として処断せられてしまう。もし、安楽死が刑法に採り入れられれば、正当行為、又は違法性阻却事由があるとして無罪とされることとなろう。したがって、安楽死を認めるか否かは、その行為が犯罪とせられるかせられないかの分岐点となるわけである。安楽死論争が展開される中で、常に問題となるのは、はたして真のヒューマニズムとは何かということである。安楽死の思想は、近世において起ったものではなく、人間性の問題と深く関連するため、古代社会から発生し今日におよんでいる。ただ、時代文明により、民族により、その批判考察の仕方が態様を異にしているのである。たとえば、インドでは近年まで不治の病人や老衰者が死を欲する場合には、近親者がこれらの人を一定の儀礼の下に聖河に投ずることが行なわれていたし、また、わが国では、武士が切腹のとき介錯したのは安楽死の思想に由来するものだろう。また、安楽死を語るとき常にひき出される作品に、森鷗外の「高瀬舟」、トーマス・モアの「ユートピア」がある。これら一連の作品のテーマも安楽死の思想によるものだろう。しかし、安楽死の概念が今日的意味で、医学的・宗教的・法律的に論じられるようになったのは近世のことである。そして今日、この安楽死の問題は、その是非をめぐって論争の最中である。

医学上の見解によると、医学の倫理は人命を尊重することであり、医師が安楽死を行なうことは医学の敗北である。病人を最後まで見すてないで最善をつくすことが医師の倫理であり、真のヒューマニズムであるとする立場と、現代医学上最善をつくしても救済される可能性のまったくない病人が、死にのぞんで激しい肉体的苦痛にあえいでいるとき、その苦痛を緩和して安楽に死なせてやることは、社会的倫理の要請であるとして安楽死を肯定する見解もあり、意見が対立している。また、宗教上の見解をみると、死は神、あるいは、自然にゆだねるべきで、人間が支配すべきではないとし、安楽死を肯定することは、人間の道徳性を弱め、生命を軽視するものであり、「汝殺すなかれ」という禁制を侵すとして否定する立場と、すでに精神が肉体から離れてしまった人間に、あえて人工的な機械で生命を延長させる必要はなく、苦痛緩和のための投薬により、生命が短縮されたとしても、その行為は合法的であるとする見解もあり、さらにキリスト教神学者や伝道者の人々が安楽死協会に対する支持を示している者も多数いる。宗教界においても倫理観の相違で対立している現状である。法律上はどうなっているかというと、わが国の現行刑法には安楽死についての直接の規定は存在せず、学説は多岐にわかれている。しかし、判例では、次の六つの条件の下に違法性阻却事由ありとして安楽死を認めているがごときである。すなわち、(1)病人が現代医学の知識と技術からみて不治の病に冒され、しかもその死が目前に迫っていること。(2)病人の苦痛が甚しく、何人も真にこれを見るに忍びない程度のものなること。(3)もっぱら病人の死の苦しみを緩和する目的でなされたこと。(4)病者の意識がなお明瞭であって、意思を表明できる場合には、本人の真摯な嘱託又は承諾のあること。(5)医師の手によることを本則とし、これにより得ない場合には、医師により得ないことを首肯するに足る特別の事情があること。(6)その方法が倫理的にも妥当なものとして容認しうるものなること、となっている。

このように安楽死は、人間の生命、特に極限状態での死に関する問題であるため、なかなか論じにくいものである。わが国の現行刑法は死刑を認めているので、その死刑の執行に関連して安楽死の問題を考えてみると、例えば、死刑が確定した者にたいして、できるだけ生を楽しませるために刑の執行を延ばしてやることが、本人のために情けであるのか、それともすでに死刑が決まった以上は、一刻も早く死に対する恐怖から逃れさすために、あの世に送ることが極楽往生なのかという問題がある（馬屋原成男「法窓史譚」）。生と死というなまなましい現実的な問題ゆえ、刑の執行はのびのびになっているのが現状である。また、安楽死の法案が立法化された場合、それを濫用する大きな危険性を伴なうおそれもある。たとえば、安楽死運動の発祥地であるドイツにおいては、かつて「生きるに値しない生命の抹殺」すなわち、共同社会において無益なる者の生命を国家の手で断つことによって、社会の負担を軽くする思想がナチ政権下で実施され、その結果、精神病者・不具者・ユダヤ人など数十万人におよぶ大量虐殺が「慈悲の死」という名の下におこなわれていたのである。こうした歴史的背景をも考えると、安楽死の問題は法律的にも難しい課題をかかえている。しかし、安楽死という問題が死にかかっている病人または植物人間を、安らかに殺すという、生命に関する問題の中でも最も難しい課題であるので、やはり、根本的な問題として、はたして安楽死は倫理的に許されるかという十分な考察が何よりもまず重要である。

（2）　堕胎

堕胎とは、自然の分娩期に先だって母親の体内にある胎児を、体外に抽出することである。堕胎の問題は今日、わが国を問わず諸外国でも、道徳的・倫理的に、そして刑事政策と関連して法律的にも注目される大きな問題の一つとなっている。

「厚生省に報告された堕胎の数は、昭和二五年に二五万人、三〇年には一一七万人を突破している。そして、その後は少々すくなくなって、昭和四五年には七三万人になっているが、不法な堕胎（もぐりによる堕胎）をも含めると一〇〇万人を超すものと推定されている。総理府による調査では、既婚女性二人に一人が堕胎手術経験者であり、その内の一七％が危険率の高い初回中絶であるとされている。報告されている名目は、経済的理由により、母体の健康を著しく害するおそれがあるとするものが九割以上を示している。しかし、厚生省の調査では、避妊の失敗が一四％、経済的に困るが一一％、子供をほしくないが一〇％、病気が八％、病弱が七％となっている。なお、未婚女性の堕胎も七〇万人位に達すると推定されている（金沢文雄・ホセ・ヨンパルト「法と道徳」）。このように実態調査をみると、堕胎数はかなり高い率を示していることがわかる。

では、堕胎は法律との関係ではどうなっているかというと、刑法では堕胎罪について「妊娠中の女子が薬物を用い、又はその他の方法により、堕胎したときは、一年以下の懲役に処する」(刑法第二一二条)と規定する。第二一三条では同意堕胎罪・第二一四条では業務上堕胎罪・第二一五条では不同意堕胎罪、さらに第二一六条では不同意堕胎致死傷罪の規定がある。堕胎に関しても、種々、説が分れている。胎児が、いつ人間とみなされるかということが問題となる。刑法においては、人間を殺せば殺人罪になるし、胎児を殺せば堕胎罪として罰せられる。もし、殺人罪とされるなら刑法一九九条により、その行為をなしたものは死刑又は無期又は三年以上の有期懲役とされるが、堕胎罪なら一年以下の懲役にすぎない。したがって、胎児が人間であるかの判断は極めて重要なものである。刑法は、胎児が一部母体より露出すれば胎児に対して、外部から殺人行為が行なえるから一部露出説を採り、民法の財産上の関係からする全部露出説と区別している。しかし、また、同じ法律ではあっても、優生保護法では一定の理由の下に手続を経たならば、広い範囲で堕胎は許されている。なお用語のつかいわけは、刑法では堕胎という言葉を用い、優生保護法では妊娠中絶という言葉を使っている。堕胎が刑法的に、道徳的倫理的にからみあう場合、たとえば、堕胎(妊娠中絶)をしないと母親が死んでしまう危険が十分にある場合、つまり胎児を直接に殺さなければ母親が救われる見込みがない場合に、どうすればよいのかという問題がある。刑法上は、このような場合は緊急避難(刑法第三七条)の規定を適用して、その違法性は阻却されることになる。しかし、道徳的・倫理的には、母親を救うために胎児は殺してもよいというわけにはいかないし、逆に胎児を生かすために、母親を死亡させてよいというわけにもいかない。この場合、優生保護法は母体の保護を優先するものとして堕胎をみとめている。それは、胎児はまだ人間とみなさないため、人間たる母親の生命を優先させたのであるからであろう。このように、道徳的・倫理的には疑問の余地が十分にあっても、現実的に接する生と死に関して、法律はそれを許容する場合の例が多くあるのである。

堕胎という問題は、宗教的風俗的要素・社会的経済的要素・優生的医学的要素・国家の政策的要素などが複雑に交錯するものであり、したがって、民族的に、あるいは歴史的に、その意義に関し多くの異った性質を有するものといえよう。ローマ法においては、当初、分娩までは胎児は母体の一部として考えられ、堕胎は不可罰であったが、紀元二百年頃から、胎児は夫の財産ともみなされ、子供の出生に対する父の期待権と考えられ、堕胎は、これらの権利を侵害するものとして処刑の対象とされていた。しかし、教会法により、初めて胎児を一個の独立した生命体として法的保護の客体としたものであり、宗教的には、堕胎は、神から授けられたものを抹殺することになるので、堕胎は殺人と同等の犯罪とみなされていた。

一方、わが国においては、古き時代から堕胎がおこなわれていたものと推測される。平安時代には文献もあり、堕胎の行なわれていた原因は、女犯に対する道義的制裁を免れるためであり、後には、次第に経済的な面も加えるようになったものと考えられる。特に、江戸時代においては、鎖国と封建体制が農民の貧困を招いたため、飢饉対策や人口対策から、さかんに「間引き」という名のもとでの墜胎が行なわれていたようである。また、この時代は長年にわたる安定した時代であったために、人々の心にゆるみが生じ、不義密通も増加していたようである。そしてそのことは自ずから墜胎へとつながっていった。今日でいう違法な墜胎の原因の一つであろう。

次に、堕胎（妊娠中絶）と優生保護法との関係をみると、優生保護法の必要性は次のような理由による。(1)遺伝性の精神病者、または強姦等、犯罪によって妊娠した者、および、出産によって生命を危険にさらすおそれのある者に対する出産の強制。(2)堕胎がきびしく制限される場合の非合法な堕胎行為、および、堕胎業務助長の危険性。(3)人口対策の点からする場合などである。かかる意味から、不良子孫の出生防止と、母性の生命、健康の保護を目的として制定されたのが優生保護法である。そして、優生保護法は、次のような場合には堕胎を認めている。すなわち、(1)医学的見地から、妊娠の経験が母体の生命・身体に危険を及ぼすおそれのある場合、(2)優生学的見地から、遺伝性の精神病・肉体的疾患などの子供の出生を防止する場合、(3)経済的見地から、家族が経済的に深刻な状態であり、さらに出生によって経済的に窮乏するおそれをまねく場合、(4)倫理的見地から、暴行または脅迫、抵抗もしくは拒絶することができない状態で、姦淫されて妊娠したような場合に、救済の対象としている。

しかし、この優生保護法にも幾多の問題があり、妊娠中絶そのものにも問題がある。たとえば、健康な生命を保持するものだけに生きる権利を認めることが許されてもよいものだろうか、という人道上の立場からする批判は、胎児の生命と比較した場合は、もっともなことである。たとえば余命があとわずかであっても、人工的にその生命を断つという行為は、道徳的・倫理的にも、そして法律的にも、正当とするか否かの判断は難しいところであろう。強姦によって妊娠させられた婦女が、どう処理すれば良いかということが新聞に投書され、論争となった事例がある。牧野博士は「強姦によって生れたる子供に対して、社会はあまりにつめたい。つめたくしておきながら堕胎するなといえるだろうか」ということで、堕胎そのものを犯罪とすることを疑問視している。また穂積博士は「堕胎は母体にとっては妊娠の終りであるが、胎児にとっても生命の終りであり、何人も生命を奪われてはならない」として堕胎に反対された。人口対策も重要な国策の一つではあるが、それにもまして、世代の性とモラルに関しての十分な認識を高めつつ、生活環境および社会状況との調和をはかることが優先されるべきであろう。

前述の如く、わが国における堕胎は、違法な堕胎も含めて、年間一〇〇万件を超すと推定されているところからして、性に対する国民のモラルの低下、および社会環境の現状を、道徳的・倫理的に問いなおす必要があろう。また、法によって規制する場合は、生命の尊重という立場を十分考慮し、その適用にあたるべきであろう。

（3）尊属殺人および死刑

尊属殺人と普通殺人とはどのような差があるのか、また、なぜ区別して刑法の中で規定しているのか、尊属殺人に関する規定は、かかる意味で大きな社会的問題であり、法律問題でもある。「親」とは何か、「子」とは何か、「義・忠・孝」とは何か、そして、「道徳の乱れの歯止めとしての尊属殺人の重罰規定（刑法旧第二〇〇条）は、合意か違憲か」という道徳的・倫理的にきわめて重要な問題を含んでいた。また、法的な問題としても、時代の流れの中でどう規定を改廃すべきかという点で、判断に難しさを残す課題の一つであった。

わが国における尊属殺人に関する法制史上の流れをみると、たとえば、奈良時代の大宝律令では、親殺しは天皇殺害とならび「八虐」の中の極悪犯罪の一つに位置し、祖父母、父母の殺害は死刑であり、その死刑方法も、みせしめのために女性や高官以外は公開であった。こうしたわが国の律令は、中国の唐法に由来するものであって、道徳的社会秩序の維持をめざす儒教的な倫理観がその基礎をなしていたのである。しかし、鎌倉・室町時代のいわゆる戦国時代には戦いにあけくれ、元来の「義・忠・孝」の思想はうすらいでいった。そして三〇〇年余にわたる安定した江戸時代には、再び親殺しは、獄門・打首などの重罰の一つとされるようになったのである。明治以後、ようやく近代国家的様相をおびたわが国では、一九〇七年にドイツ法体系の下で、「尊属殺人」の規定が刑法中にとり入れたのである。そして、現代、尊属殺人に関する問題について、二度にわたり大きな論争が展開された。

昭和二五年の尊属傷害致死罪に対する合憲判決の基盤は、「子が親に孝をつくすのは、人類普遍の原理であり、いやしくも親たる者を殺すことは、道徳的・倫理的に許されない」とする「親子の道徳は人類普遍の自然法」であるとする尊属尊重の思想にもとずいて、普通殺人と尊属殺人との区別は憲法という「法の下の平等」に反していないと判示した。当時の世相は、敗戦直後の混乱した時代であり、社会情勢がきわめて不安定な時代だっただけに、合憲判決の意義も大きかったと思われる。その後、再びこの尊属殺人が大きくクローズ・アップされたのは最近のことである。すなわち、昭和四八年四月四日に、三件の親殺し事件（一件は未遂）について、最高裁判所は、尊属に対する尊重報恩は、社会生活上の基本的道義だが、刑法二〇〇条の法定刑は死刑・無期懲役だけであって極端に重く、合理的根拠に基づく差別とは言えず、憲法第一四条第一項に違反し、無効である」として、尊属殺人の重罰規定は憲法に違反するものであると判断している。こうして、国民生活が一応の安定をしめし、民主的秩序と新しい親子の道徳原理が確立されつつある今日、長年にわたる刑法二〇〇条の尊属殺人に関する規定はその機能を停止することになったのである。なお、同条など尊属重罰規定は平成七年（法九一号）にすべて削除された。

親に対する「孝」は法律で強制すべきものではなく、自然な親子の愛情の交流を家庭生活の倫理にゆだねるべきか、それとも、道徳の乱れへの歯止めとして法による特別の制裁として強制すべきか、今日的な環境と現代感覚の中で、身近な問題として真険に考えなければならない課題の一つである。法律を作るにも、法律を行なうにも、法律を守るにも、そして法律を学ぶにも、法律を最高のものと考えず、法律の上に、また、法律の中に何かが「存在」することを忘れてはいけない。すなわち、その「何」は「人類普遍の原理」であって、その代表的なものは道徳であろう。すなわち、法律の上に道徳があり、法律の中に道徳がある。しかし、法律の全部が道徳ではなく、また、道徳の全部が法律になるのではない。むしろ、道徳の真髄たる最高の部分は法律になりえない場合が多いのである。たとえば、親孝行は「百行ノ基」で最高の道徳であるが、それを法規範の中にもり込むことになると難しく、また、法律に規定したところで、それゆえに子が親孝行するものではなく、それでは親孝行の神聖を害してしまう。仏教の教えの中に「子女たるもの、右の肩に父を背負い、左の肩に母を背負うことを、千年の間続けても、親の恩に報じ尽したことにはならぬ」とある。親を尊ぶことはいうまでもないが、しかし、今日の社会状況の中で親たる者の無責任な態度が、子の道徳観、倫理観を低下させるようなケースが多くなっていることも注目しなければならない。たとえば、育児も知らずに子を産み、勝手に殺して棄ててしまう例、汽車の中での産みすて、子を殺してコインロッカーに入れて姿を消す例、子を棄てて愛人と逃げる例、父親が自分の子供に不倫な関係を強いて五人の子供まで産ませた例などは、責任を負うのは親であり、人道上許されるべきものではない。このように親たる者の道徳観、倫理観が低下していることをも考えると、一方的に尊属殺人の重罰規定が存在していたことにも疑問はある。しかも、尊属殺人に対する刑罰規定は、死刑か無期懲役となっている。そうした意味では、尊属殺人罪が機能を停止し、その後削除されて、普通殺人と同様にとりあつかわれるようになったのは妥当であろう。

しかし、尊属殺人の規定がなくなったからといって、親孝行はしなくてもいいというものではなく、人間尊重の立場から尊属・卑属を問わず、相互敬愛などの保持は自然の情愛の発露にゆだねるということである。尊属殺人の規定に関しては、刑法は道徳的な意味で一歩後退して、孝行というような道徳的・倫理的な問題は当然、人類普遍の原理として各個人の情愛の発露にゆだね、法律的には普通人、尊属をとわず相互の人間尊重の立場から一般の殺人罪でのぞむということである。

（4）死　刑

次いで死刑に関する問題であるが、世界の情勢が死刑制度を刑罰の中から排除せんとする傾向にある中で、わが国においては今日なお厳然として、死刑制度が存在している。死刑が刑罰における主役的地位から後退し刑罰の緩刑化が促進する中で、これを存置すべきか、廃止すべきかは、単に法律上の問題ではなくて、社会倫理・道徳・宗教・思想上からしての大きな課題の一つである。
死刑とは、国家権力により犯罪者の生命を奪い、その社会的存在を抹殺することを目的とする刑罰である。死刑の本質は、生命の剝奪であり、刑事責任としてはもっとも重いものとされる。死刑とは、犯罪者自身に対し、自己の行為が死に値することを識らしめ、また、社会一般人に対しても知らしめることにより、犯罪者を社会より永久に隔離し、その犯罪者が再び起こすであろう犯罪の危険性から社会を防衛せんとする刑罰制度である。

死刑は、刑罰の歴史と共に始まり、今日にいたるまで存続する代表的な刑罰であり、長期にわたり、刑罰の中心であった。一般国民は、死刑を悪行に対する処罰として、なんのためらいもなく正当化しているが、実は国家の行なう合法的とされる殺人行為なのである。宗教上、または、倫理・道徳の上からいって、人が人を殺すことが許されないように、たとえ、犯罪人の生命といえども生命は尊重しなければならないとする確信的な思想からして、国家の行なう殺人行為もこれが許されるはずはない。それにも拘らず、なぜ、死刑が刑罰の中心として今日まで存続しているのであろうか。「兇悪犯罪者に対する死刑は、正義の要求するところであり、その応報は国民的確信である」という思想が国民に根強く残存していることは否定できないであろう。その思考方法が脈々と受けつがれ、法的確信にまで高められて、今日にいたっているのだとすることは、かるがるしく否定できるものではない。しかし、刑法が近代化するに従って、死刑を科すべき場合は制限され、しかもその執行方法はなるべく苦痛を与えないように人道的ならしめる方向をたどっている。そうして、究極的には死刑を廃止すべきであるとの論理を生ずるに到る。死刑廃止論は、人道上もっとも倫理にかなった思考方法であろう。しかし、人間が本来有すると考えられる応報観、被害者の復讐心、威嚇力、社会防衛などを考えると、死刑を廃止すればすべてが解決するものなのかどうか、という多くの疑問点が残存する。

わが国における現行刑法および刑事訴訟法に規定されている死刑は、裁判所において宣告された死刑が確定後、これを執行するのであるが、事がらが個人の重大な法益たる生命に関するものであるから慎重を期し、法務大臣の命令により執行されることになっている（刑訴四七一条、四七二条参照）。この命令は、判決確定の日から六箇月以内にこれをしなければならない(1)。

死刑の執行は、監獄内の刑場において、絞首の方法によりこれを行なう（刑法十一条一項）(2)。

死刑がかつて刑罰の中心であった時代においては、その執行方法に残虐なものが多かったし、死刑を公開する風習が世界中いたるところで見うけられた。しかし、近代文化の発展は、死刑の適用範囲をできる限り縮少し、その執行方法も人道的にできるだけ苦痛の少ないものへと変革し、やむを得ぬ場合の執行でも、これを密行するようになった。

かつて、死刑を科する犯罪は、殺人罪に対するような生命犯に限らず、多額の窃盗のような犯罪に対してまで死刑を科し、被害者の復讐心の満足、一般社会への威嚇および社会の秩序維持をはかったものであった。しかし、まず、罪刑均衡の理論、すなわち、正義の理念にもとづく応報刑の理論が財産犯に対する死刑を駆逐した。

そこで、今日の文明社会において、死刑を法定刑とする犯罪は、内乱罪、反逆罪などの政治犯を除外すれば、殺人罪、放火罪、強盗致死等、限られたものとなり、まず法規定上から減少の一途をたどり、イェーリングのいったように、刑罰としての死刑は、その緩和化の道をひた走っているといっても過言ではない。[3] しかし、わが国においては、厳然として死刑は刑罰として存在する。国家は、合法的な正義に適うものとして、死刑という刑罰にもとづく殺人行為を続行している。

死刑の正当性が考察されるに致ったのは啓蒙時代以後で、ベッカリーヤ (Cesare Beccaria 1738～1794) に始まるといわれている。彼は社会契約説にもとずき死刑廃止論を説いた。[4] 次いで、人類の精神と刑罰の公平の点より死刑が罪悪であることを文学上力説して、死刑廃止の中心思想をなしたものにトルストイとドフトエフスキーが挙げられる。[5]

わが国における死刑廃止論は、花井卓蔵博士の主張がもっとも注目に値する。すなわち「死刑は悪刑也。人の生命は神聖にして、生命の権利は不可侵である。人命に対する真実の保護は、之を尊重するに依りて確立せられる。法律は総ての時、総ての所において、天恵の至宝として人命を語らねばならぬ。神聖なる生命は、神祉なる天則の支配に属し、自然以外、与奪し得べからざるものである。人為の国法は、宇宙自然の天則を破壊する権利を有たぬ。刑罰規範に死刑を認むるは、根本に於て誤っている」(刑法総論一五三頁)、と名文をもってその思考方法を示唆している。以後、多くの論者によって、死刑の廃止は主張せられているが、その論拠としては、(1)宗教的な立場から、人間が人間の生命を絶つということは、それが悪人たる犯罪人の生命であるとしても許されない。(2)裁判も絶対に誤判なきを期し得ないので、ひとたび誤判によって死刑に処してしまえば後日、その誤判であったことが発見されても、もはや回復不可能であること。(3)教育刑の思想から、刑罰は応報や復讐のためのものではなく、犯人を再び社会に復帰させるべく教育するものであるから、死刑を執行してしまえば教育できないこととなるから、死刑は刑罰制度そのものを否定することになる。(4)死刑は、世間一般の人が考えるほど社会に対して威嚇的効果をもたない。(5)死刑は、自由刑その他の刑の如く、程度の差をつけることができない。(6)わが国独特のものとして、違憲を理由とするものがある。すなわち死刑は残虐な刑罰であり、憲法第三六条の残虐な刑罰を禁止する条項に違反するとするものである。(7)特異なものとして、屠殺吏制度の非難による廃止論などが挙げられる。[6][7]

これに対して、死刑存置論を採る多くの学者が存在することも忘れてはならない。一般に、実証学派に立つ者は廃止論を採り、古典学派に属する者は存置論に傾くとされている。[8]死刑存置論の主張するところは、(1)一人の兇悪な犯罪人を死刑に処することによって、多数の同種犯罪の発生を未然に防ぐことができるとすれば、死刑を存置する方がはるかに善良な一般国民の生命を尊重することになる。その方がむしろ人道的といわなければならないとするもの。[9](2)「人間は本能的に生を欲する。そうである限り、死刑の存在は、罪を犯そうとする者にとっては大きな心理的抑制力をもつ」とし、その威嚇力が社会秩序維持にむすびつくものだとするもの。[10](3)ふるくは、「人を殺した者は、その生命を奪わなければならないとするのは、いまなお一般国民の法的確信である」とするものなどが挙げられる。

わが国においては、昭和二一年、新憲法の施行にもとづき、死刑は、憲法三六条の規定する残虐な刑罰に該当するから、これを廃止すべきであるとする主張が強力におこなわれ、学説上のあらそいも熾烈を極めた。実際問題としても、この点が裁判所において争われ、昭和二三年最高裁判所は、今日まで残る有名な判決として合憲説を打ち出した。(11)それによると、「残虐とは、反文化的、反人道的で、通常の人間的感情をもっている者に衝撃を与える種類のものをいうので、実行主義による絞首刑はそれに該当しない」とするのがその論理的根拠であった。

現在、世界の動きは、死刑廃止論にかたむき、死刑廃止国は年々増加している。(12)しかし、一度廃止してまた復活した国もあることを忘れてはならない。(13)

かかる意味あいにおいて、死刑は道徳的・社会倫理的にも大きな課題をかかえた大問題であるといえるわけである。

法の発達、文化の発達が国民の法的確信に変革を与え、これらの問題もより合理的な国民感情に合致したものへと変遷していくことであろう。

以上の如く、自殺・安楽死・堕胎・尊属殺人・死刑など、きわめて道徳的・倫理的な色彩の濃い問題を抽出して論じたのであるが、法は時代の変遷により、その社会的要請に応じて改廃を重ね、変革していくものである。時代の変遷により、その社会構造および社会状態が変化し、それにともない法が変革されるとはいえ、人間が存続するための理念とされる道徳や倫理の真髄をも法が否定するわけにはいかないであろう。今日、法が

「人類普遍の原理」を規範として採り入れ、現存するためには、その根本においては、自然法の理想とするところを志向する以外にはあるまい。法は、社会の秩序を維持するため、時には、現実的な価値判断の道具として使用されなければならないし、道徳的・倫理的には疑問があり、否定せられるべきものであっても、法規範を優先させて、犯罪とせられた行為に対して、刑罰を科すのである。道徳的・倫理的に判断した場合、問題となる法規範は、今日の社会の中に山積している。しかし、法は、かかる問題に対し、社会の要請からして、なんらかの決着をつけなければならないことを強制される運命を保持している。かかる意味合いの上で、法は、その制定・運用に慎重であらねばならないことは、もちろんであるし、社会と調和する法を定立することに立法者は努力しなければならないであろう。その場合、時の為政者、立法者は、道徳や倫理をいかにもり込むかによって、悪法となるか、不変の法になるか、法の運命が定まるのではなかろうか。

(1) 但し、上訴回復もしくは再審の請求、非常上告又は恩赦の出願もしくは申出がなされた手続が終了するまでの期間は、その期間に算入されない。(刑訴四七五条)。

(2) 大祭日、一月一日、二日、十二月三十一日は死刑を執行しないし(監獄法七一条)、死刑は、検察官、検察事務官、監獄の長が立会の上で執行する(刑訴四七七条)。もし、心神喪失または懐胎の婦女である場合には、法務大臣の命令により執行を停止する(刑訴四七六条)。また、罪を犯すとき、一八才に満たない者に対しては、死刑をもって処断すべきときは、無期刑を科すべきものとしている(少年法五一条)。

(3) 現行刑法が死刑を法定刑とするものは十三カ条で、今日、問題となっている準備草案はわずか八カ条にすぎない。

(4) ベッカリーヤは「犯罪と刑罰」の中で、死刑制度の廃止をとなえ、モンテスキューは、「法の精神」の中で、刑法の寛容化を説き、その指導的役割りをはたした。

(5) トルストイは、名著、「余は黙する能わず」(Ich kann nicht schweigen) の中で、死刑を廃止すべく極論している、ドフトエフスキーは「白痴」(Idiot) の中で自己の死刑反対論をのべている。
(6) その主唱者として、木村博士があげられる。「たとえ犯人の生命であっても、これを奪うことは公共の福祉に反することになり、死刑は否定せられねばならない。憲法三六条は、残虐刑を絶対に禁止しているが、死刑は人が人の生命を剝奪するところの残虐であるから、それは憲法の絶対に禁止しているものである。死刑は、憲法違反であるから、死刑を規定した刑法の規定は、憲法九八条一項により無効と解すべきである」(新刑法読本三二四頁)。
(7) 正木博士の主張されるところであるが「国家が給料を支払って雇った者に、人間を殺戮することを認める制度が現世の最悪であり、非文化の絶頂であることは確かである」(正木亮「死刑」刑事法講座三巻五八三頁) とある。
(8) 平野竜一「死刑」三五頁参照。
(9) 植松正「刑法総論」三一〇頁。
(10) 小野清一郎「刑法」。
(11) 「最判昭二三、三、一二判決」。絞首刑の残虐性については「最判昭三〇、四、六判決」が挙げられる。
(12) 中南米においては、ヴェネゼラ(一八七三—現在 コスタリカ(一八八〇—現在)、ガテマラ(一八八〇—現在)、アルゼンチン、ウルガイ、メキシコなど、そのほかニュージーランド(一九四一—現在)、トルコ(一九五〇—現在)、アメリカ合衆国の諸州中、ミシガン、ウィスコンシン、ミネソタなど、イタリヤ、ノルウェイ、デンマーク、ベルギー、フィンランドなど枚挙にいとまがない。わが国においても、平安時代、嵯峨天皇、弘仁九年(八一八年)から後白河天皇の保元元年(一一五六年)にいたる三五〇年近くの間、死刑は廃止されていた。
(13) アメリカ合衆国諸州では、ワシントン、オレゴン州のように一九〇一年に廃止して、一九一九年に復活している。イギリス、ロシア等においても、この現象がみられている。

【主要参照文献】

ステーバス・阿南成一訳「法と道徳」

ホセ・ヨンパルト・金沢文雄訳「法と道徳」
団藤重光「法学入門」
小野清一郎「刑罰の本質・その他」
馬屋原成男「法窓史譚」
木村亀二「新刑法読本」
正木亮「死刑」
平野竜一「死刑」
植松正「刑法総論」
小野清一郎「刑法講義」
比嘉盛久「安楽死に関する一考察」駒沢大学大学院紀要

第五章　法の目的

第一節　序　説

人間の実践は、目的活動であり、人間によって組織される社会の目的こそは、まさに、法の秩序を全体として統一するところのものである。法は、その目的を実現しようとする意味を離れては生命をもつことはできない。法は、人間が作ったものである。したがって、法は、他のあらゆる人間の創造物と同じように、その目的との関係からのみ理解される。法も、また、その目的との関係において、すなわち、法の価値に関係せしめて考えることが必要となる。

イェーリンク（Rudolf von Jhering（1818〜1892））は、その大著「法における目的」（Der Zweck in Recht）において、「目的はすべての法の創造者である」といっている。イェーリンクの学説は、法を抽象的な形式論理の世界から完全に解放し、「あらゆる社会発展の段階においてそれに適合するものを見出すために行なわれる目的と打算の産物」としてとらえ、現実社会のさまざまな利益目的が法を創造すると主張する。

法によって実現されなければならない人間社会の目的こそは、法の秩序を全体として体系的に統一するところのものである。それであるから、法の存在の根拠としての目的は、人間が実現することを要望する価値であり、個人の恣意よっては、動かされることのできない目的であるということができよう。すなわち、法に、法としての生命を与えるものは、まさに法の目的である。では、法の目的は何であろうか、端的にいえば、法の目的は、社会の利益と個人の利益の保護であるということができよう。それでは、法はどんな見地に立って社会的利益と個人的利益との調整をはかるであろうか。これは、すなわち、法の目的はどんなところにあるかという問題にもなるわけである。

あらゆる法に通ずる目的として、古くから、しばしばあげられてきた「正義の実現」といわれる場合の正義が何を意味するかは一様ではない。いま正義の意味を、「各人をして真に合理的な仕方で社会に向って貢献せしめると共に、真に合理的な仕方で社会から享受せしめること」であると限定するときは、正義の実現は、疑なく法の普遍的目的の一つであるが、その唯一のものではない。すなわち、このほか、「社会的安定の維持」、「社会成員の生存の確保」、「物質的文化と精神的文化の維持増進」などをも法の普遍的目的としてあげなければならない。法は、正義という理念を通じて、社会秩序の維持と発展に寄与することを普遍的目的とする。したがって、社会秩序の維持と発展に真に貢献しようとする法は、必然的にその目的に対して手段的関係に立つのである。総じて手段は、目的合理的見地から具体的に決定されるべきものであるから、法の目的も多種多様であって、一義的に断定することはできないわけである。とはいっても、法が正義の理念を通じて社会秩序の維持と発展に対して応分の貢献をまっとうするためには、その力の限度内において、「正義」と「目的合理性」と「法的安定性」という三つの要求に応じなければならないであろう。法の理念の三つの面としての正義と目的合理性と法的安定性との間には、きわめて複雑な関係がある。しかし、法の目的は、常に何らかの程度において、これらの三つの要求と関係して実現されなければならない。カント（Kant）をして、「もし正義が消滅すれば、もはや人間が地上に生存する何の目的も存在しない」とまでいわしめた普遍的妥当価値としての正義は、法に固有な目的の一つである。こうして、法の目的は、秩序の維持とともに正義の実現がある。しかし、この二つの目的は、しばしば矛盾におちいる。あるときは、秩序のためという口実で正義が無視される。またあるときは、正義のためという口実で秩序が軽んじられることになる。そして、こうした社会が人間にとって望ましい社会でないことは明らかである。望ましい社会とは、正義につらぬかれた秩序ある社会であり、したがって、望ましい法も、正義につらぬかれた秩序をめざす法にほかならない。それは、「生きた法」といってよい。これこそ、法の目的であり、使命である。

第二節　法と秩序

秩序とは、「社会の秩序」のことであり、社会に生起し形成させる秩序のなかから、それを維持し展開させる手段として「法」はつくりだされるのである。これが秩序と法との原理的関係であり、法というものの最古からのあり方である。

法は秩序ある平和な社会生活のために、私的権力範囲なみに社会的権力範囲の限度を定めなければならない。私人に認許される権力範囲の伸長は、公共の福祉のために加えられる私人の権力範囲の制限との調整において、不断に変化する社会構造に依存するから、各社会および時代によって相違するといわなければならない。法の規範であり、秩序であるかぎり、安定性を要求する。秩序の混乱と破壊には人間はたえられない。ゲーテは、「無秩序よりは不平等の方がましだ」といった。文化の向上も生産の拡充も、安定した社会秩序のもとにおいてのみ可能であるから、安定性は法の目的であることはいうまでもない。社会の秩序もまた変動する。新生の秩序が形成され、旧来の秩序がまきかえす。二〇世紀も半ばを経過した今日、新しい秩序の発生はむしろ自然である。法が経験的規範として個々の行為主体の活動を通じて、社会秩序の維持および発展を確保しようとするかぎり、法は当然に、これら諸目的の統合、調整を企図しなければならないわけである。諸目的のうちのいずれをより重しとするかは、法が規律し、秩序づけようとする社会生活の歴史的現実いかんによって異ならざるをえないであろう。一例をあげれば、家族のあり方である。それは、明治憲法下に「家族制度」の形をとって社会秩序を基礎づけるために国家権力が設定し、その維持に最大の努力が重ねられた人間関係のあり方であった。しかし、日本国憲法の下では、個人の尊厳とか両性の平等などの秩序基準に矛盾することから否定されることになった。家族は夫婦と未成年の子供との家庭として新しい秩序のなかにおさまった。ところが、その後、この小市民的な近代的家族における一夫一婦制さえくずれる動きがみえてきていると法律家は指摘している。それは、女性の地位や生活力の向上、社会的、経済的、思想的な諸理由などから離婚や内縁関係が増大している。その他、いわゆる核家族の増大、住宅事情の変化、土地問題、自然とか環境衛生の問題、さらに、公害問題や犯罪現象とくに青少年のそれなどがある。これらは、社会自体のなかから生まれてきた社会現象の一定の動向であって、それらが繰り返し生起し、量的に増大し範囲を拡大し、一種の規則性や型を明確にしてくる。この実生活の状況は、社会が生みだす一種の秩序であって、これを汲みあげた法の形成がもとめられるのである。このような社会自体の動向から生まれ、形成される秩序を法のあり方に反映させることが要請される。けだし、既存の一般法ではこの秩序を汲みあげることができないのである。たとえば、内縁の妻は夫が工場災害で死去しても遺族として補償を受け得ないし、賃借権を相続し得ないから借家から出ていかねばならない。民法ではいかんともしがたいこれらの点は、しかし、実生活の視点からは生活の実態に適合しない場合が多い。このような実情から、社会保障法による救済が行なわれ、住宅法による居住権が内縁の妻の生存権を保障することになる。これは、変化する人間社会に生まれてくる新しい秩序のなかから、その秩序を維持し展開する手段として法がつくられるという、秩序と法との原理的な関係を実証する現象である。もちろん、それぞれの純粋形態における法と権力とは、まったく両極的存在である。そしてそれら両極の間に多くの中間的形態があるが、それはいずれも権力から法への推移を示している。しかし、実際には、大多数の社会秩序は、純粋の権力でもなければ純粋の法でもなく、それら両者の混合体によって維持されているといわなければならない。くりかえすようだが、法の目的の一つは社会の秩序を維持することである。人々が安心して生活するためには、社会の秩序が維持されていなければならない。しかし、そうするには、法的安定性がなければならない。法的安定性とは、普通には法そのものの安定性の意味に用いられるが、それなしには、人々は安心して生活することはできず、社会の秩序を維持できない。そこで、また、法的安定性が確保されるためには、第一に法が明確性を備えていること、第二に法が固定性をもっていること、第三に法が実際に行なわれること、第四に法が人々の意識と合致する法であること、などが必要である。近代社会の体制は、権力というものを、それ以前の権力のように圧制的になることのないよう組織化し規範化し得るという、法への確心によって貫ぬかれている。実生活の体験からする切実な根元的問いかけは、社会に生起し形成されつつある秩序と現行の法体系との間の大きい溝を照射するものである。現行法への懐疑からする現代社会の課題にこたえる法への切望は、それ自体、新しい社会秩序を反映する事実でさえある。この状況のなかで、秩序と法との原理的関係を現代の裁判において具体化することこそ「現代に生きる人間のため」の法の形成である。

第三節　法と正義

法の目的の一つは秩序の維持にあることは前述したが、秩序さえ維持できれば十分とはいえない。権力者がどのような横暴を行なっても、秩序を維持することはできるかもしれない。しかし、法は、このような秩序を認めない。なぜならば、そこには「正義」が存在しないからである。正義とは何か、ということは必ずしも明らかでなく難解である。やさしく表現すると、正義とは、正しい道理をいう、とすることもできるが、そんなに簡単にいうことは適当ではない。しかしながら、人間にとって、望ましい社会は、正義につらぬかれた秩序ある社会である。人間は、だれしも本性的には真理を愛し正義を目指す。人々は、平和な社会、生きた社会を望ましいと考えるであろう。そういう社会にするには、法のもつ目的の一つが、正義の実現になければならない。法の目的は、多様であって、一義的に理解することはできない。しかも、法は、人間の意欲の当為法則であるから、その目的を離れて内容を理解することはできない。古くから、法の普遍的目的は、正義の実現にあるといわれているが、法的正義とはなんであるかを究明することが重要である。法は、文化現象、すなわち、価値に関係した事実である。法の概念は、法の理念を実現しようとする意味を離れては決定されえない。

正義は、古くから法の理念であるといわれてきた。普通、理念とは、人間の生活目的や行為の意味を客観的・統一的に把握しようとする理性認識の形式をいう。また、通常、法の理念とは、実定法の正不正を判断する窮極の規準となり、その形成の指導原理となるものをいう。目的の最高なるものを、他の目的と区別して、とくに理念と呼ぶならば、正義こそ法の理念である。もし、正義を欠いたのでは、たんなる暴力にすぎない。窮極的原理としての法の理念は、知識における真、道徳における善、芸術における美と同様に、一般に正義(justice, Gerechtigkeit) であるといわれている。

正義とは何かということについては、今日、なお多くの学者によって信奉され踏襲されているアリストテレスの古典的な説明がある。アリストテレスは、その著「ニコマコス倫理学・第五巻」において、正義を、一般的正義と特殊的正義とに分けている。前者の意義における正義は、完全な徳・諸徳の総体ないし社会生活にかかわるすべての徳という意味である。アリストテレスの説くところのうち、われわれの直接の対象とする法の理念としての正義は、いわゆる狭義の正義(特殊的正義)なのである。アリストテレスは、この意味における正義を、さらに二つに分かち、一方を配分的あるいは分配的正義とし、他方を平均的あるいは調整的正義と名ずけた。前者は、団体生活において、「公の名誉および公の財貨その他文化的利益など、およそ国家の公民の間に分けられるものの配分において」、各成員の価値、能力または団体への寄与貢献に応じて、比例的に配分の公正が保たれるべきであるとする正義であり、そのよって立つ原理は、幾何比例的平等である。これは単に積極的利益の配分の場合だけに限らず、不利益の配分に対しても類推して適用されている。たとえば、罪状に応じた科刑、および担税能力に応じた課税などがそれである。後者は、あらゆる個人間の相互的交渉において調整の役目をするところの正義であり、これはさらに二つに分れる。すなわち、(1)売買・貸借・雇傭などのような私人間の自由意思による取引関係において、利益の得喪に均等が保たれるべきことを要求するという意味での任意的関係の場合、および(2)殺人・窃盗・偽証などのような一定の不法行為または犯罪に対しては、行為者の個人的価値のいかんにかかわりなく、ひとしく一定の不利益——暗償もしくは刑罰——が加えられるべきことを要求する非任意的関係の場合がこれである。調整的正義は、関係者の個人的価値とか功績とかその他の事情のいかんにかかわらず、ただ調整せられるべき利益・不利益の客観的価値が問題となるだけであり、それを支配するのは算術比例的平等の原理である。これらをよりやさしく言うならば、人間関係において正義がとくに必要なのは、財貨を媒介とする人間関係である。というのは、やはりなんといっても財貨を媒介とする人間関係においては不正が起こりがちだからである。そこで、主として、財貨を媒介とする人間関係において、当事者間に正しい関係、つまり互いに過不足のない中庸の関係があること、これが正義である、ということになる。

　平均的正義は、たとえば加えた損害とその賠償、犯罪とその刑罰がつり合っていることを意味する。それに対し、配分的正義は、社会団体の成員の能力や寄与(業績)に応じて、団体が成員に対して相応の精神的・特質的利益をむくいることに関する正義である。平均的正義は、当事者間の関係をいずれにせよ1対1に還元できるから算術的正義ともいわれる。またそれらは、加害等によって歪んだ関係をほんらいの対等な関係に回復することに関する正義であるから、匡正(きょうせい)的正義とも呼ばれる。平均的正義と配分的正義のどちらが基本的なのかについては意見が別れている。配分的正義のほうが基本であり、これによって同じ地位を与えられた対等な私人間の関係に対等者間の正義としての平均的正義が派生してくる、と考える人も少なくない。これに反して、平等な私人が先に存在し、その契約によって社会団体が生まれたと考える人にとっては、当然に平均的正義が基本となり、配分的正義はその特殊例外としてのみ認められることになる。たしかに人間の平等は追求実現されるべきものであるが、それはやはり理念である。現実には各人のあいだに何らかの相違があることを否定できない。この相違を無視して、何でも平等に扱うことが必ずしも正義とはいえない。それは、平等の美名のもとにかえって不正を結果し、悪平等となる。

正義は、法が第一次的に取り組むべき目的である。というのは、法による規律の内容が経済・技術・文化の各活動のいずれであれ、それらを実現するにあたって、人間関係が正義にかなうよう、つまり、裏からいえば不正が起こらぬよう配慮することが、法の第一次的任務だからである。強者をおさえ、弱者を守ることによって、関係者間の公正と平等をはかる正義のはたらきを、法的規律という形で行なう。正義のこの匡正的はたらきは、法と道徳との違いをも際立たせる。他人の生命・身体・財産に危害を加えたとしても、それを悪と知りかつ故意にしたのでなければ(過失であれば)、道徳的には悪ではない。ところが、法律は過失による場合でも加害者の責任を問う。というのは、この加害行為によって生じたマイナスを元の状態にもどし(原状回復)て、当事者間のほんらいの平等な関係(正義)を実現することを、ともかくも法の第一次的任務としているからである。

なるほど法は正義の実現を直接第一の目的としているが、すべての法が法であるがゆえに正義に適っているとは必ずしもいえない。初めから正義を無視し否定しているような法は論外としても、初め正義を実現していた法が、時代と社会の変化の結果、それをそのままに適用したのでは正義の実現はおろか、かえって不正を招く場合がある。むかしからある「法の極致は不正の極致」という法の格言はこのことを指摘したものである。このような事態が生じたとき、ローマの法律家たちは擬制や衡平を用いて法が正義を実現するはたらきを保ちつづけさせた。しかし、それにも限度があり、その限度を超えるほど法と社会のあいだにズレが生じたならば、既存の法の立法による改正をするほかない。正義は、力と対立する観念でもある。法も国家権力という力を味方としているが、法が正義と結びつくことによって、法の用いる力は正当化される。かつては私人間の力をもって紛争を解決していたのを、法というルールによって解決し始めたときから、法は正義と結びつくこととなった。力によらず、ルールたる法に基づいて平和的に紛争を解決することが正義の執行とされ、それが裁判をも意味することになった。正義は、裁判においては解釈原理としてはたらく。ただし、裁判における正義は、つねに法典を尊重しなければならないという意味で、法内在的であるが、現実政治を背景とした立法における正義は、既存の法典を否定することもあるという意味で超法的である。もっとも、超法的正義もやがて法制化されるということがあるから、法内在的正義へと転化する可能性をもつといえよう。

【主要参照文献】

ラードブルッフ・阿南成一訳「法哲学入門」
峯村光郎「法学」、「法学概論」
ラードブルッフ・山用晨訳「法哲学要網」
私立大学通信教育協会編「法学」
鵜飼信成「法とは何か」
井上茂「現代法」
杉山逸男・粕谷進編「法学入門」
田中耕太郎「法と道徳」
尾高朝雄「法の窮極にあるもの」「法学概論」

第六章　法の支配

一般に、法の支配というのは、専断的権力による支配を排して、法が支配すべきであるという英米法上の思想ないし原則をいうが、これはすでに中世のイギリスにおいて、国王をコモン・ローの下におこうとする原則としてあらわれたが、近代的法の支配は、十七世紀以降、絶対主義に対する普通法裁判所および議会の抵抗という形をとって確立し、議会主義とともに、近代イギリス憲法の原則となった。アメリカにおける法の支配は、人権を保障した成文法および判例により発展させられた違憲立法審査権の制度を背景に、司法権の優位という形態をとるが、いずれにせよ、英米における法の支配は、個人の権利保障のための自主的原理である。元来、立法というものは、時代の背景をせおって、作成され、解釈され、変更してゆくもので、一度作成されたら永久に変らないものではなく、この変化を敏速にとらえて、法の中に反映させてゆくのは立法者であるが、立法の過程は、手続的にも、政治的にもかなり複雑であって、社会の要求が迅速に立法化されるとは限らない。そこで、行政や司法の担当者が、これを解釈によって行なうということがおこってくる。もともと、法をもって行政や司法を規律するというのは、法が二つの性質をもっているからである。その第一は、法が一般性をもっていることであり、その第二は、それが国民を代表する議会によって定立されるということである。そしてこの原則を確立することによって、近代の法制度は、「法の支配であって、人間の支配ではない」という時代に発展したのである。もしも、人間の支配だけが政治の基本であるとするならば、慈悲深い善良な為政者の下で社会生活を営むか、あるいは邪悪な独裁者の下で社会生活を営むかによって、文字どうり明暗を異にするわけである。人間をそのような運命から救い出したのが、法の支配であって、そこではじめて、人間は平等で、自らの定立した法の下に安定した存在をもつことになるのである。もし、法の支配が、そのような性質のものだとすれば、これを、その下に立つ行政や司法の担当者が自由に変えていいというわけにはいかない。

民主主義の生命は、個人の自由にあるが、しかし、その自由は、各人の勝手気ままな自由ではない。他の人々も、自己と同じだけの自由をもっているから、すべての人の自由が平等に尊重されるように各人の自由の共存を図らなければならない。法は、このような各人の自由の共存を保障するためのものでもある。もっとも民主主義国家における法は、個人の自由を単に隣人の侵害から守ることだけを目的とするものではない。それは同時に、国などの違法な行為から個人の自由を守る任務も持っている。また、法は、いかなる暴力をも否定する。暴力の肯定は、法を軽んじ、自由を放棄することにつながるからである。このように、すべての個人が自己の持つ人格的価値を完全に発揮することができるためには、社会に「法の支配」が確立されなければならない。さらに「法の支配」は、国際社会においても、世界平和のよって立つ基盤になるべきものである。わが国が経済、文化、政治のあらゆる分野において繁栄し、国際社会においても民主主義国家として信頼と尊敬とを受けるためには、「法の支配」が国民の間に徹底されることが必要である。国民主権のもとに、自由と正義を守り、世界の平和を推持し、人類の福祉に貢献することは、国民のひとしく理想とし、念願とするところであるが、このためには、法によって個人の基本的権利を擁護し、法によって社会秩序を確立しなければならない。さらに、また国際紛争も、この法の支配の原則によって解決されなければならない。

【主要参照文献】

田中耕太郎「裁判官の良心と独立について」「法の支配と裁判」

第七章　権利と義務

第一節　法と権利

人間が社会生活を営むには、法の規制を受ける。しかし、すべての社会生活に法がたちいるというのではない。このような社会生活関係はこれを二つに大別することができる。一つは、法の支配を受けるもの、すなわち、法によって規制を受ける対象となるものを、他は、そうでないもの、すなわち、単に道徳、宗教、風習などの法以外の社会規範をうけるにすぎないものとである。このうち、前者のように、われわれの生活関係が法の規制対象となっている場合には、それを権利・義務の関係としてとらえることもできる。これを、法関係（または法律関係）とよんでいる。

法関係が成り立つためには、必ず法が存在することと、人類としての現実の社会生活がなければならない。そして、法が人類の社会生活を規制するためには、一面において関係当事者の一方を保護し、他面においてその相手方を拘束するという姿勢をとるのが普通である。この法の保護を権利といい、法の拘束を義務という。

このように、権利と義務は法関係の両側面をいいあらわしているのであって、法関係は権利・義務の関係であるということができる。法と権利(義務)との関係は、まったく表裏一体をなしているが、法と権利の密接不可分な関係は、これを別のことばでいえば、権利は、権利者の利益を保障するものであり、権利者はそのために自分の自由意思で権利を行使することが認められている。したがって、この権利者に対応して義務者が存在し、権利者の権利は、これに対応する義務者が法の命ずる義務を実行することによってはじめて確保されるようになるのである。このようにして権利が保障されることこそ国民各人の幸福な生活を実現することになるといえよう。そして、この理想があまねくすべての人々にいきわたることが近代の思想(天賦人権)なのである。近代社会における法の追求が、この権利の主張で幕をあけたことは、イェーリング(Rudolf von Jhering 1818~1892)の名著「権利のための闘争」(Kampf ums Recht)が、「国家権力の強制を背景とする規範のみが法の名に値するが、そのような法が成立し、現実に機能するためには、単なる法の遵守ではなく、権利の実現のための個々人の不断の闘争がなければならない。権利の主張こそが法を法たらしめるのであって、自己の権利を主張して闘うことは権利者の自己自身に対する義務でもある。権利を主張する現実的な動機は、個人の利益追求であるが、人は権利という現実的な目的から出発して、自己の人格の精神的生存条件を確保し、さらに共同体の全体的な利益目的の実現に奉仕する。裁判所が適法とみとめた証書によってあくまでも自己の権利を主張した「ベニスの商人」のシャイロックを再評価し、「権利のための闘争」こそが法の生命であると主張したことが、これらを端的に指摘している。

第一項　権利の概念

権利は、法律上の力であり、権利は法律が利益保護の手段として、特定人に特定利益の実現を許容し、これにその利益に対する力を与えることによって生ずる。かくして権利はその形式においては、法律上の力すなわち許容である。ここに法律上の力(rechtliche Macht)というのは、権力範囲(Machtkreis)、支配(Herrschaft)、能力(Fähigkeit)などと同義であって、実力(Gewalt)とは明らかに区別さるべきものである。それゆえ権利は権利者の実力とは直接には無関係なものである。法律が、特定人に特定の利益に対する力を認めるときは、当然に他人に対してこれに対応する特定の行動の拘束すなわち作為・不作為の義務を認める。権利が権利であるのは、この義務に対応するからである。しかし、権利が他人の義務に対応することから、権利の内容もまた他人の行動に対するものと解すべきではない。権利は権利者の自由な行動を他人が妨害することを禁止し、また他人に権利者の利益を充足せしむべきことを命ずるものである。いい換えれば、権利者自らが行動しまたは他人をして行動せしめる法律上の力である。

権利の内容は、利益であり、人間の社会的生存の維持および発展に役立つ財貨(Gut)あるいは生活財貨(Lebensgut)に対する人間の欲求によって生ずる関係を、利益あるいは生活利益(Lebensinteresse)という。この生活利益は、人の社会的地位、状況および人以外の物に対する心理関係である。生命・身体・自由・名誉などの非財産的利益は前者の例であり、一般財産的利益は後者の例である。またここに利益というのは権利者の主観的利益ではなく、国家社会生活上客観的に利益とみられるものである。かような生活利益のうちのあるものが法律の保護を受けることによって、法律利益(Rechtinteresse)となる。法律はこの法律利益の保護または充足のために権利という形式をみとめる。法律はある利益を保護するため、ある人にこれに相当する特定の法律上の力を与えると同時に、他人にそれに相当する拘束を課することによって、もっともよく利益保護の目的を達成することができる。それゆえ、通常の場合には、権利義務の対立的存在を原則とするが、時にはある利益を保護するけれども、それに相当する法律上の力または拘束を認めないことがある。また法律は、ある利益を保護するため、それに相当する特別な行動の拘束を課するが、何人にもそれに相当する特別な法律上の力を付与しないことがある。法律は、特定の法律利益に関する法律上の力を付与しようとすれば、必ず他人にこれに相当する拘束を課さざるをえない。したがって権利があれば必ず義務がある。これに反して、法律は特定の法律利益に関して特定の拘束を課するが、必ずしも他人にこれに相当する特別の法律上の力を付与することを要しないから、義務だけあって、権利がないことがあり得る。

権利は、法律が社会生活利益のうちのあるものの保護として、一定の形式を付与することによってはじめて成り立つものである。それゆえ、法律と権利との関係は、法律的全体秩序と法律的部分秩序との関係として考えられる。そして、個々の権利は各個の法規が権利者において主観化されたとき、最もよく具体的に認識される。ドイツ語において法律を objectives Recht または Recht im objectiven Sinne といい、権利を subjectives Recht または Recht im subjectiven Sinne というのは、法と権利が密接な関係にあることを示している。

rightなどは、本来「正義」、すなわち正当性一般を意味する。人種差別への闘争は「道義的権利」(moral right)だといわれる場合などがそれである。法概念としての権利は、法的正当性一般を指す場合(広義の権利)と、みずからの意思で法的救済を求められる法的可能性をさす場合(狭義の権利)とがある。「国家緊急権」、「抵抗権」などといわれる場合の「権利」は、超実定法的正当性を意味し、「自由権」、「生存権」の語は多くの場合、広義の権利を意味し、「抵当権」、「詐害行為取消権」などという場合は狭義の権利を意味する。権利概念との関連で問題とされるものに次のような諸概念がある。

(1)自由権　自由であるだけでは広義の権利たるにとどまる。侵害に対し法的救済(たとえば司法的違憲審査)があるとき狭義の権利となる。

(2)権限　組織内で一機関が決定、執行を許容されている範囲。決定権限はその意思によって法秩序を動かしうる点で権利と共通する。

(3)権利能力　権利を享有する資格。奴隷や中世の「法外人」には権利能力はない。現在は人間(自然人)はすべて権利能力をもつほか、法人も権利能力を認められる。

(4)反対的利益　法律によって利益をうけるが、みずからの意思でそれを主張しえないもの。輸入関税によって利益をうける国内の同業者の地位など。イェーリングは権利を「法によって保護された利益」と定義したが、これは(4)を含むから広すぎると批判される。

（1） 権利の分類

権利は、いろいろの標準によって分類することができるが、法が公法と私法とに分かれるのに応じて公権と私権に分類することができる。

⑴公権　公権とは、公法上の権利である。この公権は、さらに、公法における国際法と国内法との区別に応じて、国際法上の公権と国内法上の公権とに分類できる。

国際法上、国家がもつ公権には、おもに、独立権・平等権・自衛権・交通権などがあり、国内法上の公権には、国家のもつ公権と国民のもつ公権が含まれる。国民公権には、自由権・受益権・参政権などがある。

⑵私権　私権とは、私法上の権利のことである。私権もいろいろの観点によって分類することができるがそのうち主要なものは、まずその私権の内容により人格権・身分権・財産権・社員権に分類し、さらに私権を作用機能の面から分類すれば、支配権・請求権・形成権・抗弁権にわけることができる。

第二項　義務の概念

権利に対応する概念として義務がある。義務とよばれるものは、一定の作為または不作為をなすべき法律上の拘束すなわち自己の意思いかんに拘わらず従わなければならないと強要されることである。権利は、法律によって与えられた特別の力であって、その内容は特定の利益であるのに反して、義務は法律によって課せられた特別の利益に相当する特別の行動の拘束であって、その内容は特定の不利益である。一般に法律制度が進化した過程からみれば、当初、法律関係は主として、義務の側から観念されてきたということができる。それが近世になってから義務本位から権利本意へ移転し、近代法においては大体、権利本位に考えられているわけである。しかし、現時においては、個人の利益を重んずる私法の領域においても、公共の福祉が強調されて、個人は私益のみのために行動することは許されない場合が多くなるにつれて、権利についての考え方もまたおのずから変らなければならなくなった。すなわち、権利を行使するにも自分だけの利益を主張することは許されず、また権利を有する者は公共の福祉に合致するように行使しなければならず、その限りにおいて権利は義務をともなうといったような事態を生ずることになった（憲法第十二条、二九条、民一条）。このような傾向は権利義務の社会化現象ともいうべきもので、権利も義務も、社会的な観点から観察さるべきもので、権利の行使も、義務の履行も当事者が信義にしたがい誠実になすべきはもちろん、公共の福祉を無視することは許されないわけである。義務は法律上の責任であるとする説がある。責任（Haltung）とは、義務違反によって生ずる一定の制裁（刑罰や強制執行）を受ける基礎をいうが、義務そのものとは異なるのである。そして、義務は原則として責任を伴うが、必ずしも、つねにそうだとはかぎらない。

第二節　権利と義務の関係

法は、人と人との関係を権利と義務との関係で規律するから、法律関係は、権利義務の関係である。権利とは、法がみとめた意思の力をいう。また、ある利益を受けることができるように、ある人に与えられた法の上での力を権利ということもある。権利の行使や、義務の履行は、信義に従い誠実にこれをすべきものとされ(民法一条二項)、これを信義則(信義誠実の原則)という。

法と権利とは、表裏一体をなしているものである。権利は、権利者の利益を保障するものであり、権利者が自分の意思で自由に権利を行使することが許されているものであって、したがって、この権利に対応して義務者があり、この権利者の権利は、これに対応する義務者が、法の要求する義務を守ることによってはじめて確保されることを示している。これが権利の本体であり、この権利が保障されてはじめて国民各自は幸福な生活を営むことができるのである。ともあれ、権利が単に自己の利益を主張するだけでなく、道理的に正しいところを主張することでありたいと同様に、法律も、単に物質上の利益を保護するだけでなく、道理を保護するものでありたい。

近代の世界は、こういう権利の要求、権利の設定、権利の主張の関係から成立っており、それはおのずからこれに対応する義務を生じ、こうして、AはBに対しては権利者であると同時に、Cに対しては義務者となり、さらにBに対しても義務を負うことがあり得るという複雑な権利義務の関係になる。権利を守ることを中心とした近代の法の世界は、権利の内容をなすさまざまの利益の享有を、人間に保障したけれども、権利は必ずこれに対応する義務を伴うものであるから、権利だけのある社会ではあり得ない。

法律はまず、義務本位として発生、発達するのである。そして、最初に発生発達するのは、社会の中心力たる最高権力に対する服従の義務であって、その服従の結果として、さらに同団体員たる他人に対する法律上の義務が確定する。「借りた金は払え」と国家が命ずるので、国家の命令に対する服従として金を払うのだが、それがやがて相手方たる貸主に対する法律上の義務ということになる。そして、この同団体員に対する義務の結果として、権利の観念がだんだんと発達し、法律も「金を貸した者はそれを取り立て得る」という方面から規定されるようになったのだが、そのうちに個人がますます発展充実して最高権力と対抗する形となり、国家権力に対する個人の権利の保障が主張されるようになったのが、フランス革命前後の思潮である。すなわち、法律の結果発生した権利の尊重が高調されて、権利を当初からの存在と主張するいわゆる「天賦人権」の思想となり、法律が急に義務規定から権利規定に発展することとなったのである。

裁判は、こういう権利義務の関係について、裁判官の個人的な愛憎好悪や、その他、さまざまの勢力、偏見による圧力を離れて、まったく客観的に、一般性をもって、そこに通用している法規範の定めにしたがった判断をくだし、争いを裁決するものである。正義の女神は、左手に秤、右手に剣をもっている。これが裁判の原理を象徴しているのである。

現代の法律は原則として「何々することを得る」という形に規定されるが、それは殊にわれわれの私的生活の規定である民法においていちじるしい。すなわち、「盗むなかれ」、「欺くなかれ」という道徳訓が法律上の義務となるに及んで、刑法の窃盗罪・詐欺罪および民法の物権・債権を生じたのであって、義務あって権利がはじめて生じ、権利が生じて義務がますます重くなるのである。従って権利と義務とは、だいたいにおいて相対応していいるから、同一法律関係を権利の方面からも、義務の方面からも規定できるはずであるが、民法は主として権利の方面から規定された。しかし、民法の内容とても、かならずしも直接に権利を与え義務を負わせる規定だけとは限らない。権利義務は法律の全部ではなく、また法律が義務を強要し権利を担保するのは、義務の強要または権利の担保そのものをもって終局の目的とするのではない。その終局目的はすなわち社会生活の利益の保護促進でなくてはならない。たとえば、「借地法」、「借家法」は、地主・家主を保護するのでもなく、借家人・借家人を保護するのでもなく、借地借家関係そのものを保護しようというものである。

さて、「権利義務」と一口に言うが、権利と義務とどちらが先だろうか。元来、規範となるものは、ああしてはいけない、こうしなければならぬ、という行為の準則だから、まずもって、義務の規定である。社会生活規範と社会生活上の義務とは、裏と表であって、同一現象の客観と主観だと言ってよい。そして、社会生活規範が前にも述べたような経過で法律規範となるとともに、社会的義務は法律義務になるのだが、その履行に対する要求が、いちだんの強さと確かさを加えるという程度の差があるだけで、義務そのものの性質には変りがない。ところが、権利ということになると、規範の必然的要素ではなく、権利をともなわないのがむしろ規範の本来の姿と言ってよい。道徳規範のごときは、まさにそれであって、すなわち道徳は義務の規定である。

このことは、近代の法が、じつは道徳に支えられ、道徳に守られ、道徳に囲まれてのみ、正しく生かすことができる所以を示しているのである。

近代の社会は、権利を中心として動いているから、近代人は権利意識のかたまりであり、近代人の人間関係は、権利義務の冷たい原理で規律され、冷酷で、少しも人間らしい温かみが感じられないともいう。必要なのは、他人もまた同じ人権を享有するものであること、すなわち自分の権利を主張すると同時に、他人の権利の重要性をも主張することである。そうして、その必然的な結果は、自分の権利と他人の権利とが衝突した時にいかにこれを調整するかである。調整するという以上、権利の十二分な主張ではなくて、それが制限され、それに義務が伴うことの意義を正しく把握しなければならない。いわば近代の核心である個人の絶対的な権利が現代においては社会的な必要性によって制限された権利に変りつつあるところに、今日にとっての大きな課題があるのである。

そして、権利と義務との違いが、法の成文の上における両者の規定の違いにともなってあらわれている。権利は、具体的個別的な本質をもっているから、法文の上でも、そのようなものとして保障されている。たとえば、憲法第三章の「国民の権利および義務」は、その規定の大部分が権利に関するものであるのは、そのことを示しているのである。国民は、所有権や表現の自由や生存権を個別的に保障されることによって、それぞれのものを実際に享有できるのであって、たんに一般的に権利を保障されるというのでは不十分なのである。

これに反して、義務の規定は、憲法第三章では、(1)子女に教育を受けさせる義務、いわゆる義務教育（二六条）(2)勤労の義務（二七条）、(3)納税の義務（三〇条）の三つに過ぎない。しかしながら、実は、義務は、ここに列記された権利のすべてにおよんでいるのであって、およそ権利を主張し、権利を享有するものは、すべてまたその権利者たるにふさわしい義務を負っていなければならないのである。

一九一九年のワイマール憲法が、一五三条に、「所有権は義務を伴う」と定めているのは、権利がたんなる権利に止まらないで、同時に、義務を伴っていることを宣言したものとして注目に価する。このことは日本国憲法では、かならずしも明示的に示されているとは言いがたいが、しかし、現代憲法の基本思想であることは否定できない。そうして一方では所有権が個人の権利として主張されると同時に、他方それが他人の権利利益との抵触をたえず考慮して制限されるべきものであることの意識が、権利意識と同じ程度に重要なのである。

民法のように、私人相互間の権利義務を定めた規定、すなわち一人が権利をもてば、他方にこれに対応する義務者がいるという関係の場合には、ここでの法的義務は、前述したところと異なっているが、しかし、そこでも、ひろくこれらの権利義務の関係をおおう一般的、基礎的な義務があり、それは民法第一条に明記されている。

民法第一条は「①私権は、公共の福祉に適合しなければならない、②権利の行使及び義務の履行は、信義に従い誠実に行わなければならない、③権利の濫用は、これを許さない」と定めて、およそ民法典が市民に与えた一切の権利義務が、すべてこれを支える一般的道徳的な義務の下でのみ、認められるものであることを明示した。元来、民法典は、第一条「私権ノ享有ハ出生ニ始マル」という規定ではじまっていて、それが個人主義的な私権についての法律であることを宣言していたのであるが、戦後早々、新しい憲法の施行に伴って、考え方の基本的転換を行ない、権利の宣言と同時に、それに伴なう義務をも宣言したのである。

今までの権利の行使というのは、権利者がその権利にもとづいて、その権利の内容である利益の実現のための行為をすることであった。たとえば民法（二〇六条）に「所有者は、法令の制限内において、自由にその所有物の使用、収益及び処分をする権利を有する」とあるのは、所有権の行使に関する規定である。「法令の制限内において」という留保はあるけれども、権利者は原則として「自由に」その権利を行使し得るのであり、また権利を行使しないことも自由である。権利は自由であり義務は拘束である、権利は利益であり義務は苦痛である、権利と義務とは相対応するが互いに相容れない、権利は権利にして義務にあらず、義務は義務にして権利にあらず、これが従来の通念であった。しかし、この権利義務対立観念は、法律の内容が社会本位・共同本位になると、ある程度是正されざるを得なくなるのである。ただし、例外的には、ある社会生活利益を保護するが、何びとにもこの利益についての権利義務を認めないことがあり、またある利益を保護するためある人に義務を課すが、これに即応する権利を何びとにも認めないことがあり、権利と義務とは独立的な場合もある。

第三節　権利濫用の禁止

権利の行使とは、権利の内容である利益を享受するための行為、すなわち、権利の内容の実現を目的とする行為をいう。権利が本来、社会生活における自己と他人との関係を規律するために生まれたものであるからには、権利行使が社会生活の利益に反する場合には、その権利行使は制限されるべきであるという思想が醸成されるのも当然のことであろう。

ローマ法では、「自己の権利を行使する者は、何人に対しても不法を行なうものではない」という法諺が示すように、法が権利の存在を認めた以上、権利者が権利を行使することは、無制限に自由であり、それによって他人に損害を与えても非難されるべきではないと考えられていた。これは、個人主義的法律観に基づくものである。しかし、資本制経済の発展に伴い権利行使の絶対的自由による弊害が生ずるに及び、近代市民法原理も修正されるにいたった。すなわち、自由主義的個人主義思想への反省ないし社会主義的思想の興隆につれて私権の社会性・公共性が説かれ、権利の行使は社会的に許容されるものでなくてはならず、この限界を逸脱した権利の行使は、権利の濫用として禁止されるにいたった。

わが国においては、明治二九年制定の民法典には、この権利濫用に関する規定はなかったが、太平洋戦争後の昭和二二年にはじめて明文の規定(民一条Ⅲ)がおかれた。しかし、それまでは、判例・学説において相当古くから権利濫用の法理(権利行使の限界づけ)が主張されている。判例では、それまでは、権利の絶対性(たとえば戸主権など)を認める立場をとっていたが、明治三四年の大審院判決は戸主の家族に対する居所指定権については、絶対無制限に行為すべき権利とはいえないと判示した。大正時代には、権利行使の限界づけの概念もしだいに形成されてきたが、その初期の形態は、イムミッションないし、ニューサンスの法理として、まず直接には不法行為法の分野にあらわれはじめた。イムミッションとは、ドイツ法上、煤煙・臭気・震動などが隣地におよぼす影響を指し(ドイツ民九〇六条参照)、また、ニューサンスとは、英米法上、騒音・悪臭・煤煙のような生活妨害による間接的な不法行為をいう。このイムミッションやニューサンスに関する事例が、大正年代のわが国の裁判にも比較的早くから登場した。たとえば、アルカリ製造会社の硫煙によって作物に被害を受けた者が、会社に対し不法行為による損害賠償を請求した事件では、否定した（大判大五・一二・二二民録二二輯二四七頁）。しかし、土地所有者が借地人に対し、家屋収去土地明渡の執行をなすにあたり、家屋の取り毀し方法が乱暴で材料の価格を著しく減じたため、家屋の抵当権者から土地所有者に対して損害賠償を請求した事件では、肯定している（大判大六・一・二二民録二三輯一巻一四頁）。さらに、有名な「信玄公旗掛けの松」といわれる名木が汽車の煤煙によって枯死したので、その所有者が、予防措置を講じなかった鉄道院に対して損害賠償を請求した事件では、これを肯定した（大判大八・三・三民録二五輯三五六頁）。

このように、各種の判例を通じてしだいに権利濫用の法理が形成されていったのである。以上の判例において注目すべきことは、この時期までは、どの判例も「権利濫用」ということばを使用していないことである。判例は、権利の行使にも社会通念上、正当な範囲で一定の限界があることを認めながら、具体例には、その限界をこえて権利が行使されたときは、一種の不法行為による損害賠償責任を認めるにとどまり、権利行使そのものを否定するのではない。その後、大審院は、昭和十年ついに有名な「宇奈月温泉事件」において権利濫用の概念をとり入れて、土地所有権の行使を制限した。昭和二二年の民法改正を契機として、ついに民法典第一条の中に「私権は、公共の福祉に適合しなければならない。権利の行使及び義務の履行は、信義に従い誠実に行わなければならない。権利の濫用は、これを許さない。」と明文化された。現実の問題としては、権利の正常な行使と権利の濫用との限界を示す一線をどこに引くべきかである。すなわち、権利の行使がある場合、他人に被害を与えないときには問題はないが、被害を与えるときには、権利の行使が適当な範囲といえるのか、あるいは、その範囲を超えて権利の濫用となるというべきかの判断（標識）こそ非常に困難ではあるが、また重要な課題でもある。そして、この権利濫用の判断基準については、権利の行使が格別に自己に利益をもたらさないのに、他人に損害を与えることを目的としてなされた。いわゆるシカーネ（schikane 加害の意思をもってする権利行使）のみを認めようとする立場（主観的側面を強調する立場）から、権利者の権利行使によって得ようとする利益と、それによって他人に与える損害とを比較考量し、その行使の仕方およびその権利の存在意義に照らして判断するという立場（客観的に判断する立場）へ変わってきているのである。

【主要参照文献】

峯村光郎「法学」、「法学概論」
鵜飼信成「法とは何か」
井上茂「現代法」
私立大学通信教育協会編「法学」
我妻栄「民法大意」上・中・下巻、「法学概説」
伊藤正己・加藤一郎「現代法学入門」

第八章　法の存在形態

第一節　法　源

法源は、法の淵源の略称であるが、この語は、多種多様な意味で用いられ、その概念は、必ずしも明確ではない。

たとえば、その一は、法の妥当性としての神の意思、理性、国法などを意味する。その二は、法の内容としての宗教的・道徳的規範、習俗などを意味し、その三は、法認識の材料そのものである法典・判例集、法的な各種文書を意味する。その四は、法の存在する形式を意味する場合である。通常、法源というときにはこの第四の意味に用いられているようである。しかし、いずれにしても法源という言葉は、用いられる場合によってどのような内容をもつものかを判断する必要があろう。本章においては以下、法源を第四の意味で用いることにする。ここにいう法源とは個々の具体的事案に適用すべき法(規範)がどこに見出されるかという法発見の源泉なのである。実在として成り立つ基礎のことを意味するが、形式的意義における法源とは、法が実在として現われる形のことを意味する。ここにいう法源とは、形式的意義におけるものであって、実に数多い現行法の内容がどんな形をとって現われるかをいうのである。この意味における法源としては、成文法・慣習法・判例法などがある。

第二節 成文法

成文法とは、明文の規定、すなわち、文書をもって表現された法であるが、それは、権限のある立法機関によって、一定の手続を経て定立され、一定の形式をもって公布されるので、制定法ともよばれている。成文法主義を採るわが国の場合、法(規範)は、「法律」、「命令」、「条例」、「規則」などに分類される。これら種々の形式の法の間には、効力の点で一定の上下の関係がある。もっとも上位にあるのが「法律」であり、なかんずく憲法である。その他の「法律」や「命令」、「条例」、「規則」などはすべて、憲法に違反した内容をもつことはできない。また、「命令」や「条例」は効力の点では「法律」の下位に立ち、「条例」は「命令」の下位に立つ。このように種々の形式の法規範は、それぞれ、段階的な上下関係の系列の中に位置づけられ、全体として憲法を頂点として統一的な体系として存在する。なお、このような成文法において、特定事項につき、法規と体系的組織的に編別したものを法典(code)という。いわゆる六法(憲法・民法・刑法・会社法(商法)・民事訴訟法・刑事訴訟法)はその典型的なものである。法典の形態を彩ることなく、単独に立法されたものを単行法とよんでいる。

成文法は、その内容として、条理的規範、慣習的規範、技術的規範および政策的規範などを包含している。たとえば、殺人を禁止する刑法の第一九九条は条理的規範であり、養子制度について規定する民法七九二条は慣習的規範であり、手形裏書の方式を規定する手形法第一三条は技術的規範であり、公益事業の労働争議について予告制度を規定する労働関係調整法第三七条は政治的規範である。このように成文法は多様な内容をもつことができるから、法の存在形態としては、きわめて重要性をもつ。わが国における法の存在形態としての成文法には、憲法・法律・命令・自治法規および条約がある。成文法を適用するには法の解釈が重要である。(1)

第三節　慣　習　法

慣習法は、社会における慣行によって発生した社会生活の規範が、成文化されることなく、国家によって法として承認され、強行されることになったものである。

最初の法律は、人間生活上の「しきたり」が積もり積もって成った慣習法なのである。わが国の現在の法律は大部分成文法になっているが、今日においてもなお「慣習法」が存在し得る。慣習法というのは、社会の慣行すなわち「しきたり」によって発生した社会生活規範が、不文の原形のまま法規範として承認され強行されるようになったものを言う。

成文法時代の今日でも慣習法が存在し得ることは、成文法自身が承認している。国家がまだ固まらない前の社会および初期の国家にあっては、慣習法が重きをなして法律の全部または大部分を占めたものだが、国家生活がだんだん発達し、また文字の使用が普及するとともに、成文法が次第にできて来た。そして最初に成文法になったものは、主として国家生活に関する法律、たとえば行政法とか刑法とかいう類で、人民私的生活の法律なる民法、商法などは、久しく慣習法にゆだねられていた。そして慣習法というものはどうしても地方的なので、同じ国内でも土地によって違った慣行が行なわれた。

従来、慣習法は成文法がない場合に認められるか、成文法とちがった慣習法が発生し得るのか、ということについて議論があった。すなわち、慣習法には補充的効力のみがあるのか変更的効力もあるのか、が問題になるのだが、スイス民法は、慣習法は成文法に対して補充的効力を有すると規定した。わが国は明治三十一年の「法例」(二条)に「公ノ秩序又ハ善良ノ風俗ニ反セサル慣習ハ法令ノ規定ニ依リテ認メタルモノ及ヒ法令ニ規定ナキ事項ニ関スルモノニ限リ法律ト同一ノ効力ヲ有ス」と規定して、慣習法に補充的効力のほか法定の場合の変更的効力を認めた。しかしここまでは規定がなくとも当然のことと思われる。この成文法による慣習法の変更時効的承認は、民法では土地に関する規定に実例がある。すなわち、農村土地利用の慣行たる入会(いりあい)については、「各地方ノ慣習ニ従フ」ほか、民法の規定に従う、ということにしているが、民法はただ入会権という物権があることを認めただけで、その実質および作用については何ら規定せず、全部を慣習法に一任した。また地上権・永小作権および相隣地関係につき「別段の慣習があるときは、その慣習に従う」、「別段の慣習がないときは」、「別段の慣習がある場合を除き」などと規定しているが、いずれも慣習法の変更的効力を承認したのである。また商法（一条二項）に「商事に関し、この法律に定めがない事項については商慣習に従い、商慣習がないときは、民法（明治二十九年法律第八十九号）の定めるところによる」とあるのは、商慣習法の商法に対する補充的効力と民法に対する変更的効力とを認めたのである。

第四節　判　例　法

わが国では、上級審の裁判所における判決は、当該事件についてのみ、下級審の裁判所を拘束するにとどまるから制度上、判例法の存在を容認することは難しいといえる。

コモン・ローの国における判例法については、「先例の拘束性」と称されるものがあり、先例は、その後の同種の事件における裁判官の判断を拘束することによって、法的安定性という法の根本的な要請に応えている。わが国においては、判例に厳密な意味でこのような法的拘束力があるとは認められなくても、実際上は、これを認めているにちがいない。最高裁判所がひとたび裁判で法令の解釈適用をすれば、その変更は、最高裁判所裁判官全員で構成する大法廷でなすしかない（裁判所法一〇・三号）。

(1)　法の解釈にはさまざまな方法が用いられるものの、それらは必ずしも統一的に分類されているわけではない。ふつうに法の解釈という場合は、原則として学理解釈を意味し、これと対比されるのが有権解釈である。代表的分類方法に従えば、学理解釈はさらに文理解釈と論理解釈に、そして後者は拡張解釈、縮小解釈、変更解釈、反対解釈、類推解釈、勿論解釈などに区別される。また近時は、論理解釈において目的論的解釈の方法も重視されている。これら法解釈の技術的方法のうち、どれが用いられるかによって、法的結論がまったく異なる場合もありうる。しかし、法の解釈に際しどの方法を用いるべきかは、解釈方法それ自体から判断しうるものでなく、根本的には、法の規定が適用される具体的事実をどのように処理すべきかという実質的判断の問題といえる。そのため、その法の規定によって具体的事実を理由づけるのに適合した解釈の方法が、用いられるべきことになるであろう。すなわち、認定された事実に応じて文理解釈、論理解釈、目的論的解釈を適切に配分して、その法規定が法秩序全体、社会的諸条件、および結論の妥当性との関連においてそれぞれ有する意味を検討しつつ、どのように法の規定を適用するのが最も正しいかの判断をなすべきことになる。

1　有権解釈　(authentische Interpretation)

これは法規定の意味内容が国家機関によって確定されている場合であり、公権的解釈ともいわれる。

(a)　解釈の対象となる法規定の設置されている同一の法令中に、または他の法令中に定義規定、解釈規定をおく「立法解釈」がある（定義規定としては、民法八五条、会社法二条、刑法七条など、解釈規定としては、民法二条、地方自治法二条一二項、破壊活動防止法二条など）。これは法令自身が法令の規定によって定義ないし解釈の指針を示すため、規定解釈上の疑義を除去し、解釈の統一をはかるうえに効果がある。とりわけ解釈規定は、第二次大戦後の立法に多く活用されている形態である。定義規定は古い法令においてもみいだすことができ、特定の法令のなかでとくに重要な用語、通常と異なる意味に用いられる用語などにつき定義した規定をその法令中に設けるものである。解釈規定の方は、特定の法令または特定の規定につき解釈の方法が問題となる場合に、解釈の指針が示されたものである。このように立法解釈においては、成文法の制定を通じて法の解釈がなされ、規定自体が法であるから、その規定の適用を受ける者、その規定を執行する行政機関、さらにその規定に関して訴訟が提起された場合は裁判所も、この解釈に拘束される。立法解釈は有権解釈の典型といわれている。

(b)　裁判所が判決を通じて行なう解釈として「司法解釈」がある。具体的事実に法を適用して紛争を解決することを任務とする裁判所が、判決において示した判断も、司法解釈の一つである。日本国憲法のもとにおける憲法の解釈については、最高裁判所の司法解釈が最終的であり、その他の有権解釈よりも優越した法的拘束力が認められている。

(c)　行政機関が法令の規定の解釈を行なう「行政解釈」がある。これには上級行政機関が特定の法令の執行に際し、その法令解釈の統一をはかるため、下級機関に対して示す訓令、通達の形式をとったり、または下級機関の質疑に対する上級機関の回答の形式をとることもある。行政解釈は限定的効力を有し、指揮監督関係にある下級行政機関のみを拘束する。

2　**学理解釈**　(wissenschaftliche Interpretation)

学問上の理論によって法規定の意味を確定することをいう。これは、個人の学問的思考に基づく法規定の解釈であるから、仮にその判断が正当であっても、それのみで拘束力は認められず、有権解釈に採択されることによって、はじめて拘束力を有することになる。詳細な定義規定や解釈規定がおかれている場合でも、千差万別の具体的事実すべてをあらかじめ立法解釈で定めておくことは、実際上不可能であるから、学理解釈の行なわれるべき余地が残されている。また司法解釈、行政解釈も、本質的には学理解釈に基づくものである。学理解釈はその手段に従って、言葉を重視する文理解釈と、言葉以外の論理法則を重視する論理解釈に大別される。

(1)　文理解釈　(grammatische Interpretation)

法規定の文言、文章の意味に即した法解釈をなすことをいう。通常の法解釈の対象とされる成文法は、文字で組み立てられた用語、文章をもって表示されているから、その解釈においては、最初に用語の通常の意味、文章の文法に即した意味がそれぞれ明らかにされるべきである。ここにおいて、成文法の文言、用語は、原則として一般の社会通念に従った、ふつうに理解されている意味に解釈すべきである。特殊な法律用語、専門用語は、それぞれ固有の用法に従う必要がある。なお法規定の文言、用語の意味は、その制定当時の意味に解すべきか、または解釈する時点における意味に解すべきかについて学説の争いがある。また法規定の文言、用語の意味は、同一法令その他の法令を問わず、原則として統一的に解すべきであるものの、社会通念に従った場合でも、二つ以上の異なった意味を有することがある。そのため、同一の用語であっても異なった法令中に用いられている場合は、それぞれの法令の趣旨、目的が異なれば、異なった意味に解す必要も生じうる（いわゆる法概念の相対性〔Relativität des Rechtsbegriffes〕）。このことは、同一法令中にある同一用語についても、規定のおかれた箇所の相違によって起こることがある。成文法の解釈に際しては、原則としてまず最初に文理解釈がなされるべきである。しかし、これのみでは法の真の意味を明確にすることはできない。なぜならば、法の解釈は単なる法規定の言語的意味にとどまらず、法の趣旨、目的、さらに社会的背景、他の法令との関係などによって制約されているからである。文理解釈は法解釈の基本であり、これによって法規定の文言、用語の意味内容は明確となる。ところが、文理解釈は万能とはいえず、これのみに拘泥していると、常識を逸脱した不適切な法的結論に到達する場合がある。そこで、妥当な解釈を得るためには、法規定の文言、文章のみならず、法制定の趣旨、目的など多方面からの法の検討を要し、その際に論理解釈も必要となるのである。

(2)　論理解釈（logische Interpretation）

法規定の文言の通常の意味や、文章の文法的意味に過度に拘泥することなく、いっさいの論理法則を駆使して、法規範の意味内容を確定することをいう。成文法の解釈において法規定の言語的意味を忠実に明らかにしようとする文理解釈のみでは、概して妥当な法的結論には到達しえないものであり、そこで、その規定の立法趣旨、立法目的、他の法令との関連、法秩序体系との調整、社会における正義（Gerechtigkeit）の追求、法秩序（Rechtsordnung）の維持などいっさいの事情を斟酌して、法規定の真の意味を論理的に導き出す技術的操作が必要となるのである。すなわち、多方面から法規定を検討することによって、論理的に法を解釈する諸操作を総称して論理解釈という。それゆえ、単なる形式論理に従った法解釈は、論理解釈とはいえず、また論理解釈とは、法規定の文言や用語の意味からまったく離れ、文理解釈と無関係な論理構成を意味するものでもない。さらに、論理解釈において、とくに法令の達成しようとする目的、法令の趣旨を重視しつつ、妥当な結論を導き出す場合を目的論的解釈（teleologische Interpretation）ということがある。このように、文理解釈のみでは不完全、不適切なところを補充、修正するのが論理解釈であるものの、逆に論理解釈のみでも、完全な法解釈の技術とはいえないのである。また論理解釈は、法規定の多角的な検討を不可欠とするので、法令制定の沿革や比較法的検討も、重要な解釈の要素となりうるであろう。論理解釈においては、論理上可能な限りの諸技術が駆使されることになる。それらの技術は、法規定の文言、文章の通常の意味内容が実質的に変更される拡張解釈、縮小解釈、変更解釈に分類され、さらに、法規定の文言、文章上は直接定められていない事柄に関する操作方法である反対解釈、類推解釈、勿論解釈などに分類されている。

(a) 拡張解釈（extensive Interpretation）とは、文理解釈によるのみでは、法規定の文言、用語の意味が狭い場合に、通常の意味よりも広げて解釈することをいう。私法の領域では、論理解釈の一方法として拡張解釈がしばしば行なわれる。刑罰規定や取締規定の拡張解釈において、個人の権利を制限し、または個人に義務を課すことになる場合は、原則として拡張解釈を濫用（Mißbrauch）してはならないとされている（破壊活動防止法二条参照）。

(b) 縮小解釈（restriktive Interpretation）とは、法規定の文言、用語の通常の意味が広く、規定の真の意味としては不適当な場合に、その通常の意味よりも狭く解釈することであり、制限解釈ともいわれる。これは拡張解釈とは正反対の方法であって、国民の基本的人権を制限する規定の縮小解釈においては、拡張解釈がなされる場合のような懸念は生じない。しかしこの場合、無制限に縮小解釈が認められてよいわけではない。

(c) 変更解釈（Modifikationsinterpretation）とは、法規定の文言、文章の文理上の意味が明らかに不適切または不合理である場合に、その文言、文章を適切または合理的な意味に適合するように変更ないし補正して解釈することであり、補正解釈ともいわれる。この解釈は、結果的に法規定の通常の意味に変更を加え、また考え方によっては法的安定性（Rechtssicherheit）を阻害することにもなるので、立法上の過誤（Kunst-fehler）が明白でそれが立証しうる

(beweisbar) 場合、または法規定の文言、文章の表現に明白な過誤がなくても、学理または社会的要請に反することがきわめて明白で議論の余地のない場合に限って、許されるべきであろう。また拡張解釈の場合と同じく、変更解釈によって個人の権利義務に著しい不利益を与える場合、または処罰の対象が拡大されるような刑罰規定の場合も、この解釈を濫用すべきではない。

(d) 反対解釈 (Umkehrinterpretation) とは、ある法令に規定された事項に基づいて、その規定の反面として、そこに規定されていない反対の事項については、その規定とは反対の効果が生ずると解釈することをいう。実際の法解釈の際に、反対解釈は多く用いられる方法である。しかしその場合、法に規定されない事項について法が反対の効果を予定しているか否かを常に検討しつつ、解釈を推進する必要がある。なぜならば、この解釈を単なる論理法則と把握して濫用すると、法の趣旨を逸脱した不適切な結論に到達することが危惧されるからである。この解釈は、論理解釈のなかでもとくに有力な方法であるがゆえに、それだけ慎重に結論の当否を判断することが要求されるのである。

(e) 類推解釈 (Analogieinterpretation) とは、ある事項に関する規定はあっても、それに類似ないし関連する事項に関しては直接明文の規定を欠く場合に、その類似関連事項に対しても、その規定の趣旨をもって解釈することをいう。法令に準用規定がおかれている場合は (憲法六一条、民法一三条、会社法四〇条四項、刑法二五一条など)、法令上類推解釈が認められているわけである。ふつうに類推解釈というのは、準用を認めた明文の規定がおかれていなくても、解釈によって補足して準用と同じ法的効果を認めようとする場合をさしている。類推解釈も結果的には法規定の妥当する範囲を拡大することになるので、拡張解釈との相違が問題となる。拡張解釈は、法規定の文言、用語をその規定の範囲内において拡張する方法である。これに対して類推解釈の場合は、ある法規定の意味をそれと類似する法規定の存在しない事項に対しても適用する方法で、ある法規定の趣旨に基づいてその規定の適用範囲が拡大される。いずれの解釈も結論は同一になることが多く、結局は解釈の対象となるそれぞれの法規定の立法趣旨、目的、さらに結論の当否などを慎重に検討するほかはないので、両解釈とも論理解釈として同一の基盤に立つ解釈方法といえるであろう。なお、罪刑法定主義 (principe de la légalité des délits et des peines) を基本原理とする刑法においては、類推解釈は許されないとするのが伝統的立場である。しかし、罪刑法定主義の要請を考慮すれば、被告人に利益をもたらす類推解釈は認められるべきことになろう。近時は、被告人に不利益な類推解釈も、刑法の目的に従った一定の限度内では許されるとする考え方が主張される。

(f)　勿論解釈（argumentum ā fortiōri）とは、法令に規定されたある事項の立法趣旨、目的からして、明文の規定を欠く他の事項についても、事柄の性質上もちろん、規定された事項に含むべきと認められる場合において、その規定なき事項に対しても、明文の規定が適用されるのと同様に解釈することをいう。この方法は、実質的には類推解釈であり、ただ論理上明白に類推解釈をなしうる場合に用いられるので、類推解釈の一類型と考えられている。

第二編　各論

第一章　憲　法

第一節　日本国憲法とその基本原理

第一項　憲法の意義および種類

第一　憲法の意義

憲法（Constitutional law, Verfassungsrecht）には、実質的意義と形式的意義との二種類の意義がある。

実質的意義の憲法とは、広義においては、国家の根本法を意味し、国家の組織および作用についての基礎法で、すべての国家に必然的にそなわる法であり、領土の範囲・国民の資格要件・国家統治組織の大綱・国家と国民との関係に関する基礎的な法規範などがそれであるが、狭義においては、立憲政体国家の根本法にかぎって使われる。

形式的意義の憲法とは、「憲法」または「基本法」その他類似の名称をもってさだめられている特別の成文法規を意味し、普通の立法手続をもっては変更することのできないものであるのが原則である。形式的意味の憲法の内容は、かならずしも国家の基礎法たるものにかぎられてはいない。

第二　憲法の種類

憲法には、君主が単独意思にもとづいて制定する**欽定憲法**と、君主ならびに国民の協約によって制定される**協約憲法**および国民主権の建前から国民が直接または代表機関を通じて制定する**民定憲法**とがある。憲法には、さらに憲法改正が普通の法律より一層厳格な手続を必要とする**硬性憲法**と普通の手続と同一手続で改正できる**軟性憲法**とがある。大日本帝国憲法は欽定かつ硬性憲法であったが、日本国憲法は民定かつ硬性憲法である。

第二項　日本国憲法制定の由来

第一　大日本帝国憲法の制定

わが国の憲法制定の歴史は、天皇制を骨子として従来の封建制度とその社会体制を打破し、合理的な立憲政体を採用する基礎をさだめた明治維新に起因する。明治維新後、五箇条の御誓文および政体書の発布、廃藩置県が行なわれたが、外国の立憲政体がしだいに明らかになるにつれて、万機を公論によってけっすべきとの民主主義の要求は、ついに立憲主義的な民選議会設置論、成文憲法制定論にまで発展した。そこで明治天皇は明治九年元老院に対して憲法の起草を命じた。しかし元老院が起草した「日本国憲按」、「国憲」などの草案はいずれも採択されず、結局、明治十四年十月十二日の布告の勅諭で、明治二十三年に国会を開設し、それまでに憲法を欽定することとなり、翌十五年憲法の調査のため**伊藤博文**らは渡欧し、主としてドイツ、オーストリア系の憲法を研究して、明治十六年帰朝し、同十九年六月頃から憲法の起草をはじめ、明治二十一年四月、憲法の成案をえて、枢密院を創設し、ここで憲法、皇室典範その他の附属法令を審議確定した。かくて大日本帝国憲法は、明治二十二年二月十一日に発布され翌年十一月二十九日に施行されたのである。

第二　日本国憲法の制定

大日本帝国憲法が発布、施行後、五十余年、明治天皇によって「不磨ノ大典」と宣布された大日本帝国憲法は、第二次世界大戦で、**ポツダム宣言の受諾**により降伏した結果、根本的かつ全面的に変革されてしまった。

ポツダム宣言は、連合国が日本に降伏の機会をあたえるために、降伏の条件をさだめて宣言したものであるが、同宣言のなかには「日本国政府は日本国国民の間における民主主義的傾向の復活強化に対する一切の障礙を除去」すべきこと（ポツダム宣言一〇項）、「言論、宗教および思想の自由ならびに基本的人権の尊重は確立される」べきこと（ポツダム宣言一〇項）、「日本国国民の自由に表明せる意思にしたがい平和的傾向を有しかつ責任ある政府が樹立される」べきこと（ポツダム宣言一二項）が要求されていたのである。ポツダム宣言の趣意は、国民主権主義を宣言したものであって、**国体**の語のもとに専制主義的天皇制を採っていた大日本帝国憲法下では、政府はもちろん天皇も、かような改革の要求される宣言を合法的に受諾する権限はなく、それは一種の革命というべきものであった。したがってポツダム宣言受諾によって、当然国体は変革され、大日本帝国憲法の天皇主権から国民主権への革命的移行の結果、早晩国民主権にもとづく、新憲法の制定は必至であった。

日本国憲法の制定は、曲折をへて昭和二十一年四月新憲法草案が発表され、民主的な総選挙により成立した第九十議会において、若干修正がくわえられたが、同年十月七日可決されて、**同年十一月三日公布され、昭和二十二年五月三日から施行**されたのである。

日本国憲法の制定は、形式的には大日本帝国憲法の改正の方法をとり、大日本帝国憲法第七三条の手続によったのであるが、両憲法間に法的連続性をもたせることは、法的には説明不可能である。ただかかる形式は、政治的には、敗戦による混乱のなかにあって、国家再建の基礎をかため、秩序を維持し、平穏のうちに革命的行為を遂行したという点に意義があったといいえる。

第三項　大日本帝国憲法の特色

大日本帝国憲法（明治憲法または旧憲法）は、天皇を中心とする専制的原理と民主・自由主義的原理との妥協を基盤とする立憲主義的憲法であるが、専制的原理の方が強い憲法であった。

一　専制的原理

(1)　**天皇主権主義**　万世一系の天皇が国家統治の全権を総攬した。上諭に、「国家統治ノ大権ハ朕カ之ヲ祖宗ニ承ケテ之ヲ子孫ニ伝フル所ナリ」と宣言し、本文第一条に「大日本帝国ハ万世一系ノ天皇之ヲ統治ス」と規定するのは、このことを示すものである。

(2) **欽定憲法主義**　大日本帝国憲法は欽定憲法であって、その効力の根拠は天皇の意思に存し、改正の発議権は天皇に専属していた（大日本帝国憲法発布勅語および上諭・七三条）。

(3) **大権中心主義**　大日本帝国憲法も立憲体制を採り議会制度を設けていたけれど、議会の協賛を要しないで天皇の大権により専断される範囲が広範であった。すなわち天皇は立法大権（大日本帝国憲法五・六条）、緊急勅令の大権（大日本帝国憲法八条）、独立命令の大権（大日本帝国憲法九条）、官制大権（大日本帝国憲法一〇条）、軍統帥大権（大日本帝国憲法一一条）、軍制大権（大日本帝国憲法一二条）、外交大権（大日本帝国憲法一三条）、戒厳大権（大日本帝国憲法一四条）、栄典大権（大日本帝国憲法一五条）、恩赦大権（大日本帝国憲法一六条）、非常大権（大日本帝国憲法三一条）、緊急財政処分の大権（大日本帝国憲法七〇条）、憲法改正発議権（大日本帝国憲法七三条）などをもっていた。

(4) **統帥権の独立**　兵政分離主義により、陸海軍の統帥は、一般国務から分離独立し、議会ならびに内閣の関与は一切許されず、参謀総長、軍令部総長などが大権を補ひつした。これは大日本帝国憲法に明文はないが、慣習法により確立された原則であった。

(5) **皇室自律主義**　皇室に関するものは、すべて皇室典範に規定されて、皇室みずからのさだめるところにより、一般国民および議会の関与を許さず、超然として国民のうえにあった。

二　民主的・自由主義的原理

大日本帝国憲法は、天皇親政による専制的色彩を強くあらわしているが、反面弱いながらも、民主的・自由主義的原理を加味している。

(1)　**権利の保障**　個人の人格を尊重し、その権利と自由を保障することは、近代憲法の特色であるが、大日本帝国憲法も、上諭に、「朕ハ我カ臣民ノ権利及財産ノ安全ヲ貴重シ及之ヲ保護シ此ノ憲法及法律ノ範囲内ニ於テ其ノ享有ヲ完全ナラシムヘキコトヲ宣言ス」と謳い、本文第二章で、これに該当する諸種の権利を列挙している。しかし、これは立法権をも制約する絶対的なものでなく、しかも行政部に広大な副立法権が認められ、命令によっても権利が制限されたため不完全なものであった。

(2)　**三権分立**　国家権力の濫用を防ぎ国民の自由と権利を保障するため、国家権力を**立法**、**行政**、**司法**の三権に分ち、これをおのおの別箇独立の機関に帰属させ、たがいに抑制せしめる権力分立制は、いろいろな形で近代立憲国家に採用されている。大日本帝国憲法も、これを採用しているが、**議会**、**政府**、**裁判所**は、いずれも天皇の統治大権に翼賛すべき機関として、その統治権の下に分立しているにしかすぎなかった。

(3)　**議会制度**　大日本帝国憲法は、国民の参政を認めているけれど、直接民主制はとらず、議会による間接民主制によっている。しかし議会の構成には、いちじるしく非民主的要素が多かった。すなわち貴族院の組織は勅令にもとづき、その改正は貴族院の議決を必要とし、しかも貴族院は、皇族、華族、勅選議員という一部の特権階級によって構成されていたのである。

(4)　**責任政治**　天皇の国務上の行為には、国務大臣の補ひつを必要とし、その補ひつの責任を各国務大臣がとったが（大日本帝国憲法五五条）、議会に対する責任は不明瞭で、皇室および軍統帥に関する事項は、全くの範囲外であった。

第四項　日本国憲法の基本原理

第一　国民主権主義

日本国憲法（昭和憲法または新憲法）は、国民全体に主権が帰属する国家体制である国民主権を基本原則としている（前文一段 本文一条）。天皇の地位は国民の総意にもとづくものであり、国政に関する権能は全く有しない（一条 四条）。国民主権は民主主義と必然的な関係にあり、日本国憲法は、その趣旨を明言している（前文一段）。民主主義は自由主義、平等主義を相伴なうものであるから、民主政治は自由、平等を前提とし、自由、平等をその標榜としている。

第二　民定憲法主義

日本国憲法は民定憲法である。日本国憲法は明治憲法の改正手続により成立したが、それは形式上にすぎなく、実質はポツダム宣言受諾という革命的行為により、国民は憲法制定権を獲得したのである。日本国憲法下では、憲法改正もまた国民じしんの意思による（九六条）。

第三　基本的人権尊重主義

日本国憲法は、基本的人権をすべての国民に保障している（一一条）。個人の人格が尊重され、その自由を保障されることは、民主政治において不可欠の要素である。「わが国全土にわたって自由のもたらす恵沢を確保」（前文一段）するため、生命、自由および幸福追求に対する国民の権利は、立法その他の国政の上で、もっとも尊重されなければならない。しかも、この憲法が保障する基本的人権は、人類の多年にわたる自由獲得の努力の成果であって、過去幾多の試錬に堪え、現在および将来の国民に対し侵すことのできない永久の権利として信託されたものである（九七条）。したがって基本的人権は、法律、命令はもちろんのこと、憲法改正によっても奪うことのできない自然法的権利である。

一　立法権に対する制約

大日本帝国憲法の人権の保障は、「法律の留保」が多かったので、立法権により成立した法律によれば、いかなる制限も可能であった。日本国憲法は基本的人権を自然法的なものと認めたから、立法によってはもちろん、憲法を改正することによっても制限することはできない。したがって法律が人権を侵害したときは、最高裁判所の**違憲審査権**にもとづき、その効力を無効とすることにより救済することができるものである（八一条）。これは英米法の**「法の支配」**（Rule of Law）の理念の制度化としてあらわれたものの一つである。

二　命令による副立法権の禁止

大日本帝国憲法は、法律に抵触しない範囲で、命令により広く国民の権利義務をさだめることができたけれど、日本国憲法は、このような**独立命令・代行命令**を発する権限を認めず、内閣は政令（狭義の命令）によって、法律の規定を執行するための事項（**執行命令**）ならびに法律によって委任された事項（**委任命令**）のみをさだめうるにすぎない（七三条六号内閣法一一条）。

三　福祉的権利の保障

個人の人格の真の尊重は、個人の自由を国の干渉から守るだけではたりず、積極的に国民の社会生活を保障する生存的権利が設けられなければ全うできない。すなわち資本主義経済の発展から生ずる経済的弱者は、形式的自由・平等から、かえって経済的奴隷に落ち入り、実質的に人権が侵害されるにいたるからである。

日本国憲法は、国が積極的に社会政策を行なって、国民の福祉を増進し、国民が文化国家のもとに、生活を営む権利、あるいは勤労の権利など諸種の福祉的権利を明規した。

四　三権分立

明治憲法の三権分立は、天皇の統治権の下で、機能的に分立しているにすぎなかったけれど、日本国憲法は、本来的意義において三権分立主義を採用し、国民は代表者を通じて統治権を行使する。**立法機関**、**行政機関**、**司法機関**など各国家機関は、憲法により直接権限を与えられているのであり、三権ははじめから機関を異にしているのである。ただ立法機関と行政機関との関係において、行政機関が立法機関から厳格に独立したアメリカ流の大統領制を採らず、行政機関が立法機関に依存したイギリス流の**議院内閣制**を採用し、内閣が、国会ごとに衆議院の信任にもとづくものとしている。

内閣の存在と存続が国会の意思に依存することは行政機関が立法機関の支配下におかれ、権力分立制をゆがめることになるけれど、国民・議会・内閣と直線的関係は民主政治の実現をより可能とするものであるといわれている。

日本国憲法が三権分立主義に議院内閣制を採り入れたことは、官僚国家化する行政機関の専横を防止し、国民の自由の保障を確保しようとするところにある。

第四　平和主義

日本国憲法は**永久平和主義**をその基調とする。第二次世界大戦の惨禍、特にわが国の行った侵略戦争によりアジアの諸国に対して多大な不幸を与えてしまった害悪を反省し、また従来の戦争観念を完全に変更させた原子爆弾による悲惨な結果を経験したわが国民は、二度と戦争の惨禍が起きないように絶対的平和主義を宣言した（前文）。

平和主義に関する法文は、第九条のみである。第九条の第一項では、国際紛争を解決する手段として、戦争、武力による威嚇、そして武力の行使を放棄している。これにつづいて、第二項では、前項の目的を達するために、陸海空軍その他の戦力を保持しないと規定し、さらに国の交戦権を放棄している。第九条の規定の趣旨は、紛争のない平和な状態を望むという消極的なものではなく、国際紛争の発生が不可避的なものであることを認めつつ、相手国の人権を尊重する信義を信頼して、その平和的な解決のための積極的な意欲を表現するものである。第一項では、武力の行使や戦争ではなくその他の手段により国際紛争を解決することを宣言している。歴史的にみて国家間の紛争は戦争による解決という方法が選択されることが少なくなく、悲惨な結果をもたらしてきた。その反省の上に、平和的手段により紛争を解決しようというものである。第二項は、その実践的態度として、戦力の不保持と交戦権の放棄を宣言している。戦力を持たない国、交戦権を放棄した国が武力で紛争を解決する方法を選択することはできないからである。

しかし、その後、自衛隊が創設されてその戦闘能力が増大するに従って、第九条の否定している戦力の保持にあたるのではないかという問題が生じた。これに対して、自衛隊の存在は憲法に違反していないという説が主張されて現在に至っている。その根拠は、第一項の「戦争の放棄」に関してはすべての戦争を放棄しているのではなく侵略戦争を放棄しているということ、従って自衛のための戦争は行うことができること、また第二項の「戦力の不保持」に関しては自衛隊の戦闘能力が侵略的戦争遂行能力を有していないという理由により戦力ではないということである。このような考え方に基づいて、現在では、「周辺事態に際して我が国の平和及び安全を確保するための措置に関する法律」、「武力攻撃事態等における我が国の平和と独立並びに国及び国民の安全の確保に関する法律」が制定されて、自衛のための戦争に備えた法整備が行われてきた。

さらに、わが国の国際貢献などを理由として、自衛隊が国外において活動するための、「国際連合平和維持活動等に対する協力に関する法律」、「イラクにおける人道復興支援活動及び安全確保支援活動の実施に関する特別措置法」などが制定された。これらの法律は、わが国の防衛という自衛隊の目的を超えた活動であること、さらに他国の軍隊との共同の防衛活動、すなわち、従来の第九条の解釈で否定されている集団的自衛権の行使に至る可能性を有するものである。このような現状から第九条は、重大な岐路に立っているということができる。

第二節　天　　皇

第一項　天皇の地位

第一　日本国と国民統合の象徴

天皇制の本体は、日本国および国民統合の象徴たることにある。日本国の象徴は、対外的に国を代表し、国民統合の象徴は対内的に国民が国体を構成する契機と解することができる。かかる象徴性は、君主に必然的なものであって、明治憲法には、明文はなくとも天皇が統治権を総攬することのなかに当然に含まれていた。日本国憲法の天皇は、政治的権能を有しない。しかも天皇の地位は、主権の存在する国民の総意にもとづくのである。日本国憲法が、国民主権という人類普遍の原理を採用しながら、天皇を認めたのは、日本民族の精神的倫理的存在として、歴史的伝統的な天皇を国民の統合の契機としたからである。

したがって日本国憲法第一条は、大日本帝国憲法の天皇が持つていた統治権を否定し、象徴的天皇制であることを明確にした特別の規定である。

第二　国事行為機関としての天皇

天皇は、国政に関する権能を有しないが、一種の国家機関として、憲法のさだめる一定の国事行為に関する行為を行なう国事行為権者としての地位にある。この地位は、象徴たる地位から当然に派生するものでなく、象徴たる地位とは別個に憲法により認められた地位である。

第三　天皇の身位

天皇の象徴性は、つぎのような法的意味がある。

⑴　天皇は、内閣の助言と承認によって、憲法所定の国事行為を行なうが、その行為についての責任を負うことはない。天皇の象徴性は政治的に中立の立場が必要とされるからである。

⑵　天皇には刑事責任がない。大日本帝国憲法は「天皇ハ神聖ニシテ侵スヘカラス」(大日本帝国憲法三条)と規定していたので、一般に天皇には刑事責任がないものと解されていた。現行憲法には、なんら規定がないけれど、皇室典範第二一条の摂政の刑事責任の規定からかんがみて、天皇がその地位にあるかぎり、これを訴追することは象徴性に反するので刑事責任はないと考えるのが妥当である。

⑶　天皇は、象徴性によって、基本的人権の保障が制限される。天皇は世襲的地位であり、公的性格がいちじるしい。とくに象徴の地位は政治的中立でなければならないから、選挙権は否定され、婚姻の自由も制限される。しかし象徴としての地位以外の面においては、天皇も国民と同様に学問の自由、信教の自由が認められるものと解する。

⑷　その他皇嗣が即位するのは天皇崩御のばあいにかぎるのであって(典範四条)、天皇は皇位にある以上その地位を

維持することができる。したがって譲位は認められない。氏、成年（典範二二条）、婚姻（典範一〇条）、養子（典範九条）、皇統譜（典範二六条）、陵（典範二七条）、敬称（典範二三条）、大喪の礼（典範二五条）につき、一般国民と異なったあつかいがされている。

第二項　皇位の継承

第一　皇位継承の原則と順序

日本国憲法は、第二条において「皇位は、世襲のものであって、国会の議決した皇室典範の定めるところにより、これを継承する」と規定する。従来、皇位継承に関する皇室典範の規定は、議会の協賛なく、皇室の自律によっていたから、いちじるしく非民主的であったけれど、これをあらため、新皇室典範は法律として制定された。

一　世襲主義

皇位は世襲であって、現天皇の血統に属するものでなければ皇位を継承することはできない。これは憲法上の原則であって、皇室典範を改正しても、天皇および皇族は、養子をすることはできない。

二　法定主義

皇位の継承について、その原因、継承の資格、継承の順序など世襲主義の原則に反しない範囲で、皇室典範は規定している。したがって任意に皇嗣を選定し、または継承の順序を変更することは許されない。

法定主義の例外として、皇嗣に、精神もしくは身体の不治の重患があり、または重大な事故があるときは、皇室会議の議により、次順位にあたる皇族が皇嗣となる。
皇位継承に関する皇室典範の原則はつぎのとおりである。
(1) **男系主義** 皇嗣は男系の男子たることを必要とする。皇族女子は天皇、皇族以外の者と婚姻したときは、皇族の身分を離れるから、女系は皇族でなくなる。この点から男系主義は当然である。
(2) **直系主義** 直系は傍系に優先する。皇子孫が、すべてないときにかぎり傍系に継承を認めるのである。
(3) **長系主義** 親等が同じ者の系統の間では、長系が幼系に優先する。皇長子の子孫が皆ないときにかぎり、皇次子が皇嗣となる。
(4) **嫡出主義** 新皇室典範では、皇庶子は皇族でないから(典範六条)、庶系・庶出の子孫に皇嗣たることが認められない。これは旧皇室典範と異なる原則である。
第二 皇位継承の原因
皇位継承の原因は、崩御のみにかぎられ、天皇在位中の譲位は認められず、廃位も許されない。

第三項 天皇の権限

第一 総 説
大日本帝国憲法の下における天皇は、統治権の総攬者であって、各種大権を持っていたが、日本国憲法における天皇は象徴であるにすぎない。象徴の地位は、当然国家機関として特定の行為を行なうことのできる地位ではないが、憲法は象徴天皇にふさわしい国家行為として形式的、儀礼的な国事行為を行なう権能を認めた。

第二 天皇の権能

日本国憲法において、天皇は国政に関与する権能を有せず(四条一項)、憲法のさだめる国事に関する行為のみ行なうことができるだけである。国事行為は委任することができる(四条二項)。

天皇の権能行使には、すべて内閣の助言と承認を必要とし、内閣がその全責任を負う(三条)。

国事に関する行為は、つぎのとおりである。

(1) 内閣総理大臣および最高裁判所長官の任命(六条)。
(2) 憲法改正、法律、政令および条約の公布(七条一号)。
(3) 国会の召集(七条二号)。
(4) 衆議院の解散(七条三号)。
(5) 国会議員の総選挙の施行公示(七条四号)。
(6) 国務大臣および法律のさだめるその他の官吏の任免、全権委任状、大使および公使の信任状に対する認証(七条五号)。
(7) 大赦、特赦、減刑、刑の執行の免除および復権を認証すること(七条六号)。

(8) 栄典の授与（七条七号）。
(9) 批准書およびその他法律のさだめる外交文書の認証（七条八号）。
(10) 外国の大使および公使を接受すること（七条九号）。
(11) 儀式の執行（七条十号）。

第四項　天皇の国事行為の代行

第一　総　説

天皇みずから、その権能を行使することができないばあい、天皇の権能を他の者に代行せしめる制度が必要である。日本国憲法は、摂政と国事行為の委任と二つの制度を設けている。いずれも皇位に変更はなく、実際の支障にそなえる制度である。

第二　摂　政

摂政は、天皇が、みずから国事行為を行なうのが不能であるとき、天皇にかわって天皇の権限に属する国事行為を行なう**法定代理機関**である（五条）。

摂政をおくべきばあいは、天皇が未成年のとき（満一八年未満）、天皇が精神もしくは身体の重患または重大な事故により、国事行為をみずからすることができないばあいである。後者のばあいは、皇室会議の議による（典範一六条一）。

摂政は天皇の名ですべての国事行為を代行する。もとより、天皇の地位につくものでなく、国の象徴となることはない。摂政の行為についても、内閣の助言と承認を要し、内閣が責任を負う。

摂政は、刑事上および民事上の責任を負うが、その在任中は訴追されない。しかし国の訴追権が消滅するわけではない（典範二一条）。

摂政たる資格は、成年に達した皇族でなければならない。皇族であれば男女を問わないが親王妃は皇族でも、摂政となる資格を有しない。

摂政となるべき順序は、⑴皇太子または皇太孫、⑵親王および王、⑶皇后、⑷皇太后、⑸太皇太后、⑹内親王および女王である（典範一七条）。この順序にある者に重大な故障あるときは、皇室会議の議によって変更することができる。

摂政の終了は、⑴天皇が崩御されたとき、⑵天皇が成年に達したとき、⑶天皇が国事に関する行為をみずからすることができない故障から回復されたときである。

第三　国事行為の委任

国事行為の委任は、天皇の病気や海外旅行のばあいのように、摂政をおくほどではないが国事行為を行なうに一時的な支障があるとき、天皇の意思でおかれる**委任代理機関**である。

天皇が国事行為を委任できるばあいは、天皇が精神もしくは身体の疾患または事故があるときであり、摂政をおくべきばあいをのぞき、内閣の助言と承認にもとづき、皇室典範第一七条の規定により摂政となるべきものに、国事行為を委任できる（国事行為の臨時代行に関する法律二条）。

国事行為を委任された者は、摂政のばあいと異なって委任された国事行為にかぎって天皇の権限を代行する。包括委任は問題であるが、相当な理由あるばあいにかぎり許されると考える。国事行為代行者は、天皇の権能を代行するのであるから、委任された国事行為を、内閣の助言と承認にもとづいて天皇の名で代行する。

国事行為の受任者は、成年に達した皇族でなければならない（国事行為の臨時代行に関する法律二条）。

国事行為の委任は、天皇に故障がなくなりまたは委任を受けた皇族に故障ができたときは解除できる（国事行為の臨時代行に関する法律三条）。国事行為の委任、解除はその旨を内閣は公示する（国事行為の臨時代行に関する法律五条）。

国事行為の委任は皇位の継承、摂政の設置またはその委任を受けた皇族の皇族たる身分の離脱によって終了する（国事行為の臨時代行に関する法律四条）。

国事行為の委任をうけた皇族はその委任をうけている間、訴追されない。ただし、国家の訴追の権利は害されない（国事行為の臨時代行に関する法律六条）。

第五項　皇　　室

第一　総　説

皇室とは、天皇および皇族よりなる一族である。皇位の継承、摂政、皇族の身分、皇室の経済および財政など、皇室に関する事項は、大日本帝国憲法下においては、一般の法令が適用されず、議会の関与のない皇室自律による皇室典範およびこれにもとづく皇室令によっていた。

日本国憲法は皇室についても民主化をくわえ、皇位継承・摂政の規定（二・五条）のほか、皇室財産の授受（八条）、皇室費（八八条）の規定を設け、これらに関係する法律として皇室典範、皇室経済法が定立されている。

第二　皇室の財産

日本国憲法第八八条は「すべて皇室財産は、国に属する」と規定する。憲法の趣旨は、皇室の財産を、公、私、明確に区別することによって、皇室の経済を明朗にし、皇室が、いたずらに巨大な財産を有し財閥化の疑いを受けないようにするためである。

したがって、生活必需品や日常愛用品などについては、皇室の私有をみとめ、皇室が公の立場で用いている財産（皇居、離宮）は、国有財産に移管しながら、皇室用財産として皇室の用に供されている。

第三　皇室の財産授受の制限

皇族の私有財産、内廷に属する財産については、財産権の保障が原則的に認められるけれど、天皇、皇族が財産を譲り受け、または賜与するときは、国会の議決にもとづかなければならない（八条）。これは財産関係から世間の疑惑をうけ、また特定の者と好ましくない結びつきが生じないよう、天皇、皇族の身辺を公明正大にしようとするためである。

皇室経済法は、つぎの各号にあたるときは、国会の議決を要しないものとしている。
(1) 相当対価による売買その他通常の私的経済行為に係るとき。
(2) 外国交際のための儀礼上の贈答に係るとき。
(3) 公共のためにする遺贈または遺産の賜与に係るとき。
(4) 皇室経済施行法でさだめる一定価格をこえない財産の授受に係るとき。
かように国会が法律の形式で包括的に承認を与えることができるのは、行為の性質上、また日常の比較的軽微な行為について、政治的目的のために濫用されるおそれがないからである。

第四　皇室の経費

すべて皇室の経費は予算に計上して国会の議決を経なければならない(八八条)。
皇室経費は、全額国庫負担として、毎年予算に計上し、国会の議決をへることにより、法律上のみならず経済上も民主化した。
(1) **内廷費**　これは天皇、皇后、その他内廷諸費に充てるもので、御手元金となり、宮内庁の経理に属する公金ではない。
(2) **宮廷費**　これは内廷費以外の宮廷諸費に充てられるもので、宮内庁がこれを経理する。
(3) **皇族費**　これは内廷にある皇族以外の皇族で、そのはじめて独立の生計を営む際に一時金額により支出するもの、品位保持の資に充てるために年額により毎年支出するもの、および皇族がその身分を離れる際に一時金額によって支出するものとがある。皇族費は内廷費と同じように、皇族の私有財産となる。

第三節　国　民

第一項　日本国民の要件

第一　総　説

日本国籍をもつすべての者を総称して、最広義の日本国民という。現行法上日本国は、天皇と広義の国民より構成されている。広義の国民には特別階級として、皇族が含まれている。

最広義では、天皇も国民であるが、日本国憲法で「国民」または「日本国民」というときは、天皇は除外されるものと考える。皇族は国民に含まれるから、日本国憲法第三章国民の権利義務に関する規定は、原則として皇族にも適用されるが、皇族たる身分にもとづき皇室典範その他の法律による例外が認められる。

天皇に対しては国民の地位についてさだめた諸規定は、そのまま適用されないが、個人として必要な権利義務については、象徴たる地位にもとづく特例をのぞいて、一般国民と同様にあつかわれると考える。

第二　日本国民たる要件

一　国籍の取得

国籍の取得は、出生によるものと帰化によるものとがある。

⑴　わが国は、国籍の**出生による取得**について、**血統主義**を原則とし、**土地（出生地）主義**を例外としている（国籍法二条）。すなわち、

(イ)　出生の時に父が日本国民であるとき、

(ロ)　出生前に死亡した父が、死亡のとき日本国民であったとき、

(ハ)　父が知れないばあいまたは国籍を有しないばあいにおいて、母が日本国民であるとき、

(ニ)　日本で生れたばあいにおいて、父母がともに知れないとき、

それぞれ日本国民とされる。

⑵　**帰化による取得**については、外国人が、その希望にもとづき、法務大臣の許可を受けて、国籍を取得する**普通帰化**（国籍法三条）と、日本国に特別の功労のある外国人で、法務大臣が国会の承認を得て、帰化を許可する**特別帰化**（国籍法七条）とがある。

二　国籍の離脱

日本の国籍を失なって外国国籍を取得することをいう。憲法は国籍離脱の自由をみとめているけれど無国籍となる自由は認めていない。

第三　皇族たる要件

皇族は、皇后、太皇太后、皇太后、親王、親王妃、内親王、王、王妃および女王をいう（典範五条）。**皇族は**皇位を継承したり、摂政に就任するなど特殊な地位にあるので、憲法の「日本国民」に属するものであっても、法律上特別のあつかいを受ける。

一　皇族たる身分の取得

出生によるものと婚姻によるものとがある。

(1)　**出生による取得**　天皇および皇族の嫡出子は、出生によって当然に皇族たる身分を取得する。庶子は皇族たる身分を取得できず、天皇、また皇族は、養子をすることができないから（典範九条）、養子縁組によって皇族たる身分を取得することはない。

(2)　**婚姻による取得**　一般国民たる女子は、皇后または皇族妃となることによって皇族たる身分を取得する（典範五条・一五条）。

二　皇族たる身分の喪失

(1)　年令一五年以上の内親王、王、女王は、その意思にもとづき、皇室会議の議により、皇族の身分を離れる

（典範一一条一項）。

(2)　親王（皇太子、皇子孫をのぞく）、内親王、王および女王は、やむを得ない特別の事由があるときは、皇室会議の議により、皇族の身分を離れる（典範一一条二項）。

(3)　皇族女子が、一般国民と婚姻したばあい（典範一二条）。

(4)　夫または直系尊属の離脱に随伴するばあい（典範一三条）。

(5)　皇族以外の女子で皇族妃となったものが、その夫を失なったばあいには、本人の意思によって、またはやむを得ない特別の事由あるときは、皇室会議の議によって皇族の身分を離れる（典範一四条）。

(6)　皇族以外の女子で皇族妃となった者が離婚したときは皇族の身分を離れる（典範一四条三項）。

第二項　基本的人権

第一　基本的人権の意義

基本的人権は、国民が人間として生活し、国民として活動するばあいに当然認められなければならない基本的な権利である。

基本的人権は、国家から与えられたものではなく、人類普遍の原理としての超国家的な権利である。国家は、歴史的、民族的にそれぞれ特徴を有するから、現実と規範は、明らかに区別しなければならないけれど、基本的人権に関する規定は、諸外国においても自然法として、みとめられるべきものである。

憲法第九七条が、基本的人権は人類多年にわたる自由獲得の努力の成果であって、過去幾多の試錬に耐えたものとしていることや、憲法第一一条が、侵すことができない永久の権利として国民に与えられたものとしていることは、基本的人権が世界的な内容をもち、それが**自然法の理論**にもとづくことを意味する。

(1)　**自由権**　生命、自由および幸福追求に対する国民の権利は最大に尊重すべきものとさだめているから(一三条)、包括的な自由権が認められている。したがって憲法の個別的な規定は例示的なものにすぎない。自由権は超国家的人権であるから、直接に自然法で認められる個人の自由および財産について成立する。そして自然の自由を国家から侵害されないことを国家に対して要求する消極的な不作為請求権である。

(2)　**能働的権利**　自然に生じた障害をのぞくために国家の積極的な措置を求める能働的権利のうち、請願権や訴権のように自由権の保障に必要な権利は、基本的人権であるが、国家賠償および刑事補償請求権は、憲法が規定する国民の基本権であるけれど、基本的人権ではない。

(3)　**参政権**　公務員を選定、罷免するような参政権は、国家を前提とするから、本来の自然法的な人権ではないけれど、わが憲法が国民主権を人類普遍の原理であるとしていることは、国民主権を自然法的なものとすることであるから、かような意味において参政権も基本的人権といえる。

(4)　**福祉的権利**　能働的権利が、本質的に自由権と結びつくことによって基本的人権となるのに対して、福祉的権利は経済的な階級の対立を緩和することによって、自由権の基礎を与えるのである。二十世紀の国家および憲法は、経済的、社会的弱者に対して人たるに値する生活を保障するため、生活権、教育を受ける権利、勤労権などを基本的人権として保障する。

(5) **平等権** 個人主義的自由主義を基調とする民主主義は、さらに平等主義を要請する。個人の人格を尊重し、その自由を全うさせるということは、必然的にすべての個人が平等に取りあつかわれなければならないことを前提とする。参政権が国民に平等に与えられなければ、国民全体による民主政治は不可能であるし、自由権と不可分の関係にある訴権が、平等に保障されなければ、自由権の保障も全うできない。また、実質的に国民を平等ならしめる福祉的権利も同様である。

第二 基本的人権の性質

(1) **個人の尊重** 基本的人権の基調とする精神は、個人尊重である。憲法第一三条は「すべて国民は、個人として尊重される」と規定し、個人の人格を尊重することは、「立法その他国政の上」で、「生命、自由および幸福追求に対する国民の権利」を最大限に尊重することでなければならない。これは、国家も、社会も、個人が存在してはじめて成立をなすとする個人主義世界観のあらわれである。

(2) **普遍性** 「国民はすべての基本的人権の享有を妨げられない」(一一条)、この権利は人種、信条、性別、社会的地位に関係なく、すべての国民に均しく保障される。

(3)　**固有性**　基本的人権は、憲法に「与えられる」とか「信託された」権利とあるけれど、国家または憲法により、与えられ、造られたものでなく、国民が人間として固有に保有する超国家的権利を確認、保障したものにすぎない。

(4)　**不可侵性**　国家権力をもってしても「侵すことのできない」権利であって、「立法上その他の国政上で、最大の尊重を必要とする」。憲法第八一条で、裁判所に法律の審査権を認めているのは、立法権の侵害に対する権利の保障である。

(5)　**永久性**　現在の国民だけでなく、将来の国民に対しても「永久の権利」として保障されているから、憲法改正によっても、奪うことはできないものと考える。

第三　基本的人権に伴う義務

基本的人権は超国家的、固有の権利である。憲法は、それを確認し、強く保障しているが、同時に反面、内在的な義務を伴なっている。

(1)　**不断の努力によって保持すべき義務**　基本的人権の存在は、国家権力活動を、ある意味で制約するが、ともすれば人権は侵害されやすい。したがって国民は不断の努力によって、不法の侵害に対して対抗し、これを保持しなければならない義務がある。

(2)　**濫用すべからざる義務**　基本的人権は、国民各人に対して均しく保障されるから、他人のそれと両立するかぎりで認められる。けっして無制限のものでないから、他人の自由および権利を侵し、社会の秩序を乱す権利はない。

(3) **公共の福祉のために利用すべき義務**　基本的人権の保障は、すべての国民に、すべての国民の利益のためにあるものであるから、たんに、消極的に個人の自由および権利を保全するためばかりでなく、それによって積極的に公共の福祉を発展推進するべき義務がある。

第四　基本的人権と公共の福祉

日本国憲法は、基本的人権の一般原則をさだめた第一一条ないし第一三条の規定で、基本的人権を侵すことのできない永久の権利として、絶対的な保障をすると同時に、他面において、**公共の福祉による限界**をさだめている。

基本的人権が超国家的な権利であるとしても、社会は人類の共同生活によって成立し、個人が、この社会共同生活をなすことによって、最大の幸福を享受するものである以上、個人の自由および権利は最少限度において、社会全成員に、相互的かつ調和的に調整されなければならない。さらに二十世紀の高度資本主義時代の社会経済事情に反映して、貧富の差が大きくなり、経済的社会的弱者が多く生じた現代では、ある種の基本的人権については一般的な権利調整の見地よりする制約のほかに、さらに社会政策的、経済政策的立法による制約が予想される。したがって居住、移転および職業選択自由(二二条)、財産権の内容について(二九条)の公共の福祉の規定は、第一二条および第一三条の公共の福祉の規定との関係において、無意味な規定ではない。

第五　各種の基本的人権

一　自由権に関する規定

⑴　**人身の自由**（一八条）。

⑵　**思想および良心の自由**（一九条）。

⑶　**信教の自由**（二〇条）。

⑷　**集会、結社および思想表現の自由**（二一条）　この集会、思想表現の自由との関係で、実際上たびたび問題が起きるのは、地方自治体の制定する**公安条例**においてである。デモ行進の制限につき、かつて最高裁判所は、新潟県の公安条例において、一般的な許可制をさだめて事前に抑制することは違憲であるとしたが（昭和二九・一一・二四最大判）、その後、態度をあらため、東京都の公安条例につき、「公共の安寧を保持する上に直接危険を及ぼすと明らかに認められる場合」のほかは許可を義務づけているとの理由で、その許可制は実質において届出制と異なるところがないとして合憲とした（昭和三五・七・二〇最大判）。

⑸　**居住移転、職業選択、外国移住、国籍離脱の自由**（二二条）。

⑹　**学問の自由**（二三条）　大学における学問の自由を保障するために**大学の自治**が認められる。大学自治の内容として、学長、学部長、教授などについての人事権、施設の管理権などがある。問題となるのは大学の自治と警察権、学生の管理権である。東大ポポロ劇団事件につき上告審で最高裁判所は、学問的研究またはその結果の発表のためのものでなく、実社会の政治的社会的活動にあたる行為をするばあいには、大学の有する特別の学問の自由と自治

は享有しないとし、かつ、外来者に入場券を売るような公開の集会の場合にはとくにそうであるとした。したがって、本件の集会に警察官が立ち入ったことは、大学の学問と自治を犯すものではないと判示した（昭和三八・五・二二判決）。最近の**学園紛争**で、学生の管理権、大衆団体交渉が問題となっているが、教授と学生の間は師弟関係という点では絶対であって対等という関係はない。学問の研究、教育の一環として行なわれる大学施設の管理に、学生が参加し、大学当局と対等関係にもとづく交渉を主張する権利はないとされている（もちろん、学校側で積極的に学生を管理に参加させ、あるいは意見を反映させることはさしつかえないが、これは直接学問の自由とは関係がない）。

(7) **通信の秘密**（二一条二項）。

(8) **財産権の不可侵**（二九条）　憲法が財産権の不可侵性を規定したのは、わが国の経済秩序が、私有財産制度の上に立っていることを示す。私有財産であっても、いたずらに権利者の私益のためにのみ利用されてはならないのであって、「公共の福祉」の建前から調整されるのである。なお、「私有財産は、正当な補償の下に、これを公共のために用いる」（二九条三項）ことができる

(9) **司法作用に対する自由権の保障**　明治憲法下においては、警察官や検察官による人権の蹂躙がはなはだしかったので、日本国憲法は、司法作用に対する人権の保護について、綿密な規定を設けた。

(イ) 法律のさだめる手続によらずして科刑されない権利（三一条）。

(ロ) 裁判を受ける権利（三二条）。

(ニ)　不法な逮捕を受けない権利（三三条）。
(ハ)　不法な拘禁を受けない権利（三四条）。
(ホ)　住居および所持品を侵されない権利（三五条）。
(ヘ)　拷問および残虐な刑罰の禁止（三六条）。
(ト)　公平な裁判所の迅速な公開裁判を受ける権利（三七条一項）。
(チ)　証人に対する審問権、証人を求める権利（三七条二項）。
(リ)　弁護人依頼権（三七条三項）。
(ヌ)　自白強要禁止（三八条）。
(ル)　刑法の不遡及、一事不再理の原則（三九条）。

二　能動的権利に関する規定

(1)　**請願権**（一六条）　請願権は、国家機関に対して、請願を受理してこれを誠実に処理すべきことを要求しうる権利である。国家機関は、請願を受理してこれを誠実に処理する義務を負うが、請願に対して回答を与えるとか、請願のとおりに行動する義務はない。請願に関しては、国会法・請願法が具体的に規定する。

(2)　**裁判を受ける権利**（三二条）　この規定は、一面において自由権的性格をもつとともに、他面、能動的性格をもつ。すなわち、民事事件、行政事件の紛争について、国民は、その個人的利益の保護のために、裁判所における裁判を積極的に請求する権利を与えられているのである。

三　参政権に関する規定

(1) **公務員を選定し罷免する権利**（一五条）　これは、国民が公務員のすべてを直接に選定したり罷免したりすることを意味するのではなく、公務員の選定および罷免が、すべて国民の意思に由来しなければならないことをさだめたものである。

(2) **国会議員を選挙する権利**（四三条）。

(3) **最高裁判所裁判官の任命を審査する権利**（七九条）。

(4) **地方公共団体における議会の議員や特定の吏員を選挙する権利**（九三条）。

(5) **地方公共団体の特別法に同意する権利**（九五条）。

(6) **憲法改正の承認権**（九六条）。

四　福祉的権利に関する規定

(1) **生活を営む権利**　この権利は、自活の困難な国民が人たるに値する生活を営みうるために、国家の積極的な行為による保障を要求しうる権利を規定したものである。これは福祉的権利であるから、法律の規定する限度において、現実の権利が成立する。

生活保護法は、要保護者の利用し得る資産、能力などをすべて活用しても、なおみたすことのできない生活についての不足分について、保護を与える。

生活保護法第二条にもとづく保護請求権と憲法第二五条の保障する生存権との関係で、厚生大臣のさだめる保護基準が「健康で文化的な生活水準」を維持するに足りるものか否かで、争われた事件として**朝日事件**がある。

(2) **教育を受ける権利**（二六条）　国民の文化的生活を保障しようとする憲法が、教育をうける権利を認めるのは当然である。ひとしくとは、教育の機会均等を意味し、経済的理由によって、修学困難な者でも、教育をうける機会が与えられることをいう。義務教育を無償とするのもこのためである。

(2) **勤労の権利**（二七条）　本条は国に対する勤労者の具体的な就労請求権自体を規定したものではない。国が、勤労の能力と意欲を有する国民に対して、できるだけ、労働の機会を与えるような、施策を講じて努力すべきことを規定したものである。なお勤労の権利に伴なって労働者の団結権も認められている（二八条）。

五　平等権に関する規定

(1) **法の下の平等**（一四条一項）　平等に関する基本的人権についての原則的な宣言である。法の下に平等というのは、法の定立、適用にあたって、すべての国民が平等に取りあつかわれ、差別的待遇を受けないということである。

(2) **貴族制度の廃止**（一四条二項）。

(3) **栄典に伴なう特権の廃止**（一四条三項）。

(4) 成年者による普通選挙制（一五条三項）。

(5) 婚姻、家族生活における両性の平等（二四条）。

第三項　国民の基本的義務

第一　総　説

国民は、国家を構成する一員として、国家の統治に服し、憲法をはじめ各種の法令を尊重すべき一般義務を負う。憲法は第一二条で、憲法の保障する自由および権利を「不断の努力によって、これを保持しなければならない」旨を規定している。憲法擁護義務（九九条）について、直接の規定はないけれど、国民すべてが、憲法を尊重し、これを擁護すべきであることはいうまでもない。

これら一般的義務のほかに、憲法は第三章で、とくに国民の基本的義務として、納税の義務、勤労の義務、教育の義務を規定している。その他に法律によって規定される各種の義務があるけれども、憲法上の義務は法律によって、変更したり、廃止することはできない。

第二　憲法の規定する基本的義務

(1) 教育の義務（二六条）。

(2) 勤労の義務（二七条）。

(3) **納税の義務**（三〇条）。

第四節　国　会

第一項　国会の地位

第一　総　説

近代憲法における議会は、立法、財政、その他重要な国務を支配する権能をもち、国民により公選された議員を、本体的構成分子とする合議体である。

明治憲法は、帝国議会を設けていたけれど議会の構成じしんが非民主的要素を含み、議会は天皇の立法権の翼賛機関であって、議会の権能も狭く政府が議会の民主的支配をうけているとはいえなかった。

日本国憲法は、民主政治確保のため、主権者国民の代表者として、国会に統治機構において中枢的地位を与えた。すなわち「両議院は、全国民を代表する選挙された議員でこれを組織する」（四三条一項）、「国会は、国権の最高機関であって、国の唯一の立法機関である」（四一条）と規定する。

第二　国民の代表機関

国民代表は、代表民主制における議会の地位をいうのである。複雑な近代国家において、国民が、みずからその意思決定をすることは、特別の事項をのぞいて、ほとんど不可能であるから、国民の公選による議員で構成する議会の意思決定を国民の意思とするのである。

憲法が前文第一項において、「日本国民は、正当に選挙された国会における代表者を通じて行動し」と宣言したのは、代表民主制を採り、国会が代表機関であることを規定したものである。

国民代表ということは、国会は国民の総意を反映しているものとみなされることであって、国会の意思が法的に国民の意思とみなされることではないから、代表行為について政治的責任は別として法律上の責任は負わない。したがって国会を構成する議員は、全国民を代表しているのであって、特定階級、党派、地域民など一部の国民を代表するのではないから、その活動において選挙民の指図を受けない（四三条一項）。

第三　国権の最高機関

国会は、「国権の最高機関」である（四一条）。最高ということは、国会は統治機構のうちで中枢的地位にあるということである。国会は主権者たる国民によって直接選任された議員によって構成され、国民を直接代表する機関であるから、国民にかわって国政全般にわたって強い発言力をもつのである。

憲法は、国会に立法権のほかに、憲法改正発議権、条約承認権、財政監督権、内閣総理大臣指名権、弾劾裁判所設置権などの諸種の権能を認めている。

ただし国会は、大日本帝国憲法下の天皇のように統治の総攬者であることを意味しないから、内閣、裁判所など他の国家機関に対して、絶対的優位に立つものではない。むしろ三権相互間の均衡、抑制のため、内閣は衆議院の解散権、裁判所は違憲立法審査権を国会に対してもつ。

第四　唯一の立法機関

国会は、「唯一の立法機関」である。ここでいう立法とは、国民を直接拘束し、また少なくとも国民と国家との関係を規律する成文規範を定立することである。

唯一の立法機関であるということは、

(1)　立法作用が国会に専属し、他の国家機関に属しないこと（**国会中心立法の原則**）である。したがって大日本帝国憲法下の**緊急命令**や**独立命令**のような議会の関与しない行政権の専権による副立法はみとめられない。認められるものは、たんに法律を執行するための**執行命令**、法律の委任にもとづく**委任命令**だけである。委任立法は立法権を没却しない限度でなければならない。

この原則に対して、憲法自身例外を認めている。

(イ)　両議院の規則制定権（五八条二項）

(ロ)　政令（七三条六号）

(ハ)　最高裁判所の規則制定（七七条一項）

(二) 地方公共団体の条例制定権（九四条）

(2) 法律は国会の議決のみによって成立する（**国会単独立法の原則**）。したがって法律案は両議院が可決したとき成立するのであって、大日本帝国憲法下のように、天皇の裁可を必要とするものではない。ただ天皇は国会によって成立した法律を公布するだけである。

憲法上の例外として地方自治特別法のばあい、その地方に所属する住民の同意が必要である（九五条）。

内閣の法律発案権が、国会の単独立法の原則を侵さないかで、問題があるけれど、立法作用は審議、議決が国会に独占されればたりるのであるから、発案が内閣から、なされてもさしつかえない。内閣の提案する議案のなかには、法律案を含む。内閣法第五条は、内閣総理大臣の国会提出事項のなかに法律案を規定している。

第二項　国会の構成

第一　二院制度

国会は、**衆議院**と**参議院**とからなる複合機関である（四二条）。かかる二個の合議体によって構成される形態を**二院制**といい、大日本帝国憲法と同じく現行憲法も二院制を採ったのである。しかし二院制の存在理由は、全く異なる。大日本帝国憲法では天皇主権擁護のため、民主的社会勢力を抑制することに目的があったけれど、現行憲法は、自由主義的民主制の理念にもとづき、国民の意思を公正に代表せるためである。

国民の意思の公正な代表として二院制が一院制より優れている点は、つぎのとおりである。

(1) 複雑な国民意思の代表がより保障できる。

(2) 国民意思の急進的傾向と保守的傾向との均衡、調和を図り、国会の意思に安定性をもたせる。

(3) 一院の専制化を防いで、国政の健全化を図る。

(4) 国会中心主義を採るばあい、一院が、解散その他で活動が不可能であるとき、他の機関に補充的に国政を処理させる必要がある。

第二　両議院の特徴

自由主義的民主制の理念のもとに、二院制をとる以上、両議院には、その組織、活動、権能などにおいて特徴がなければならない。

両議院は全国民を代表する議員で構成されなければならないが、議員の資格は、日本国民であって衆議院議員は二五年以上であり、参議院議員は三〇年以上でなければならない（公職選挙法一〇条一項一・二号）。

衆議院議員は全部が**中選挙区制**により選出される。参議院議員は都道府県を単位とする**大選挙区**から選出される地方選出議員と都道府県を通じて選出される全国選出議員とがある。全国選出議員を設けたのは、学識経験ある人物や、職能的な知識経験ある人物が参議院議員に選出されることを期待したからである。しかし、このことは**職能代表制**を採ることではない。日本の社会を厳密に職能別に区分することは不可能であるし、職能代表制は特殊階級、団体を代表し、一部の国民の利益を図る危険を伴ないやすいからである。現在の参議院議員をみると、中立的会派、無所属派が減少し政党色を濃くしているが、政党色化の原因は各利益団体と政党との結びつきにある。なおこんにちの急速なマスコミ化は、いわゆるタレント（とくにテレビ）議員を生み、参議院の存在に新たな問題を提起している。

議員の定数は衆議院四八六人であり、参議院は二五〇人で、そのうち、地方選出議員一五〇名、全国選出議員一〇〇名である（公職選挙法四条一・二項、附則二項）。

議員の任期は、衆議院議員は四年であるが、解散のあったばあいはその期間満了前に終了する。参議院議員は六年で、三年ごとに議員の半数が改選される（四五・四六条）。

解散は任期満了前に衆議院議員の任期を失なわせることで衆議院だけにあって参議院にはない。衆議院の解散されているとき、国に緊急の必要あるばあいは、内閣は参議院の集会を求めることができる。緊急集会は参議院だけにある（五四条二項）。

参議院の衆議院に対する抑制的、補充的機関の性格から、両議院の権能は、法制上、対等のものと優劣のあるものとがある。内閣総理大臣の指名（六七条二項）、法律案の議決（五九条二・四項）、予算の議決（六〇条二項）、条約の承認（六一条）、会期の決定（国会法一三条）、会計検査院の検査官の任命に対する同意（会計検査院法四条二項）などは両議院の一致の議決のないときは一定の要件のもとに衆議院の単独議決をもって、国会の議決となる効力を有する。権能の範囲は、大体において、平等であるけれども、内閣に対する信任不信任議決権（六九条）、予算の先議権（六〇条一項）の点で衆議院が優越する。衆議院の解散中の参議院の暫定議決権は参議院のみにみとめられた例外である。

第三　両議院の関係

(1)　兼職の禁止（四八条）　二院制をとる以上、衆議院、参議院は別個に活動し、それぞれ特徴があるのでなければならないから、各議院の組織を異にしなければならない。兼職の禁止は組織上からの当然の結果である。

(2)　独立活動の原則　衆議院、参議院はそれぞれ別個、独立の国家機関であって、他に隷属するものでないから、独自に議事を開き、議決をする。

(3)　両院協議会　国会の議決は、両議院の一致があったときである。別個独立に活動している議院の議決のくい違いを、なるべく一致するように努力しなければならない。その制度として、独立活動の原則の例外として両院協議会がある。国会法で規定されている常任委員会の「合同審査会」も例外の一つである。

第四　両議院の議員の地位

一　議員の身分の得喪

両議院における議員たる身分は、各選挙において有効投票の最多数をえたるものが、当選を承諾することによって取得する。

議員たる者は、任期満了、資格争訟の裁判、除名、辞職、兼職禁止の職務に就任、被選挙資格の喪失、裁判所の判決による選挙または当選の無効などにより、さらに衆議院議員はそのほかに解散により、その身分を失なう。

二　議員の権能

両議員は、議院構成員として、つぎのような権能をもって、その所属議院の活動に参加する。

(1) **発議権**　議員は、各種の法律案その他その院の議題となるべき議案の発議をすることができる。

(2) **討論権**　議員は議題となっている議案について、賛否の討論をすることができる。

(3) **質問権**　議員は現在の議題と関係なく、内閣に質問することができる。

(4) **質疑権**　議員は、現に議題となっている議案について委員長、国務大臣、発議者などに対して疑義をただすことができる。

(5) **表決権**　議員は、本会議や委員会で表決に参加することができる。

三　議員の特権

(1) **不逮捕の特権**　「両議院の議員は、法律の定める場合を除いては、国会の会期中に逮捕されず、会期前に逮捕された議員は、その議院の要求があれば、会期中これを釈放しなければならない」（五〇条）。この規定は、政府または検察当局の権力の濫用を防ぎ、議員の身体の自由を保障することにより、その職責を充分にはたさせようとして設けられたものである。

法律のさだめるばあいとして、国会法は、院外における現行犯と会期中所属議院が許諾したときの二つのばあいを規定する(国会法三三・一〇〇条)。議院の逮捕許諾に関して、期限つき逮捕の許諾が、問題となった。東京地方裁判所は、許諾は有効に成立し、期限の部分のみが無効であると解釈(昭和二十九年三月六日決定)した。この解釈は妥当である。不逮捕特権の趣旨は、不当な政治的逮捕を防止することにあることから考えれば、逮捕を許諾しながら、これに期限、条件をつけて制限する積極的根拠はないからである。

(2)　**免責特権**　「両議院の議員は、議院で行った演説、討論または表決について、院外で責任を問われない」(五一条)。この規定は、議員が議院での自由な発言、表決を保障し、職責を充分にはたせさせるためである。職務遂行によりなした発言、表決は院外において、民事責任、刑事責任、または懲戒責任を負わない。ただし職務行為以外の行為については、院内はもとより、院外においても、その責任を負わなければならない。

(3)　**歳費を受ける特権**　「両議院の議員は、法律の定めるところにより、国庫から相当額の歳費を受ける」(四九条)。議員は、「一般職の国家公務員の最高の給料額より少くない歳費を受け」(国会法三五条)、退職金、通信手当、期末手当、滞在費、その他諸経費をうける。会期中および公務のためには自由に国有鉄道にのることができる。

第三項　国会の活動

第一　会　期

国会は、常時活動しているわけではなく、国会の召集当日から閉会、または解散までの一定期間だけ活動能力をもつ。この期間を会期という。会期中議決にいたらなかった案件は、原則として後会に継続しない（**会期不継続の原則**）が、各議院の議決により常任委員会および特別委員会で、閉会中も審査した議案は後会に継続する。

会期は召集の原因によって、常会、臨時会、特別会に区別できる。

(1) **常会** 毎年一回召集されるもので（五二条）、毎年一二月中に召集されるのが、常例である（国会法二条）。会期は一五〇日間であるが、会期中に議員の任期が満限に達するばあいはその満限の日をもって、会期は終了する。

(2) **臨時会** 臨時の必要があるとき、または各議院の総議員の四分の一以上の要求があったとき、内閣は召集を決定する。その会期は、両議院の一致の議決でさだめる。

(3) **特別会** 衆議院が解散されたときは、解散の日から四〇日以内に総選挙を行ない、その選挙の日から三〇日以内に召集する。特別会は衆議院解散後、かならず召集しなければならないものであるから臨時会とは異なる。特別会は常会とあわせて召集できる（国会法二条ノ二）。

第二 会議の通則

会期中、国会の議決、または各議院が、その議決によって、一時その活動を休止することを休会という。国会の休会は両議院一致の議決による。各議院は、一〇日以内において、その院の休会を議決することができる。

国会が、公正な民意を代表するためには、国会の会議が民主的、かつ合理的な手続により、議案の審議、議決がされなければならない。かかる議事手続の法源として、憲法、国会法、各議院規則、先例などがある。

国会の両議院は、独立活動の原則にしたがって、別々に会議を開く。各議院の総議員で構成する会議を本会議という。そのほかに委員会の会議があり、委員会には、常任委員会と特別委員会とがある。

各議院で議案の発案、または提案がされると、議長はこれを適当な委員会に付託して、その審査をへて、本会議にかける。

委員会制度は、国政が複雑、専門化するにしたがって、重要性を増し、国会活動の中心となっている。

以下国会の会議に関し、憲法のさだめる原則は、つぎのとおりである。

一　定　足　数

各議院が、議事を開き議決をする場合に必要とされる最小限度の出席者数を定足数という。定足数を高くすると流会を多くし低くしすぎると多数決の意味が失なわれる。日本国憲法は「両議院は、各々その総議員の三分の一以上の出席がなければ、議事を開き議決をすることができない」（五六条一項）と規定する。ただし憲法改正の発議については、議決の定足数を、総議員の三分の二としている（九六条）。定足数が議事能力にかかわることは定足数が議院の会議の継続要件たることを意味するから会議中定数を欠くばあいは「議長は休憩を宣言し、また延会しなければならない」し、会議中定数を欠くおそれのあるばあいは「議長は、議員の退席を禁じ、または議場外の議員に出席を要求することができる」のである。

二　表決数

各議院が、有効な意思決定を行なうために必要な賛成表決数を表決数という。日本国憲法は「両議院の議事は……出席議員の過半数でこれを決し、可否同数のときは、議長の決するところによる」(憲法第五六条二項)と規定する。これは議事の表決について、**多数決原理**を原則として採ったのである。

過半数の例外として、憲法改正の発議は総議員の三分の二以上の多数、議員の除名(五八条二項)、資格争訟で議員の議席を失なわせるばあい(五五条)、両議院の秘密会を開くばあい(五七条)および法律案について衆議院が再議決を行なうばあい(五九条二項)は、いずれも出席議員の三分の二以上の多数を必要とする。

可否同数のとき、議長に裁決権が与えられているが、そのことは、ただちに議長の表決権を失なわせるものではない。したがって多数決の例外となるが、実際上議長は、その職務執行中、議員として表決にくわわらないのが慣行である。

三　会議の公開

「両議院の会議は、公開とする」(五七条一項)。国民の代表たる国会の活動や議員の行動を知り、国民の監視と批判を充分に行なうことができて、はじめて民主政治が実現できるのである。公開の方法としては、会議の傍聴、報道を認め、会議録を公表し、かつ一般頒布することである(五七条二項)。したがって報道は会議の模様を印刷、放送、テレビなどで行なうが真実の報道である以上、報道者は免責される。出席議員五分の一以上の要求によって各議員の表決を会議録に記載するのも、この趣旨のあらわれである。

会議公開の例外として、「出席議員の三分の二以上の多数で議決したときは、秘密会を開くことができる」（五七条一項但書）が、秘密会のための議決は、特別多数を必要とし、秘密会のばあいに、その記録中「特に秘密を要すると その院において議決した部分」以外は公表かつ一般に頒布されるので、**会議公開の原則**はかなり保障されている。

第三　衆議院の解散

解散は、衆議院議員の身分を任期満了前に失なわせることをいう。解散は衆議院だけに認められた制度である。**解散制度**は、現在の国民の意思を国政に反映させるため、また、国会と政府との間で国政上の政策につき衝突が生じたとき、民意にその当否を問うため、議員の任期満了をまたず総選挙を行ない、選挙を通じて国民の審判を求めんとする制度で、民主政治にはきわめて重要な意味をもつ。

解散のできるばあいについて、正面から憲法に明確に規定されていないけれど、つぎのばあい解散が問題となる。

衆議院で、内閣不信任の決議案を可決し、又は信任の決議案を否決したときは、一〇日以内に衆議院が解散されないかぎり、内閣は総辞職しなければならないのである（六九条）。これは衆議院の内閣不信任に対抗して、民意を問うため、内閣に解散権を認めたものと考えることができる。

そのほかに第六九条以外、一般解散権が内閣にあるかが問題となるけれど、主権者たる国民の現在の意思を知る必要のあるばあいは、第六九条のときにかぎられないから、一般解散権は認められるべきである。解散権の根拠は第七条に求めることができる。

解散は、普通会期中に行なわれるが、理論上会期中であることにかぎられないから、閉会中でも解散を行なうことができる。

解散によって、衆議院議員は身分を失ない会期中であるときは、参議院は、同時に閉会となる。そして解散の日から四〇日以内に衆議院議員の総選挙を行ない。その選挙の日から三〇日以内に特別会を召集しなければならないのである。

第四　参議院の緊急集会

衆議院が解散されると参議院は同時に閉会となるが、総選挙が行なわれ、特別国会が開かれるまでに、国会の議決を要する緊急の事件がおきたときは、内閣は参議院の緊急集会を求めることができる（五四条二項）。

日本憲法は、**国会中心主義**をとり、国会は立法、財政、その他重要な国政行為につき権能を有する。しかし、衆議院が解散されているときは、国会の本来の機能をはたすことができない。したがって、かようなばあいに大日本帝国憲法のような緊急勅令や緊急財政処分など政府の専断を認めず、民意を尊重し、実際の必要に応ずるため、設けられた制度が参議院の緊急集会である。

国に緊急の必要があるとき、内閣は緊急集会の請求を決定し、それにもとづいて、内閣総理大臣は、集会の期日をさだめ、案件を示して、参議院にこれを請求する。緊急の必要とは、特別会の召集をまつ余裕のないときということである。

参議院は緊急の必要にもとづくかぎり、国会の全部の権能を行なうことができるけれど、憲法改正発議は性質上できない。

緊急集会でとられた措置は、暫定的、臨時的なものであって、つぎの国会開会後一〇日以内に衆議院の同意がないときは、その効力を失なう。同意がないばあい、将来に向って効力を失なうのであって、遡って無効となるものではない。

第四項　国会の権能

国会の権能とは、衆議院と参議院とからなる複合機関としての権能をいうのであって、大別して、立法に関する権能、財政に関する権能、そして一般行政に関する権能とに分けられる。

第一　立法に関する権能

一　法律の定立

国会は、唯一の立法機関であって、憲法の例外をのぞいて、立法の中心的機関である。国会の議決（五九条一項）によって成立した法をとくに法律という。法律は、法規を定立するために設けられた形式であるけれど、法律の内容が、すべて法規であるわけではない。法律は、性質上法体系の中核をなしている。

法律の制定については、法律案が発議されなければならないけれど、法律案の発議について、憲法上なんらの明文がない。国会が唯一の立法機関ということから、議員は、議案の発議をし、一院は、他院に議案を提出しうる。内閣に法律案の提出権があるかにつき、議論のあるところであるが、憲法第七二条の「議案」提出には法律案を含むと考える。

法律案が発議、または提出されると、議長はこれを適当な委員会に付託して、その審査をへて、本会議に付する。

法律は、両議院の可決によって成立する。法律が成立したときは、主任の国務大臣が、これに署名し、さらに内閣総理大臣が連署する。そして成立した法律は、衆議院議長から内閣をへて、奏上し、天皇が公布する。

法律は、両議院の可決によって成立するのが、原則であるが、例外として、衆議院が可決したにかかわらず参議院が異なった議決をしたばあいは、衆議院の出席議員の三分の二以上の多数が再議決したとき、衆議院単独の議決で法律となる。なお参議院が、衆議院の可決した法律案を受けとり、国会休会中の期間をのぞいて、六〇日以内に議決しないときは衆議院は参議院がその法律案を否決したものとみなして再議決できる。

「一の地方公共団体のみに適用される特別法」は、「その地方公共団体の住民の投票において、その過半数の同意を得なければ」、国会はこれを制定することはできない（九五条）。

二　条約の承認

条約の締結することは内閣の権能に属するが、「事前に、時宜によっては事後に、国会の承認を経ることを必要とする」（七三条三号）。

条約は国家間の合意であって、国際法上の法形式であり、当事国間を拘束するものであるけれど、公布することによって国内法としての効力をも発生する。したがって国民の代表機関であり、立法機関である国会の承認を必要とすることは当然である。

国会の承認は事前になされるのが好ましいけれど、やむをえない事情あるときは事後の承認ができる。

条約には、内閣の批准をまって成立するものと、批准を留保せず全権委員の調印によって成立するものがあるが、批准によって成立するばあいは批准を、調印だけで成立するばあいは調印を基準として、事前、事後という。

国会の承認は条約の効力要件と考えるべきであるから、一般に国会の承認がえられない条約は有効に成立しえないし、事前に国会の承認がえられなかった条約は調印、批准ができない。

条約の承認についても衆議院の優越が認められる（六一条）。

三　憲法改正の発議

国会は、各議院の総議員の三分の二以上の賛成で、憲法改正を発議する（九六条）。発議するとは両議院一致の議決によって国民に提案することであって、議員が、その議院に対して、または一院が他院に対して議案を提出するのとは異なる。

第二　財政に関する権能

一　財政の監督

財政の処理は、本来行政作用であるが、財政は国民の利害に直接影響を与えるものであるから、行政機関の恣意な処理を許さず、国会の監督下においたのである。憲法第八三条は、「国の財政の処理する権限は、国会の議決に基いて、これを行使しなければならない」とさだめるが、これは国の財政処理の一般原則であって、租税法律主義、国費支出および国庫債務負担行為が国会の議決を要するなど、憲法のさだめる他の条文の原則が、これより派生する。

二　租税法律主義

「あらたに租税を課し、又は現行の租税を変更するには、法律又は法律の定める条件によることを必要とする」(八四条)。これは租税法律主義を明らかにしたものであるが、本条の立法趣旨は公権力よる強制的課徴をなすばあいは法律によらなければならないということであるから、本条の租税の意義は本来の意味より広く解すべきである。したがつて、公共企業体の料金、価格、国または地方公共団体の独占事業の料金なども含まれる。

三　国費支出、債務負担に関する議決

国費を支出するには国会の議決にもとづかなければならない(八五条)。国費の支出に対する国会の議決は、予算の

形式による。

憲法第八五条でいう「国の債務負担」は、法律によるものと歳出予算の範囲内で処理されるものとをのぞいた国の債務負担をいい、予算の一部として、予算の形式で議決される。

四　予算の議決

「内閣は、毎会計年度の予算を作成し、国会に提出して、その審議を受け議決を経なければならない」（八六条）。予算は一会計年度における国の財政行為の準則で、歳出・歳入の予定額を主たる内容とし、歳出の時期・目的および金額を限定する国法の一形式である。わが国の会計年度は、毎年四月一日よりはじまり、翌年の三月三一日におわる。予算は一会計年度のみ、その効力を有するから、新会計年度がはじまったにもかかわらず、いまだ予算が成立していないばあいは、暫定予算を提出する。予算提出権は、内閣に専属するから議院の発議権はない。したがって、予算審議においての増額修正は、内閣の予算提出権を実質に侵害しない程度で認められるべきである。一会計年度における歳入・歳出は、すべてまとめて予算に計上されるが、ときには、さけがたい経費不足が生ずることがある。そのときは追加予算を作成して、国会の議決をへなければならない。大日本帝国憲法で認められていた緊急財政処分および責任支出は、現行憲法では許されない。衆議院は、予算先議権をもつから予算はさきに衆議院に提出しなければならない。予算議決について、衆議院は参議院に優越する（六〇条二項）。

五　予備費支出の承諾

「予見し難い予算の不足に充てるため、国会の議決に基いて予備費を設け」ることができるから（八七条一項）、予算には予備費を計上することができる。しかし、これは一定金額を予備費として予算に計上すること自体の承認であって、具体的支出を承認するものではない。予備費の支出は、内閣の責任でなされるが、事後に、あらためて国会の承認をえなければならない（八七条二項）。

六　決算審査権

決算は、会計検査院の検査をへたのち、国会に提出し、その審査をうける。国会は政治的見地から、内閣の責任を明らかにするのである。

七　財政状況の報告受理

国の財政は、国民生活に大きな影響をもつから、国民および国会に公開して、国政の批判の資料とする。したがって憲法は、「内閣は、国会及び国民に対し、定期に、少なくとも毎年一回、国の財政状況について報告しなければならない」（九一条）とさだめる。

八　皇室関係の財産の授受の議決および皇室経費の議決

第三　一般行政に関する権能

一　内閣総理大臣の指名

「内閣総理大臣は、国会議員の中から国会の議決で、これを指名する」（六七条一項）。憲法第六条第一項は、「天皇は、……内閣総理大臣を任命する」と規定しているが、これは形式面であって、実質的には、国会が内閣総理大臣を決定するのである。

憲法は、立法機関と行政機関との関係について、イギリス流の議院内閣制をとったから、内閣は、その成立、存続につき衆議院の信任に依存し、その責任を国会に対して負っている。内閣総理大臣の指名は、議院内閣制のあらわれの一つである。

内閣総理大臣の指名の議決について、衆議院の優越が認められる（六七条二項）。

二　弾劾裁判所の設置

「国会は、罷免の訴追を受けた裁判官を裁判するため、両議院で組織する弾劾裁判所を設ける」（六四条一項）。公の弾劾裁判所を設けたのは、公務員の選定、罷免は国民固有の権利であるという第一五条第一項の趣旨を裁判官におよぼしたものであると解することができる。

第五項　議院の権能

衆議院、参議院の一致により行なう権能でなく、各議院独立の立場から行なう権能として、憲法の規定しているのは、つぎのとおりである。

一　議院の自律に関する権能

(1) **役員選任権**（五八条一項） 議院の役員として、議長、副議長、仮議長、常任委員長、事務総長がある。このうち、事務総長だけは、議員以外の者から選ばれる。

(2) **議院の規則制定権**（五八条二項） 議院規則は、議院内部の規律に関する規定であり、その効力は議院内部にかぎられるが、議院内の事項に関するかぎり、国務大臣、公述人、傍聴人など外部の者をも拘束する。

(3) **議員の懲罰権**（五八条二項） 懲罰は、議院が組織体として秩序を保持し、運営を円滑に行なうために、「院内の秩序をみだした議員」に対して議院が、その自律性から科せる懲戒罰の一種である。懲罰には、公開議場における戒告または陳謝、一定期間の登院停止、および除名の四種がある。

(4) **資格争訟の裁判権**（五五条） 憲法は、国会の独立性、自律性を保障するため、議員の資格に関する争訟につき、各議院に、その所属議員の裁判権を認めた。ただし議員の選挙の効力や当選の効力などに関する争訟は、裁判所に属する。

(5) **議員の逮捕許諾権および釈放請求権**（五〇条）

二 国政調査権

「両議院は、各々国政に関する調査を行い、これに関して、証人の出頭及び証言並びに記録の提出を要求することができる」（六二条）。国政調査権は、国会、または議院が、立法、財政、行政監督などに関する権能を有効に行使するため、みずから必要とする資料を集収する権能であるが、これは近代議会の民主的性格から、不可欠の要素である。大日本帝国憲法では、国政調査のため、議会が直接国民や官公署に交渉することは許されなかったけれど、日本国憲法は、証人の出頭を命じ、証言をなさしめ、または記録の提出を要求するなどの手段を認めた。

国政調査権の範囲は、国政の全般におよぶが、これは、議院が立法、予算議決などの権能を行なうため、補助的に認められているものであるから、その限度で行政、司法にもわたることができる。したがって裁判の内容の当否を批判する目的あるいは調査の過程で裁判の当否を批判するような方法で行なわれる国政調査はその範囲の限界をこえるものである。これに関して、**浦和充子事件**（昭和二四年三月参議院法務委員会）がある。

三　国務大臣の出席要求

各議院は、内閣総理大臣その他の国務大臣の出席を求め、答弁または説明を求めることができる。この要求があったときは、内閣総理大臣その他の国務大臣は議院に出席しなければならない（六三条）。

四　会議の公開停止（五七条一項）

五　衆議院の内閣不信任決議（六九条）

これは、衆議院だけに認められた重要な権能である。

六　参議院の緊急集会

緊急集会を開くことは、参議院だけに認められた権能である（五四条二項）。

第五節　内　閣

第一項　内閣の地位

第一　総　説

内閣は、内閣総理大臣とその他の国務大臣とによって構成され、行政権を行使する合議制の国家機関をいう。大日本帝国憲法においては、天皇が統治権を総攬し、内閣について「国務大臣ハ天皇ヲ輔弼シ其ノ責ニ任ス」(大日本帝国憲法五五条一項)と規定するのみで、憲法上なんら規定がなく、内閣官制によって、内閣制度が認められていたにすぎなかった。

これに対して、日本国憲法は、内閣を憲法上の必要機関とするとともに、行政権の最高機関としての地位を与え、内閣の組織、行動、責任の統一性を保障するため、内閣総理大臣に首長たる地位を与えてその権能を強化した。そして議院内閣制を明確にすることによって、内閣は、国会の信任を要件とし、国会に責任を負うのである。

第二　内閣の地位

「行政権は、内閣に属する」(六五条)。この規定は、内閣にすべての行政権が帰属することを規定したものではない。広く複雑な行政を内閣のみに行使させることは不可能だからである。

立法については、「唯一の立法機関である」とし、司法については、「すべて司法権は……に属する」とあるけれど、内閣には、「唯一」、「すべて」と規定されていない。このことは、内閣以外にも数多の行政機関の存在していることが、予定されているのである。したがって本条の趣旨は、内閣は、行政を本体的職務とする機関であって、最高一般の行政機関であることを意味する。

内閣は、最高の行政機関であるから、憲法が、例外として規定している会計検査院や三権分立の建前から国会、裁判所の管轄下におかれている行政事務をのぞいて、行政は、すべて内閣の統轄下になければならない。したがって、内閣は、一般行政事務を行なうほかに、各行政各部を指揮、監督することができる。

指揮、監督で問題となるのは、各種の行政委員会である。選挙管理、海難審判、資格試験などは、内閣の政治的支配におくことが好ましくなく、独立、中立的な行政委員会に行使させており、実質的には内閣の指揮、監督を排除している。かような行政委員会の設置は、違憲ではないかが問題となるけれど、制度じしんに合理性があり、内閣の恣意的支配に限界と抑制を設けるという意味で、立憲主義の基本目的に一致するものであるから、内閣の指揮、監督は、原則的なものであって、例外が許されないわけではないと考える。

第三　議院内閣制

議院内閣制とは、内閣が、国民代表機関たる議会の信任に基礎をおいて存在し、内閣と議会との間において、共働と均衡の関係がたもたれている統治形態をいう。

議院内閣制は、イギリスに源を発し、その他の諸国で採用されているが、君主制、共和制との別、議会と内閣との組織・地位の強弱、相互の均衡手段との関係で内容を異にし、実際の運用において弾力性に富んでいる。

大日本帝国憲法では、議院内閣制は予定されていなかった。内閣は憲法上の機関ではないし、国務大臣は、天皇の行政権行使について、輔ひつとその責任を負うのであって、議会と内閣との間に信任関係は要求されていなかった。ただ政党政治の発展と共に、慣行として不完全ながら行なわれたが、政党政治の崩壊とともに消滅した。

日本国憲法が、議院内閣制をとり入れていることは、つぎの規定から、明らかである。

まず、議会と内閣との関係について、「内閣は、行政権の行使について、国会に対し連帯して責任を負ふ」（六六条三項）と規定し、内閣の責任を問う方法として、「内閣は、衆議院で不信任の決議案を可決し、又は信任の議決案を否決したときは、十日以内に衆議院が解散されない限り、総辞職をしなければならない」（六九条）と規定する。

その他、「内閣総理大臣は、国会議員の中から国会の議決で、これを指名する」（六七条）、「内閣総理大臣が欠けたとき、又は衆議院議員総選挙の後に初めて国会の召集があったときは、内閣は、総辞職をしなければならない」（七〇条）、「内閣総理大臣その他の国務大臣は、両議院の一に議席を有すると有しないとにかかはらず、何時でも議案について発言するため議院に出席することができる。又、答弁又は説明のため出席を求められたときは、出席しなければならない」（六三条）と規定するのも議院内閣制のあらわれである

第二項　内閣の構成

第一　総　説

内閣は、首長たる内閣総理大臣と一八人以内の国務大臣によって構成される合議体である（六六条一項内閣法二条）。内閣を構成する大臣は、主任の大臣として、それぞれ各行政事務を分担する。ただし行政事務を分担管理しない大臣の存在も認められる（内閣法三条二項）。総理府および各省の長は、それぞれ内閣総理大臣および各省などの主任の大臣として、それぞれ行政事務を分担管理をする（国家行政組織法五条）。

国務大臣の資格として、憲法は、「内閣総理大臣その他の国務大臣は、文民でなければならない」と規定する（六六条二項）。**文民の意味**について、非軍人とか、または、軍歴のない人とかに解釈が分かれるけれど、軍歴のない人と解するべきであるといわれている。憲法九条は、戦力の不保持を規定しているから、現行憲法下において軍人はいないし、戦争放棄と非武装平和主義をかかげる建前から、かように解釈するのが本条の趣旨に合致するからである。

内閣総理大臣は、国会議員のなかから選ばれる（六七条一項）。他の国務大臣は、その過半数が国会議員でなければならない（六八条一項但書）。

第二　内閣総理大臣

内閣総理大臣は、国会の議決によって指名され、それによって天皇より任命される。内閣総理大臣は、内閣の首長であって、内閣を代表し、統率し、行政各部の指揮監督して、内閣の一体性を確保している。

大日本帝国憲法下において、内閣総理大臣はいわゆる同輩中の首席であるにすぎず、内閣総理大臣と他の大臣の間には隷従関係がなかったので、閣内の不統一のばあいは、その一体性を維持できなかった。閣議は、全員一致を要するので、一人の大臣の反対によって施策に行きずまり、内閣は総辞職しかなく、内閣は、安定した一貫性のある施策を行なうことは、困難であった。

日本国憲法は、内閣総理大臣に首長たる地位を与えることによって、内閣総理大臣を中心とした一体性ある内閣を構成し、総合性と一貫性ある施策をすることができる。

内閣総理大臣は、その首長たる地位にともなって、つぎのような権能を有する。

(1) **内閣の代表**（七二条） 内閣を代表して議案を国会に提出し、一般国務および外交関係につき国会に報告する。

(2) **法律および政令の署名**（七四条） 法律および政令に、主任の国務大臣として署名し、または主任の国務大臣の署名にそえて連署する。

(3) **国務大臣の任免**（六八条） 国務大臣の任免は内閣総理大臣の専属事項で、単独で行なうことができるから、閣議をへる必要はない。これにより内閣の一体性が保持される。

(4) **国務大臣に対する訴追の同意**（七五条） これは検察機関からの不当な侵害を防ぎ、内閣の一体性を確保するためにある。

(5)　**閣議の主宰**（内閣法四条二項）　内閣が、その職権を行なうには、閣議によるが、この閣議は内閣総理大臣が主宰する。

(6)　**行政各部の指揮・監督**（七二条後段内閣法六条）　内閣総理大臣は、閣議にかけて決定した方針にもとづいて、行政各部を指揮監督する。

(7)　**権限疑義の裁定**（内閣法七条）　主任の大臣の間における権限についての疑義は、閣議にかけて内閣総理大臣が裁定する。

(8)　**処分または命令の中止**（内閣法八条）　内閣総理大臣は、行政各部の処分または命令を中止せしめ、内閣の処置をまつことができる。

(9)　**両議院への出席、発言**（六三条）。

第三　国務大臣

国務大臣は、内閣の構成員であるとともに、主任の大臣として、行政事務を分担管理するが、行政事務を分担管理しない大臣も認められる。各省の長は、各省大臣とし、内閣法にいう主任の大臣として、それぞれ行政事務を分担管理する。各省大臣は、内閣総理大臣が国務大臣のなかから、これを命ずる。

「国務大臣は、その在任中、内閣総理大臣の同意がなければ、訴追されない。但し、これがため、訴追の権利は害されない」（七五条）この国務大臣の特典は、国務大臣の職務を保護するというより、政略的目的で、検察機関が、内閣倒壊を狙うことを防ぐことにある。

現行憲法のもとでは、法務大臣は検察官の一般指揮監督権を有し、これにより検事総長を通じて、個々の事件の取調、または処分についても指揮できるので、憲法第七五条はあまり存在理由がない。

主任の大臣に事故があるとき、または主任の国務大臣が欠けたときは、内閣総理大臣、またはその指定する国務大臣が、臨時に、その主任の国務大臣の職務を行なう（内閣法一〇条）。

国務大臣は、内閣の構成員として、つぎの権能を有する。

(1) **法律および政令に、主任の国務大臣として署名**（七四条）。

(2) **両議院への出席、発言**（六三条）。

(3) **閣議に列席する**（内閣法四条一項）。

(4) **案件の如何を問わず、内閣総理大臣に提出して、閣議を求める**（内閣法四条三項）。

(5) **その他特別法のさだめる権能。**

第四　内閣の総辞職

内閣は、みずから、いつでも総辞職をすることができる。内閣は、首長たる内閣総理大臣を中心として構成されているから、内閣総理大臣の辞職は、単独に行なわれることなく内閣の総辞職をともなうのである。これにより内閣の統一性が確保される。

なおつぎのばあいは、内閣はかならず総辞職しなければならない。

(1) 衆議院で、内閣の不信任の決議案を可決し、または信任の決議案を否決したときで、十日以内に衆議院が解散されないとき（六九条）。

(2) 内閣総理大臣が欠けたとき（七〇条前段）。

(3) 衆議院議員総選挙後にはじめて国会の召集があったとき（七〇条後段）。

総辞職した内閣は、あらたな内閣総理大臣が任命されるまで、その職務を行なう（七一条）。

第三項　内閣の権能

内閣の権能は、国の一般行政事務にわたるが、日本国憲法が、内閣の権能として、とくにかかげるのは、憲法第七三条に列挙する事務、憲法第七三条の規定する「他の一般行政事務」についてであり、その他憲法の随処に、明文をもって内閣の権能を示している。

一　憲法第七三条の列挙する事務

(1) **法律を誠実に執行し、国務を総理する**（七三条一号）　法律を誠実に執行するとは、国権の最高機関であり、唯一の立法機関である国会の意思を尊重して、法律に準拠し、法律に適合する行政行為を行なうことをいう。国務を総理するとは、最高の行政機関として、行政事務全般を統轄し、指揮することである。

(2) 外交関係を処理する（七三条二号） 外交事務は、行政権の一部であるが、重要な外交事務は（外交交渉、外交使節の任免、全権委任状や信任状の発行など）、とくに内閣の権能とされている。日常一般の外交事務は、外務大臣に主管させている。

(3) 条約を締結する（七三条三号） これは条約締結権が、内閣に専属する趣意である。

(4) 法律の定める基準に従い、官吏に関する事務を掌理する（七三条四号） これは官吏の任免権は、内閣だけにかぎらず、他の国家機関にも、憲法および法律によって認められているけれど、原則的任免権は内閣にあることを規定する趣意である。

(5) 予算を作成して国会に提出する（七三条五号） これは予算の発案権が、内閣のみに属する趣意である。

(6) 政令を制定する（七三条六号） 政令は、憲法および法律の規定を実施するために、内閣が定立する命令である。ここで問題となるのは憲法を直接実施するために政令を制定することができるかである。「この憲法および法律の規定」というのは、憲法とそれにもとづく法律を一体としていう意味に解するのが、国会立法中心主義の建前から妥当な解釈である。したがって、昭和三十年、明治十四年太政官布告六三号「**褒章条例**」を政令によって改正し、新しい種類の褒章を追加したのは、憲法の施行を政令で直接行なうものとして違憲の疑いがある。政令は、法律の特別の委任がなければ罰則を設けることができない。

(7) 恩赦の決定（七三条七号） 恩赦は、本質的には司法に属する作用であるが、憲法は権力分立の例外として、内閣の権能とした。

二　憲法上内閣の権能としている事項

(1)　天皇の国事行為に対する助言と承認（三条・七条）。

(2)　最高裁判所の長たる裁判官の指名（六条二項）。

(3)　臨時国会の召集決定（五三条）。

(4　参議院の緊急集会の請求（五四条二項但書）。

(5)　最高裁判所の長たる裁判官を除いた、他の裁判官の任命（七九条一項・八〇条一項）

(6)　予備費の支出（八七条）。

(7)　国会に決算を提出する（九〇条）。

(8)　国会および国民に財政状況を報告する（九一条）。

第四項　内閣の責任

大日本帝国憲法は、国務大臣が天皇を輔ひつし、その個別単独責任を負うことを、規定したが、日本国憲法は内閣を憲法上の機関とし、「内閣は、行政権の行使について、国会に対し連帯して責任を負ふ」と規定した（六六条三項）。

(1)　内閣の国会に対する責任の範囲は、立法権、司法権に対する意味の行政権の行使だけにかぎらず、憲法が内閣の職権としているもののすべてにおよぶ。したがって、法律案の提出、天皇の国事行為についての助言と承認についても負うのである。この国事行為についての内閣の責任は、内閣の自己責任であって、天皇の責任を代って負うのではない。

(2) 内閣は、国会に対して責任を負うのであるが、これは民主政治が、国民の代表機関たる国会を通して、国民に対する責任政治を要求するためである。内閣に対する問責の方法は、質疑、質問、国政調査、決議などがあるけれど衆議院の不信任決議は、内閣総辞職を法的に義務づけるので、もっとも問責の効果が大きい。

(3) 責任の内容は、いかなるものか明らかでない。質疑、質問、その他方法により政治的に不利益な批判をうける政治的責任と解するのが妥当と思うが、衆議院の不信任決議が可決されたばあいは、内閣は、解散か、総辞職かのいずれかを、とらなければならないので法的責任の色彩が濃い。

(4) 内閣は連帯して国会に責任を負う。すなわち、内閣総理大臣を中心として構成される国務大臣全員が一体となって責任を負うのである。しかし、このことはかならずしも大臣の単独責任を否定するものではない。各大臣は主任の国務大臣として職責がさだめられているから、国会は、これから発生する個別的な責任を当然追求できる。

第六節 裁判所

第一項 裁判所の地位

第一 総説

憲法が、「すべて司法権は、最高裁判所及び法律の定めるところにより設置する下級裁判所に属する」(七六条一項)と規定するのは、**権力分立の原則**にしたがって、立法権は国会、行政権は内閣、司法権は裁判所にそれぞれ独立に分属することを意味するとともに、**司法権の独立**を保障するものである。

ここにいう司法権とは、具体的な争訟を裁定するために、法を適用し、なにが法かを宣言する国家作用をいうのである。

大日本帝国憲法は、司法権の範囲を民事事件、刑事事件にかぎっていたが、日本国憲法は、民事、刑事のほか、行政事件をも含めて、憲法上の例外をのぞき、一切の法律上の争訟を裁判できるのである。

第二 司法機関

(1) 司法機関として、憲法の直接規定する最高裁判所と法律のさだめるところによって設置される下級裁判所とがある。

裁判所法によれば、下級裁判所として、高等裁判所、地方裁判所、家庭裁判所および簡易裁判所の四種が認められている。これらの裁判所の間には、上下の審級制度がとられているので、上級裁判所は、下級裁判所の裁判を取消したり、変更することができる。そして「上級審の裁判所の裁判における判断は、その事件について下級審の裁判所を拘束する」（裁判所法四条）が、上級裁判所は、下級裁判所の裁判そのものを指揮・監督することはできない。下級裁判所は、上級裁判所とは独立して裁判を行なう。

(2) 憲法は、「特別裁判所は、これを設置することができない」（七六条二項前段）と規定し、特別裁判所の設置を禁止している。これは国民に対して平等にして公正な裁判を保障するためである。特別裁判所とは、通常の裁判所の系列外に設けられた裁判所で、特殊の人または特殊の事件を裁判する目的をもっている。大日本帝国憲法下にあった軍法会議や行政裁判所は、これに属する。家庭裁判所は、特殊な事件のため設けられた裁判所であるが、通常裁判所に上訴できるので、憲法の禁止する特別裁判所ではない。行政裁判所も下級審として設けられたときは特別裁判所に該当しないが、終審として設けられたときは特別裁判所である。

しかし、憲法は、議院に議員の資格争訟に関する裁判を認め、または裁判官を弾劾するための弾劾裁判所の設置をさだめるなどして、通常裁判所の司法審査のおよばない特別裁判を例外的に認めている。

(3) 憲法は、「行政機関は、終審として裁判を行ふことができない」（七六条二項後段）と規定する。これは、司法権を裁判所に統一し、国民に平等にして、公正な裁判を保障するためである。行政機関が、前審として裁判することを禁じていないのは、特殊専門的な事件を処理するため前審としての行政裁判所が、実際上必要であるからである。これにあたる行政機関として、人事院、公正取引委員会、選挙管理委員会などがある。

第二項　裁判所の構成

第一　裁判所

一　最高裁判所

最高裁判所は、最高の司法機関として、直接憲法で認められた国家機関であるとともに、違憲立法審査権、規則制定権、下級裁判所裁判官指名権、司法行政監督権をもち、大日本帝国憲法下における大審院・行政裁判所・枢密院を合体した以上の実権をもつ重要な機関である。

(1)　最高裁判所は、長たる裁判官一人とその他一四人の裁判官によって構成され、その審理および裁判は、大法廷または小法廷で行なわれる。ある事件の審理、裁判が、大法廷によるか、それとも小法廷によるかは最高裁判所じしんのさだめるところによるけれど、違憲立法に関する審査や最高裁判所の判例を変更するばあいであるときは、事件を大法廷であつかわなければならない（裁判所法一〇条）。

(2)　最高裁判所は、司法裁判所であるから、司法権は具体的な事件に対してだけ行使されるのである。裁判所法第三条第一項は、「裁判所は、……一切の法律上の争訟を裁判し」とあるが、この「法律上の争訟」とは、具体的な法律関係につき紛争が存在することである。この点につき、最高裁判所は、警察予備隊違憲訴訟において、つぎのように判示した。「……わが裁判所が現行の制度上与えられているのは司法権を行なう権限であり、そして司法権が発動するためには具体的な争訟事件が提起されることを必要とする……………要するにわが現行の制度の下においては、特定の者の具体的事件を離れて抽象的に法律命令等の合憲性を判断する権限を有するとの見解には、憲法上および法令上何等の根拠も存しない」（最高裁昭和二七年一〇月八日大法廷判決）と。

(3) 最高裁判所は、唯一の最上級審の裁判所であり、終審としての行政裁判所の設置が認められていないから、一切の法律上の上告事件が、最高裁判所に、統一的に集中している。したがって最高裁判所は、上告、その他訴訟法がとくに認める抗告につき、裁判権を有する。

(4) 最高裁判所は、規則制定権を有する。この旨を、憲法は「最高裁判所は、訴訟に関する手続、弁護士、裁判所の内部規律及び司法事務処理に関する事項について、規則を定める権限を有する」と規定している。これは、形式的な面からみれば、統治機構のなかに権力分立の原則を確保して、司法権の独立を保障し、強化するものであるが、実質的な面からみれば、詳細な法律的、専門事項は裁判に明かるい最高裁判所をして、制定せしめた方が、より適正な規則を定立することができると考えたからである。

規則制定権の範囲は、訴訟に関する手続、弁護士、裁判所の内部規律、および司法処理に関する事項である。

規則制定権を有するのは、最高裁判所であるが、下級裁判所に関する規則をさだめる権限を、下級裁判所に委任することができる。

憲法第七七条第一項の事項について、規則専属事項であるかどうか議論があるが、これらの事項は、法律によってもさだめうると考える。最高裁判所も、「……法律により刑事手続を定めることができる……」（最高裁昭和三〇年四月二二日第二小法廷判決）と判示している。

憲法第七七条第一項の事項について、法律によっても規則でも制定しうるとなれば、法律と規則との関係が問題となるが、法律が優先するものと考える。法律は唯一の立法機関によって、制定された法規であるからである。

(5)　最高裁判所は、下級裁判所の裁判官を指名する。内閣は、最高裁判所の指名した者の名簿により下級裁判所の裁判官を任命する（八〇条一項）。これは、司法権の独立とその独善化を防ぐためにとられた、司法と行政との抑制・均衡関係である。

(6)　最高裁判所の司法行政権については、直接憲法に明文の規定は存在しないが、憲法は最高裁判所に、下級裁判所の裁判官の指名権を与え、裁判官の行政機関による懲戒を禁じ、裁判所の内部規律および司法処理に関する規則の制定権を認めているところから推察すれば、最高裁判所は司法行政権を有すると解することができる。

司法行政権を最高裁判所がもつことは、外部の国家機関に対して独立を確保し、司法権の独立を実質的に保障することになるが、最高裁判所が、上級司法行政機関として、監督権の行使を通じ、下級裁判所の裁判に、なんらかの影響をあたえるようなことがあれば、司法権の独立は、司法内部で崩壊する。

したがって、司法行政事務と裁判活動は、微妙な関係にある。監督権の行使で問題となりやすいのは、通達である。もっとも問題となった通達は、昭和二十八年九月二十六日に、最高裁判所のだした「**法廷の威信について**」の通達であった。

(7) 日本国憲法は最高判所に**違憲立法審査権**を認めたが（八一条）、これは憲法の**宣言的保障**（九八条一項）のほかに、**法的保障**をなすためである。そして権力分立の原則にもとづく、憲法解釈についての立法権に対する司法権の優位など、国民の基本的人権の保障の確保に、最高裁判所が、もっとも適していると考えたからである。

憲法第八一条は、最高裁判所を**憲法裁判所**としたのではないから、抽象的な法令について審査、判断することはできない。合憲か違憲かを審理、判断できるのは、具体的な法律上の争訟を通じて、その紛争解決に適用される法令につきなすことができるだけである。

最高裁判所は、違憲審査の最終審であるから、前審として下級裁判所も違憲審査ができる。ただし違憲問題に関するかぎり、いかなるばあいでも最高裁判所に上訴の機会が、あたえられなければならない。

裁判所の対象となるものは、「一切の法律、命令、規則、又は処分」である。条約については議論がある。条約は憲法第八一条に明定されていないし、また条約は国家間の合意という特殊法規であることから、条約の形式的審査権は別として、実質的審査権はないものと考える。最高裁判所は、条約の違憲審査について、「……違憲なりや否やの法的判断は、純司法的機能をその使命とする司法裁判所の審査には、原則としてなじまない性質のものであり、従って一見極めて明白に違憲無効であると認められない限りは、裁判所の司法審査権の範囲外のものであって、……」と判示している（最高裁昭和三四年一二月一六日判決）。

違憲判決の効力には、当該事件についてのみ無効となると解する個別的効力説と、その法令そのものを客観的に無効とする一般的効力説とに見解が分かれるが、個別的効力説を妥当と考える。けだし、違憲審査は、あくまでも具体的な争訟解決の前提として認められるものであるし、法令を客観的に無効とすることは、裁判所に消極的立法を認めることになって司法権の限界をこえるからである。

二　下級裁判所

下級裁判所として、裁判所法は、最高裁判所・地方裁判所・家庭裁判所・簡易裁判所を認めている（裁判所法二条一項）。

(1)　**高等裁判所**　各高等裁判所は、高等裁判所長官および相応な員数の判事で構成される（裁判所法一五条）。法廷における審理および裁判は、原則として三人の裁判官の合議制で行なわれる。

高等裁判所の裁判権は、控訴および抗告についてであるが、例外的に上告および第一審の裁判権を有する（裁判所法一六条）。

(2)　**地方裁判所**　地方裁判所は、相当な員数の判事と判事補によって構成され（裁判所法二三条）、地方裁判所における審理および裁判は、単独制と三人の合議体とで行なわれている。地方裁判所は、原則として第一審である。

(3) **家庭裁判所**　家庭裁判所は、判事と判事補によって構成され、家事審判法にさだめる家庭に関する事件の審判および調停、少年法でさだめる少年の保護事件の審判などにつき権能を有する。原則として単独制である。

(4) **簡易裁判所**　簡易裁判所は、簡易裁判所判事によって構成される。軽微な事件につき第一審の裁判権を有し、単独制である。

第二　裁判官の独立

一　裁判官の職務上の独立

裁判官は、その職務を行なうにあたって、自己以外の何者からも指揮されることなく、憲法および法律によってのみ拘束されるだけである。したがって裁判官は、立法機関、行政機関など他の国家機関から、裁判を行なうにあたって、干渉をうけないことはもとよりのこと、他の裁判官——とくに上級裁判所の裁判官——からも指図をうけることはない。憲法第七六条第三項は「すべて裁判官は、その良心に従ひ独立してその職権を行ひ、この憲法及び法律にのみ拘束される」と規定しているが、いわゆる**司法権の独立**の本来の意味は、ここにある。

憲法第七六条第三項の「その良心に従ひ」とは、裁判官の地位において求められる良心であって、裁判官の個人的倫理観、政治的信条、信念などをいうのではない。また「法律」とは、形式的意義の法律だけでなく、命令、規則、条例、慣習法などを含む。

裁判官が、司法行政上の監督に服することは、裁判官の裁判権行使に影響をあたえることにはならないけれど、司法行政監督権の濫用は、裁判官の独立をおかす危険がある。

二　裁判官の身分保障

裁判官の独立は、裁判官の身分保障をともなうことによって、その独立をよく保持することができるのである。日本国憲法は、裁判官の身分保障について、形式的に厳格であるだけでなく、実質的な配慮もしている。したがって、裁判官は、とくにさだめられた例外のばあいをのぞいて、その意思に反して、免官、転官、転所、職務の停止または報酬の減額をされることはない（裁判所法四八条）。

(1)　裁判官は、つぎのばあいをのぞいて、罷免されることはない。

(イ)　裁判により、心身の故障のために職務を執ることができないと決定された場合（七八条）。

(ロ)　公の弾劾（七八条）　公の弾劾は、両議院の議員によって構成される弾劾裁判所によって行なわれる。罷免事由は、職務上の義務にいちじるしく違反し、または職務をはなはだしく怠ったとき、その他職務の内外を問わず、裁判官としての威信をいちじるしく失なうべき非行があったときである。

(ハ)　最高裁判所裁判官については国民審査によるばあい（七九条二・三項）　これは国民の公務員解職制度であり、直接民主制のあらわれの一つである。最高裁判所の裁判官の任命は、その任命後はじめて行なわれる衆議院議員の総選挙の際国民の審査に付し、その後十年を経過したのちはじめて行なわれる衆議院議員の総選挙の際さらに審査に付し、その後も同様とする。このばあい、国民の多数が裁判官の　免を可とするときは、その裁判官は罷免される。

(2) 裁判官の懲戒処分は、行政機関がこれを行なうことはできない（七八条）。裁判官の懲戒処分については、各高等裁判所または最高裁判所に裁判権がある（裁判官分限法三条）。懲戒処分は、戒告または一万円以下の過料である。

(3) 裁判官の身分保障は、経済的な面からも考慮されている。裁判官は、すべて定期に相当額の報酬をうける。この報酬は一般公務員より有利に法律で保障されている。そしてこの報酬は、在任中、これを減額されることはない（七九条六項・八〇条二項）。

(4) 裁判官は、法律のさだめる年令に達したときに退官する（七九条五項・八〇条一項但書）。明治憲法時代の裁判官終身官制度を廃止して、定年退官制度をさだめたのである。

第三項　裁判の公開

一　裁判の公開の原則

憲法は、「裁判の対審及び判決は、公開法廷でこれを行ふ」と規定する（八二条一項）。これは現代諸国で、ひろく認められている原則であるが、裁判の公開を保障することは、裁判が公正に行なわれ、訴訟当事者の人権を充分に尊重することによって、国民の裁判に対する信用をうるためのものである。

「対審」とは、裁判官の前で行なわれる事件の審理および当事者の弁論で、民事訴訟における口頭弁論、刑事訴訟における公判手続がこれにあたる。

「判決」とは、事件に対する裁判所の判断のことで、民事訴訟においては原告、刑事訴訟においては検察官の申立に対してあたえる裁判所の判断をいう。

公開法廷で行なうとは、何人の傍聴をも自由に許することであって、傍聴を希望するものを全部許さなければならないという趣旨ではないから、設備の関係で、傍聴券を発行し、その所持者だけに傍聴を許すことはさしつかえない。

二　公開の停止

裁判所が、裁判官の全員一致で、公の秩序または善良の風俗を害するおそれがあると決したばあいには、対審は、公開しないでこれを行なうことができる（八二条二項）。このばあいは、公開法廷で、公衆を退廷させる前に、その旨を理由とともに言い渡さなければならない。判決を言い渡すときは、ふたたび公衆を入廷させなければならない（裁判所法七〇条）。

公開の停止は、公開の原則に対する例外であるから、憲法は例外を必要、最小限度にとどめようとしている。

政治犯罪、出版に関する犯罪またはこの憲法第三章で保障する国民の権利が問題となっている事件の対審は、つねに公開しなければならない（八二条二項但書）。

第七節　地方自治

第一項　総説

日本国憲法は、地方自治を制度的に保障し、とくに第八章は、四ヶ条の原則的な規定をかかげている。すなわち、第九二条は、地方公共団体の組織および運営に関する事項は、地方自治の本旨にもとづいて、法律でさだめるとし、第九三条は、地方公共団体の機関とその直接選挙、第九四条は地方公共団体の権能、そして第九五条は、地方特別法の住民投票について規定する。

大日本帝国憲法は、地方自治について特別の規定を設けず、府県制、郡制、市町村制などの法律が制定され、これにもとづき地方自治が、行なわれていた。しかし、国家非常時の連続は、中央集権的官治行政を強化し、もともと幼稚な地方自治は、民主的内容から遠くかけ離れたものとなっていったのである。

日本国憲法は、地方自治を憲法上保障するとともに、国の民主政治は、地方自治の確立にもとづくものであると考え、地方自治を重視したのである。

第二項　地方自治の基本原則

地方公共団体の組織及び運営に関する事項は、地方自治の本旨に基いて、法律でこれを定める（九二条）。これは地方公共団体の組織および運営に関する事項については、かならず法律をもってさだめなければならないとともに、法律をもって地方自治の本質をうばうことができないことをさだめたものである。

したがって、地方公共団体の組織および運営に関する事項については、各地方公共団体は、みずからこれをさだめることができず、国家的に統一する必要から、現行憲法下では、地方自治法一本にまとめられている。

地方自治の本旨については、憲法は自明のこととして明文をもたないけれど、いわゆる住民自治と団体自治とを尊重することをいう。民主政治は自律を本質とするが、地方自治も、これを本質とするし、住民自治と結びついて、一定地域を基礎とする独立の団体が、国家から独立して、独自の機関により、自己の責任で事務を処理してこそ地方自治の本来の姿があるのである。

したがって、地方自治を保障し、尊重するために、住民の参政的地位は強化され、国家の地方公共団体に対する指導、監督的要素はできるだけ排除して行かなければならない。

第三項　地　方　公　共　団　体

第一　総　説

地方公共団体とは地方自治の目的をもって、一定地域および住民より構成される団体であって、国家より法人格を与えられたものをいう。

地方自治法は、かような地方公共団体を普通地方公共団体と特別地方公共団体とに分け、普通地方公共団体を都道府県および市町村、特別地方公共団体を特別区、地方公共団体の組合、財産区および地方開発事業団と規定している（地方自治法一条の二）。

憲法でいうところの「地方公共団体」とは、いかなるものをいうかについては議論のあるところである。

(1)　地方自治法上でいう都道府県および市町村とは無関係で、これらを廃しても、なんらかの形で地方公共団体を認めればよいという見解。

(2)　市町村は、基本的な自治体であってこれを廃することは、違憲であるが、都道府県を廃することは、かならずしも違憲ではないとの見解。

(3)　都道府県および市町村の両者をいうとの見解。したがって、これによれば知事官選、都道府県を廃して道州制を設けることは違憲となる。

文字解釈からは、(1)、(2)の見解も可能であるが地方自治制度の保障の目的が、地方自治の民主化をめざし、憲法制定当時存在していた都道府県、市町村から中央集権的官治行政を追放することにあったことを考えれば、(3)の見解が妥当である。

第二　地方公共団体の機関

地方公共団体の必要的機関には、議事機関として議会、執行機関として長がある。

憲法第九三条は、「地方公共団体には、法律の定めるところにより、その議事機関として議会を設置する。地方公共団体の長、その議会の議員及び法律の定めるその他の吏員は、その地方公共団体の住民が、直接これを選挙する」と規定するが、これは地方自治の本旨にもとづく組織の具体化である。

地方自治法九四条は、町村は、条例で、議会を置かず選挙権を有する者の総会を設けることができると規定しているが、これは違憲ではない。間接民主制をとっている議会より、直接民主制をとっている総会の方が憲法第三九条の趣意により合致するからである。

また憲法第九三条は、地方公共団体の機関につき、首長制をとっており、議院内閣制をとっていない。これは、地方公共団体の執行機関を統轄し、代表する長を住民の直接選挙にかからしめた方が、地方自治の目的により副うと考えたからである。

地方議会の議員、都道府県知事、市町村長は、住民の直接選挙によって選出されるのが憲法上の要求である。したがって、官選知事や、市町村長の間接選挙は、許されない。

第三　地方公共団体の権能

憲法第九四条は、「地方公共団体は、その財産を管理し、事務を処理し、及び行政を執行する権能を有し、法律の範囲内で条例を制定することができる」と地方公共団体の権能について規定する。

これらの権能は、地方自治の本旨にしたがって、地方公共団体が、その団体の運営をなすとき当然行使されるものであって、それを概括的にあげ保障したものにすぎないから、制限的ではなく例示的列挙と解すべきである。

「財産の管理」とは、動産・不動産その他の財産を維持、保存、運用し、処分することをいう。

「事務の処理」とは、公権力の行使の性質を有しない事務の処理をすることをいい、地方自治法は、「普通地方公共団体は、その公共事務及び法律又はこれに基く政令により普通地方公共団体に属するものの外、その区域内におけるその他の行政事務で国の事務に属しないものを処理する」(地方自治法二条)と規定している。

「行政を執行する」とは、公権力の行使たる性質をともなう行政作用で、警察権、課税権、強制権などを意味する。

「条例の制定」とは、地方公共団体が、法律上の根拠なくしても、憲法上自主立法権を有することを意味する。これによって、地方公共団体は、真の地方自治を行なうことが可能になるが、自主法は国家法の下において無制限に存在しうるのではない。したがって法律の範囲で制定しうるのである。

条例とは、地方自主法をいい、地方自治法にいう「条例」のほかに、「規則」を含めていうのである。

条例は、地方議会が、その権限に属する事項について制定するものであり、規則は、長が、その権限に属する事項について制定するものである（地方自治法一五条一項）。

条例は、地方自治法第二条第二項の事務（いわゆる固有事務、委任事務、行政事務）について、法令に違反しない範囲で制定することができる（地方自治法一四条一項）。

条例に実行性をつけるため、条例違反行為者に対して罰則を科することが必要である。地方自治法第一四条第五項は、条例につき、罰則の種類、程度をさだめ、、条例に違反した者に対し、二年以下の懲役もしくは禁錮、十万円以下の罰金、拘留、科料又は没収の刑を科することができると規定する。また同法第一五条第二項は、規則につき、二千円以下の過料を科することができるとしている。

条例には、都道府県条例と市町村条例とがある。都道府県は、市町村の行政事務に関し、法令に特別のさだめがあるものをのぞくほか、条例で必要な規定を設けることができるので、市町村が、行政事務について、都道府県条例に違反した条例を制定したときは、その市町村条例は無効である（地方自治法一四条三・四項）。

第四　地方住民の権利

住民自治の原則にもとづいて、地方自治の本旨が、まっとうできるよう憲法は、住民につぎの権利を与えた。

(1)　地方公共団体の長、その議会の議員および法律のさだめるその他の吏員の選挙について、直接に選挙することができる権利（九三条二項）。

(2)　一の地方公共団体のみに適用される特別法に対する住民の同意（九五条）。

一般に法律は、すべての地方公共団体に平等に適用されるが、かような一般的立法では種々の特殊性をもつ地方公共団体を適切に規律しえないばあいがある。したがって、かような特殊性に応じた立法が必要なのである。

このばあい地方住民の意思を尊重して、国会は、その地方住民の投票において、過半数の同意がなければ、その地方特別法を制定することができないとした。

(3) その他、地方自治法は、条例の制定および事務の監査の直接請求（地方自治法七四条一項、七五条一項）を認め、また議会の解散および議員・長・役員の解職につき直接請求を認める（地方自治法七六条一項、八〇条一項・八一条一項・八六条一項）。

第八節　憲法改正

第一項　総説

憲法改正とは、成典憲法のさだめる手続によって、成典憲法のなかの条項を修正、削除、追加および増補をなすことをいう。

憲法改正は、憲法みずからさだめる手続により、意思的に憲法の変改を行なうのであって、国会の立法、政府の慣行、裁判所の解釈によって憲法の内容に変更をくわえ、事実上憲法の変化をきたしていく「**憲法の変遷**」とは異なるし、また憲法の破棄、廃止、停止などとも区別しなければならない。

憲法は、国法体系上、最高の規範であり、国の根本法であるから、普通の国家法と異なり、長期にわたって、その安定性を要請されるが、政治や社会は流動的であり、これらから憲法は隔絶したものではありえないのであるから、憲法に絶対性、永久性を保持させることは、かならずしも合理的で、かつ有益なこととはいえないのである。したがって、多くの憲法は時勢の変化に応じて変更できるように、みずから改正手続を設けている。

大日本帝国憲法は、第七三条に改正規定を設けていたし、日本国憲法も改正を予想して、第九章をとくに一章設け、改正手続を規定している。

そこでは、国民主権の原則から国会および国民に改正権が認められ、また普通の法律より慎重な手続がとられているのである。(九六条)。

第二項　憲法改正手続

憲法改正は、各議院の総議員の三分の二以上の賛成で、国会が、これを発議し、国民に提案してその承認を経なければならない。この承認には、特別の国民投票または国会のさだめる選挙の際行なわれる投票において、その過半数を必要とする。憲法改正について国民の承認をへたときは、天皇は、国民の名で、この憲法と一体をなすものとして、ただちにこれを公布するのである(九六条)。

国会の「発議」とは、国会が、憲法改正案を決定して国民の承認を求めることをいう。

国会の発議がなされるためには、いずれかの議院で議案が発案されなければならない。このばあい、議員が発案をなしうることは明らかであるが、問題は内閣に憲法改正の発案権があるか否かである。異論もあるが、肯定するべきであると考える。

内閣に発案権を認めても国会および国民の自主性をそこなうことにはならないし、憲法は、議院内閣制をとり、国会と内閣とは共働関係にある。また内閣総理大臣および過半数の国務大臣は、国会議員たることを必要とする規定などから、内閣の発案権を積極的に否認しているとは考えられないからである。

憲法改正案の審議については、特別の規定はないので法律案のばあいに準じて審議できるが、国会の発議の議決については衆議院および参議院のそれぞれの三分の二以上の賛成を必要とする。

発議については、両議院の一致が必要であり、両議院の地位は対等である。したがって参議院の緊急集会で憲法改正の発議をすることはできないし、法律の議決、予算の議決、条約の承認および内閣総理大臣の指名のばあいのように衆議院の優位は認められない。

憲法改正は、国会の発議に対し国民が承認することにより成立する。国民の承認は、特別の国民投票または国会のさだめる選挙の際行なわれる投票において、その過半数を必要とする。国民の承認が「特別の国民投票」によるか、「選挙の際行はれる投票」によるかは、そのつどの国会の議決にゆだねられているが、「選挙の際行はれる投票」のばあいは、国会の指定する選挙は衆議院議員の総選挙や参議院議員の普通選挙のように、全国的に、かつ、同時に行なわれる選挙であることを必要とする。

憲法改正は、国会の発議をへて国民の承認をえたとき確定的に成立する。これを天皇は「国民の名で、この憲法と一体を成すものとして」公布するのである。「国民の名で」とは、国民が憲法改正権者であることを積極的に示めす意味をもつから公布文に「国民の名で」という明文を明記する必要があると考える。

第三項　憲法改正の限界

憲法改正は、憲法第九六条のさだめる手続によって行なわれるが、憲法改正の内容、または対象は無制限のものではない。憲法改正権は、憲法第九六条によって与えられた憲法上の権能であるから、憲法の全体としての同一性および継続性が保たれる範囲内で、憲法の条項を修正削除追加することができるだけなのである。

かように憲法改正に限界があるということは、法理論上のものであって、事実上は憲法改正手続で限界をこえる改正が行なわれることがあるが、これは法理論的には憲法の全体としての同一性を失なうものであって、もはや憲法の改正ということはできず、憲法の破壊である。

日本国憲法で、憲法改正の限界とされるものについて、つぎのものが考えられる。

(1)　**国民主権の原理**　憲法前文および憲法第一条より日本国憲法の制定権力が国民に所在することは明らかであ

るので、国民主権を変更することは憲法の同一性を変更することになって改正の限界をこえるものである。

(2) **基本的人権の尊重の原理**　基本的人権の尊重は、国民主権と密接、不可分の関係にあり、また憲法第一一条、第九七条の明文からみても、これに変更をくわえることは憲法の同一性を変ずるもので、改正の限界をなすものである。

(3) **平和主義の改正**　憲法は前文で、全体的に平和主義をうたい、第九条で、具体的にこれをあらわしている。それゆえ平和主義に変更をくわえることは、やはり憲法の同一性を変ずるものであって、改正の限界をこえるものといえる。

(4) **国際法による限界**　憲法改正は、国際法によって限界づけられるかどうかについて問題ではあるが、少くとも憲法優位説をとれば、法的には、国際法的な限界はない。

(5) **憲法改正の手続規定**　憲法第九六条を同第九六条の改正手続で、改正できるかにつき学説の分かれるところであるが、それが憲法改正権の根本的原理の変更とならないかぎり可能であると考える。

第九節　最　高　法　規

日本国憲法において、憲法が最高法規であることは、とくに明文を設けるまでもなく、法理論的に当然のことであるが、それにもかかわらず日本国憲法は、「最高法規」と題して第十章を設け、三ケ条の規定をおいている。これは、形式的には、憲法の最高法規性を宣言的に保障するものであり、実質的には、英米法の「**法の支配**」（Rule of Low）の思想にもとづくものである。

(1)　憲法第九七条は、「この憲法が日本国民に保障する基本的人権は、人類の多年にわたる自由獲得の努力の成果であって、これらの権利は、過去幾多の試錬に堪へ、現在及び将来の国民に対し、侵すことのできない永久の権利として信託されたものである」と規定し、さきに第一一条で宣言した基本的人権の特質を再度宣言しているが、第九七条の規定の意味は、たんに基本的人権の由来を説明し、その特質を再度宣言することだけにあるのではない。

基本的人権の尊重は、人類普遍の原理にもとづくものであって、永久に確保しなければならないものである。日本国憲法は、これを基本原理として保障しているから、人権規定は、実質的な最高法規たる意義をもつ。したがって、実質的に最高法規たる意義をもつ人権規定は、もっとも尊重され、慎重に運用し、憲法改正のばあいには、他の規定とくらべて、もっとも慎重に行なわなければならない。「法の支配」の核心が、人権の保障にあるところからみれば、本条の意義は大きいのである。

(2)　憲法第九八条第一項は、「この憲法は、国の最高法規であって、その条項に反する法律、命令、詔勅及び国務に関するその他の行為の全部又は一部は、その効力を有しない」と規定し、「最高法規」の章のなかで、直接に最高法規性をさだめる。

憲法の最高法規性は、法律、命令、規則などにかぎらず、国家の具体的な意思行為である詔勅、その他の国務行為までおよぶから、憲法にこれらが矛盾するときは、矛盾する限度で無効となる。これは権力作用がすべて憲法という根本法にしたがわなければならないという法優位の思想を表現するものである。

憲法第九八条第一項は、大日本帝国憲法第七六条第一項のように明瞭でないけれど、経過規定的な意義をも有するから、日本国憲法施行の際に存する大日本帝国憲法下の法律、命令などは、憲法の条項に違反しないかぎりその効力を有する。

(3) 憲法第九八条第二項は、「日本国が締結した条約及び確立された国際法規は、これを誠実に遵守することを必要とする」と規定する。

これは、**国際法と国内法との関係つき**、強い一元論の立場にたち、条約の国内法的効力を認めているのである。そこで、憲法と条約との効力関係が問題となる。これについては**条約優位説**と**憲法優位説**との対立がみられるが、

(イ) 現在の国際社会は、たがいに国家主権を認め、尊重しあう体制にあって、条約優位説を根拠づけるほどの国際秩序が実現されていないこと、

(ロ) 条約締結権は、憲法によって認められた憲法上の権能であるから、権能の根拠となる憲法に優先するのは、法理論的に不可能なことであること、

(ハ) 憲法第九八条第二項は、ただたんに条約および国際法規尊重の基本的態度を強調したにすぎないこと、

などの理由から憲法優位説を妥当と考える。

(4)　憲法第九九条は、「天皇又は摂政及び国務大臣、国会議員、裁判官その他の公務員は、この憲法を尊重し、擁護する義務を負ふ」と規定する。これは、国家機関として、国家の作用に関与し、直接または間接に憲法を運用している天皇および公務員に、憲法の尊重、擁護を義務づけ、人の統治でなく法の統治であることを保障しようとするものである。

第二章　民　法

第一節　総　則

第一項　民法の意義および法源

第一　民法の意義

民法は、実質的意義と形式的意義の二様に理解される。実質的意義における民法とは、われわれの日常普通の生活関係を規律する法律(私法)を意味し、形式的意義における民法とは、成文のいわゆる民法典を意味するものである。

一　実質的意義における民法

⑴　**民法は私法である**　こんにちにおいて社会は例外なく国家を形成している。したがって、われわれの社会生活は、国家に対する国民としての生活関係（公務員となり、あるいは選挙権を行使し、または国会議員となって国家の維持（国政）に直接関与し、国民の義務として租税を納め、裁判所に訴え財産や人身の保護をうけるなどの関係）

と、国家とは直接関係のない私人としての生活関係（物を所有し、売買し、質や抵当に入れるというような財産関係や結婚をし、養子縁組をし、あるいは親子の関係を生ずるといった家族関係）とに分けられる。前者は、公的生活関係（公法関係）で、これを規律する法を**公法**といい、後者は、私的生活関係（私法関係）で、これを規律する法を**私法という**（生活関係説）。公法は、国家ないし公共団体の組織・維持や国家ないし公共団体と私人との関係を規律するものであるから命令・強制を指導原理とするのに対し、私法は、私人相互間の関係を規律するものであるから、自由・平等を指導原理とする。しかし近時、資本主義社会における経済的弱者保護または国民経済的統制の必要という社会福祉的・社会政策的考慮から私法関係における個人の自由活動は公法的・権力的に制限されつつある。すなわち第三法たる社会法（労働法や経済法など）の登場がこれである。これは、私法関係へ公法的統制を加えて個人の実質的平等を実現せんとするものである（**私法の公法化現象**）。ともあれ、従来の個人主義的・自由放任的な私法の原理は、これらの事情によって根本的に変更を来しつつあるということを認識すべきである（一条の理念を参照されたい。とくに二一六頁参照）。

(2)　**民法は普通法である**　法は、普通法と特別法に分かたれる。普通法とは、人・地域・事項の全般について一般的に適用される法で、原則法ないし一般法ともいわれ、特別法とは、その一部について適用される法である。民法は、私法の原則的法規範である。これに対し、会社に関してのみ適用される会社法や借地借家関係にのみ適用される借地借家法は民法に対する特別法である。したがって、会社や借地借家関係については、まずこれらの特別法が適用され、これらに規定のないばあいにはじめて民法が適用される（たとえば商法一条二項参照）。すなわち、**「特別法は普通法に優先する」**のである。

(3)　民法は実体法である　法はまた、実体法と手続法に分かたれる。**実体法**とは、権利義務ないし法律関係そのものを規律する法であり、**手続法**とは、権利義務ないし法律関係を実現するための方法・手段を規律する法である。民法は、権利義務の実体をさだめているから実体法に属する。民法に対する手続法の重要なものとして、民事訴訟法・人事訴訟法・家事審判法・非訟事件手続法および不動産登記法などがある。民法の認める権利は、これら手続法の力を借りて、その内容が実現される。すなわち、具体的には訴訟の場をとおして解決され、そこでは実体法は裁判規範たる機能を有する。しかし裁判規範であることと、強行法規であることは別個の問題である。民法の規定は、多くは当事者の意思により、その適用を排除することのできる任意法規であるが（ことに債権法領域）、人の能力や物権の効力あるいは夫婦親子の関係などに関する規定は強行法規である（強行法規と任意法規に関する詳細は二三七頁参照）。

二　形式的意義における民法

形式的意義における民法が、いわゆる民法典を意味することについては前述されたとおりである。民法典は、形式上一定の手続にもとづいて編纂し制定され、民法と命名された成文法である。民法典は、実質的意義における民法の大系であるから、大体においてそれと一致するけれども、一致しないばあいもある。すなわち、民法典のなかには実質的意義の民法でない、刑罰法規や民事訴訟法規などの公法的規定（たとえば、二五・三二・八四・四一四条など）が包含される一方、民法典以外の利息制限法・供託法・借地借家法などの単行法においても実質的意義の民法が規定されている。

第二　民法の法源

法源または法の淵源（Sources）とはなにかという問題は、本質的に法哲学の領域に属する困難な問題の一つで、多くの説が分かれている。すなわちあるいは、裁判規範ないし裁判の基準であるとし（サルモンド Salmond, ロッス Ross）、あるいは、法を認識する手段だとし（エッサーEsser）、あるいは、法の成立形式であるという（ウィンドシャイド Windscheid）。しかし、わが国の通説は法の認識手段あるいは存在形式というふうに把握している。これによれば、民法の法源は、民法の存在する形式あるいは民法の内容を認識する材料ということになり、具体的には成文法としての民法典・特別民事法規（特別法）と不文法としての慣習法・判例などが法源となる。

一　民法典

民法典という大法典は、わが民法においてもっとも重要な法源であるが、これを機会にその**構成**や**沿革**について少しくのべてみよう。

(1)　**民法典の構成**　いわゆる旧民法（明治二三年制定）の体系は、フランス民法も採るローマ式（人事編・物件編などに編別）の**インスチツォーネス**（Institutiones）・**システム**であったが、現行民法のいわゆる明治民法（明治三一年制定）は、ドイツ式の**パンデクテン**（Pandekten）・**システム**を採用した。すなわち、わが民法典は、第一編総則、第二編物権、第三編債権、第四編親族および第五編相続の全五編から成っているのである。このうち、第二編および第三編は財産関係について規定し（財産法）、第四編および五編は家族関係について規定している（家族法）。冒頭に位置される第一編は、民法全体にわたる通則を掲げるものである。したがって、各編に共通な原則であるはずだが、第一編は主として財産法を念頭において規定されたとおもわれ、また財産法と家族法とはその理念において異なるところがあるから、第一編の総則規定は第四編親族第五編相続の家族法領域にそのまま適用されないばあいが多い（三〇三頁参照）。

(2) **明治維新以前**　明治維新以前でも、すでに支那の法律制度を範とした**大宝令**（文武天皇大宝二年）、**養老令**（元正天皇養老二年）などの成文法が存在し、そこでは土地制度や担保制度が認められ、また親族・相続関係や動産・債権についてまで規定がなされていたといわれる。前二者が、わが国最古の成文法として注目されるならば、同じく成文法たる**貞永式目**（北条泰時制定・五一箇条より成る）、**徳川百箇条**はその内容において有名である。しかし、これらの大部分は禁令（刑事法規）であって民事法規は僅かしか含まれておらず、私人間の生活は親族・相続関係のみならず財産関係ももっぱら地方の慣習に従って行なわれていた。ともあれ、明治以前のこれら慣習ないし慣習法は、以後の制定法に適宜採り入れられたのであるが、現行の民法を解釈するうえにおいても資するところ多く（こんにち、なお紛争の絶えない入会を考えよ）、またこんにち実質的民法を正確に把握するについても忘れ去ってはならないものである。

(3) **民法典の編纂事情とその制定**　近代国家の形態を備えるにいたった明治維新政府が、封建体制から脱皮し、自由平等民権思想を容れて新しい資本制社会を建設しようとするかぎり、統一民法典の制定は必至であった。そこで政府は、明治三年（一八七〇年）太政官に制度取調局を設け、江藤新平を長官とする法典編纂局を置き、フランス民法典を翻訳させこれに多少の修正を加えて日本の民法典としようとした。これは、形だけでも近代的法治国としての仲間入りをしようという応急的処置であった。**箕作麟祥**に、「誤訳も亦妨げず唯速訳せよ」と命じたことなどを想起すれば、そこに民法典はないよりはある方がいいという安易な気持を窺い知ることができよう。その後明治十二年には、司法省顧問のフランス人学者**ボアソナード**（Gustave Boissonade）をして民法を起草せしめることになる。この編纂事業もなかなか進まなかったが、やがて国民の間にかの不平等条約を改正せよとの要望が盛んになり、対等条約への改正（治外法権の撤廃）は民法典の制定を前提条件としたので編纂事業は急がれることになった。そこで、ボアソナードをして民法の大部分を起草させ、とにもかくにも民法全体を完成し、明治二十三年（一八九〇年）これを公布、同二十六年から実施される運びになったのである。これが、いわゆる**旧民法**である。ところがこの旧民法はフランス民法を模範としたところが多く、また主としてボアソナードによって起草されたので（親族・相続の部分はわが国の委員が起草したが、これとて相当にボアソナードが関与したといわれる）、わが国の慣習を無視し国情に副わないとの反対論がおもにイギリス法系および保守派の学者たちからおこり、民法典施行の無期延期が主張された。これに対し、わが国の近代化のためにはこの程度の進歩性は必要であると主張するフランス法系ないし自然法学派の断行論との間に大論争が生じた。これが世にいういわゆる**法典争議**である。この争議は、結局、延期派の勝利に帰し、旧民法はついに施行されることなく終わった。そこで今度は両派一致して民法修正の大事業にあたることになり、明治二十六年（一八九三年）に伊藤博文を総裁に置き、西園寺公望を副総裁とし、**穂積陳重**・**富井政章**・**梅謙次郎**を起草委員とする**法典調**

査会を成立せしめた。これら起草委員は、こんどはドイツ民法草案をも参酌し（形式はドイツ式）、前三編は明治二十八年、後二編は同三十年草案を完成、さほどの修正もなく議会を通過、おのおの二十九年、三十一年に公布され、ともに三十一年から施行された。これがいわゆる**明治民法**で、現行民法典である。

(4) **民法典の改正**　わが民法典も施行されて以来すでに七十年をへた。その間のわが国の社会的経済的な事情はいわゆる二十世紀的回転を遂げ、この新事情に順応するため多くの修正が必要とされた。しかし、民法典の修正は多く特別法によってなされ、民法典そのものの改正は比較的少ない。そのなかで特筆されるべきは、**戦後の日本国憲法制定に伴う親族・相続両編の全面的改正**である。いわゆる新憲法により、「個人の尊厳と両性の本質的平等」の原理が宣言されたので（憲法二四条）、親族相続法における戸主制度家族制度はこれと真正面から抵触することになり、その全面的改正は必至となった。そこで、**我妻栄・中川善之助・奥野健一**の諸氏を起草委員として改正案が準備されることになる。そして、これらの制度は、憲法施行と同時に失効することになったので、ひとまず「日本国憲法の施行に伴う民法の応急的措置に関する法律」（昭和二二年四月・法七四号）によって憲法の施行（昭和二二年五月三日より施行）に備え、ついで親族編・相続編を戸籍法とともに全面的に改正する法律が制定された（昭和二三年一月一日施行）。なお同時に、親族・相続両編のほか、民法の冒頭に、民法全体を貫く新理念として、公共の福祉と信義誠実の原則および個人の尊厳と男女の本質的平等の大原則が宣言され、また総則編の妻の無能力に関する規定は削除され、さらに前三編中のこれに関連ある規定にも修正が加えられた。このように、全面的に改新せられた昭和二十二年の改正民法を、いわゆる**新法**といい、改正以前の民法をいわゆる**旧法**という。

新法は、法律文化史からみても進歩的なものではあるが、なにぶん早急に制定されたので、以後法制審議会において改めて**審議**することになり（その成果である昭和三十七年の民法典の一部改正（法四〇号）は記憶に新しい）、加えて**財産法における不備な点も検討され、いまや民法全般に対する再改正が準備されつつある**（刑法など他の法典についても同様のことがいえる）。

二　特別民事法規と特別法

民法典を補完するための法律があり、これらの法律を特別民事法規という。民法典と特別民事法規を併せて実質的意義の民法という。特別民事法規の主要なものとして、①民法典を補充する、「建物の区分所有等に関する法律」・「仮登記担保契約に関する法律」・「工場抵当法」・「立木ニ関スル法律」、②民法典を修正する、「失火ノ責任ニ関スル法律」・「年齢ノ計算ニ関スル法律」・「動産及び債権の譲渡の対抗要件に関する民法の特例等に関する法律」・「電子消費者契約及び電子承諾通知に関する民法の特例に関する法律」、③民法典の手続に関する、「戸籍法」・「不動産登記法」・「供託法」・「遺失物法」などがある。

また、社会的弱者の保護などの観点から、民法典をそのまま適用することが公平に反する場合がある。それを修正するために民法典に優先して適用される法律が制定されている。特別法といい、その主要なものとしては、「消費者契約法」・「利息制限法」・「借地借家法」・「会社法」・「商法」・「製造物責任法」などがある（二一〇頁参照）。

三　慣習法

慣習法とは、ある事柄が社会の慣習としてくりかえされるため、国民がその慣習を守ることを法的義務として認識するにいたったものをいう（なお、二三七頁参照）。民事に関する慣習法（**民事慣習法**）は、不文の法として民法の法源となる（法例二条）。民法はみずから一定の事項を慣習にゆだねているばあいがあるが（二一七・二一九・二二八・二三六・二六三・二六八・二六九・二七七・二七八・二九四条など）、これらの規定のないものにも一定の慣習が生じ、慣習法となりうることも当然ありうる（樹木の取引における明認方法や流水利用権などを考えよ）。

法例第二条は、「公ノ秩序又ハ善良ノ風俗ニ反セサル慣習ハ法令ノ規定ニ依リテ認メタルモノ及ヒ法令ニ規定ナキ事項ニ関スルモノニ限リ法律ト同一ノ効力ヲ有ス」と規定し、あくまでも**成文法主義**を貫き、慣習法には補充的効力しか認めていない。しかし慣習法が、ときとして成文法より重要な社会的機能をもつことを考えれば、民事慣習法に成文民法と同等の効力を与えるのが望ましいものとおもう。したがって、「**後法は前法を改廃す**」という原則によって、のちに成立した慣習法は成文法を改廃しうると考える。

四　判例

英米のような**不文法主義**の国では、判例は当然法源となる。すなわち、これらの国は判例の集積である普通法（Common Law）と衡平法（Equity）が基本となるのである。そのうえ数多くの単行法が制定され、しかも制定法が最先順位で適用されることになってはいるが、実質的には判例がもっとも重要な法源であることにかわりはない。

これに対してわが国は、欧州大陸諸国と同じく成文法主義を採っているので、裁判所は成文法たる民法を適用すべきで判例はその際民法の解釈を判示するものにすぎず、また他の事件は前の判例に法的に拘束されない（裁判所法四条の反対解釈）ことなどから**判例の法源性**が問題となる。しかし、裁判所が類似の事件にたびたび同趣旨の判決を行なえば、そこに一種の慣習法（**判例慣習法**）が生まれ、そのかぎりで民法に関する判例（判例民法）じしんも民法の法源となるものと考える。譲渡担保やいわゆる内縁関係（三〇九頁参照）に関する判例法はこの適例である。

五　条理

条理とは、われわれの法意識に依拠するところの物事のすじみちないし合理性をいう。民事の裁判においては裁判の拒否ということは認められない。したがって、成文法や慣習法などがないばあいでも裁判官はなにものかをよりどころとして裁判をしなければならない。このような裁判のとき最後のよりどころとなるのが条理である。すなわち、裁判官は自分が立法者ならば法規として規定したであろうところに従って裁判するのである（スイス民法一条参照）。そこでこのような条理が民法の法源となりうるか否か、すなわち**条理の法源性**が問題となる。なるほど条理は他の法律とはその存在形式という点で異なるところがあるが、条理に法と同等な効力を認めないで、条理が裁判の準拠となることを（後者について争はない）肯定するかぎり、それを法源というかいわないかはもはやことばの問題に帰着する。そこで明治八年太政官布告第一〇三号裁判事務心得第三条が「民事ノ裁判ニ成文ノ法律ナキモノハ習慣ニ依リ、習慣ナキモノハ条理ヲ推考シテ裁判スベシ」と規定していることをも論拠として、条理に法源性を認めてよいと考える。しかし条理は、成文法も慣習法も判例もないばあいの**補充的・最後的法源**である。

六　学説・条約・労働協約

学説が法源たりうるか否かは、法源の意味をいかに捉えるかによって異なる。法源を前述のように考えるならば、学説は、成文法の意味や判例・慣習法の内容を明らかにし、また立法やその改正を促進し、判例を変更させるなどの作用を有するが、裁判の規準としての拘束力はもたないので、本来の意味の法源とは認められないと考える。これに反して条約は公布されれば国内法的にも効力を生じ（一元論 diemonistische Theorie）（第一章憲法二〇三頁参照）、組合代表と企業家との間に締結される労働協約もこれと同様に一定の者に法規範として効力をもつので（労働組合法一七・一八条参照）、そのかぎりではいずれも成文法として法源となりうると考える。

第二項　民法の基本原理

第一　民法における個人主義的原理

わが民法典はパンデクテン・システムを採り、形式的にはドイツ民法第一草案に酷似しているが、基本的な原理的構造は旧民法したがってまたフランス民法典（一八〇四年）と系譜的な関連をもち、その精神はこれらの民法と同一基調に立っている。すなわち、近代諸国の民法典がそうであったように、十八・九世紀に全盛をきわめた**個人主義・自由主義思想**に立脚し、**私権の絶対性**を指導原理としている。それゆえ、人々は自由平等でなければならないという自由主義的理念から、人は生れながらにして平等であるという**人格平等の原則**が唱えられ（憲法一四条、民法一条ノ二・一条ノ三参照）、これよりつぎのような具体的三原則が定立される。

(1) **私有財産尊重の原則**　資本主義容認のもとに、各個人の財産権は絶対不可侵のものであるという原則で、**所有権不可侵の原則**ともいわれる（憲法二九条、民法二〇六条参照）。これはまた、相続制度認容の論拠ともなる（八八二条以下参照）。

(2) **私的自治の原則**　個人が権利義務を取得するには、原則として個人の意思にもとづかねばならず、また個人意思の行動は原則として自由であるという原則（**意思の支配・自由の支配**）。私的自治は、普通法律行為とくに契約によって行なわれるので、**法律行為または契約自由の原則**とも呼ばれている（二三四・二七一・二九〇・二九二・二九三頁参照）。なお、この原則は、財産処分自由の原則や遺言自由の原則（三二八頁参照）をも包含する。

(3) **自己責任の原則**　個人は自己の故意または過失にもとづく加害行為についてのみ損害賠償の責任を負う、という原則である。**過失責任の原則**ともいわれ、不法行為法上の原則である（七〇九条参照）。詳細は二九三頁を参照されたい。

第二　個人主義的原理の修正

十九世紀の国家は、個人主義・自由主義思想により、たんに社会の安全を保持する夜警的役割をすればよく（ラッサアルのいわゆる夜警国家観を想起せよ）、進んで社会に関与することはかえって害悪とされた。しかし資本主義の発展は経済的不平等を生み、社会にいろいろの弊害をもたらしはじめ、やがては経済的自律機構は破綻し、自由放任主義は座礁の余儀なきにいたった。そこで個人の自由・平等を実質的に保障するために、こんどは、国家の社会への積極的関与が要請されるようになったのである（普遍主義社会福祉国家観の台頭）。

このような社会的・思想的推移は当然に法律文化にも影響を与えた。すなわち、私権の絶対性・契約の自由などを理念とする十九世紀的古典的指導原理は、二十世紀的文化主義の立場から修正されることになった（しかし、個人主義・自由主義体制が社会経済の急速な発展をもたらしたと同様に、当時の法律文化が封建制を打破し個人の尊厳を獲得したことはいまなお忘れてはならない）。とはいっても、それらの基本原理を根本的に変革するというのではなく、私権の社会性・公共性という立場から、従来の原則を修正・補充するものである（古典的原理と修正原理の調和）。わが昭和二十二年改正民法の新原理も、その具体的展開であった。

第三　新法の指導原理

個人主義思想を基調とする法律思想が反省され、社会尊重の思想を基調とする法律思想が次第に勢力を増すにいたって、前述の人格平等の原則を基礎とする三大原則は、これを修正しなければならなくなった。わが民法における、**公共福祉の原則**、**公序良俗の原則**（私法関係は、公の秩序または善良の風俗に反してはならないという原則）（九〇・九一・一三二条および後述二三八頁参照）、**取引安全の原則**（個人の利益を尊重しすぎて、これと取引をする者に不測の損害を蒙らしめないよう、一般取引の安全のために個人の利益を制限する原則）（一〇九ないし一一二・一九二・四七八条などおよび後述二五〇・二七八頁参照）および**無過失責任の理論**（他人に損害を与えた者は、過失がなくても賠償の責任を負わねばならないという理論）（七一七・七一四・七一五・一一七・四一九条二項などおよび後述二九四頁参照）などもこれに応ずるものであった。昭和二十二年の改正民法は、第一条および第二条につぎの四原則を明定する。

一　公共福祉の原則

私権は公共の福祉に遵うという原則である（一条一項）。すなわち、私権の内容・行使は、社会共同の利益と調和する範囲においてのみ是認されるべきだ、というもので（したがって、これに反する法律行為は無効である）、私権はもっぱら権利者の個人的利益にのみあるのだ、とする私権絶対の思想を修正するものである。公共福祉の原則は、直接には日本国憲法第二九条第二項をうけて新設されたものであり、歴史的には自由放任主義ないし私的自治の原理の発展として捉えられるべきものであるから、同様の表現形式を採る社会主義国家の法律とはその内容を異にする。

二　信義誠実の原則

権利の行使および義務の履行は信義に従い誠実に為さなければならないという原則である（一条二項）。たんに**信義則**とも呼ばれる。信義誠実（Treu und Glauben）とは、相手の信頼を裏切らないよう誠意をもって行動することである。この原則は、すでにローマ法のいわゆる善意訴訟（actiones bonae fidei）においてみられ、フランス民法（一一三四条三項・一一三五条）やドイツ民法（一五七・二四二条）では、債権法を支配すべき大原則とされた。つづいてスイス民法（二条一項）は、たんに債権債務関係にかぎることなく、一切の権利・義務関係について認められる原則とした。わが民法には、従来直接の規定はなかったが、大体大正時代から学説判例によって認められていた。新法は民法典の冒頭にこの原則を掲げ、民法全般を通ずるところの一般的な指導原理であることを明らかにしている。

三　権利濫用禁止の原則

(1) 権利濫用禁止の意義とその内容

権利の濫用は許されないという原則である（一条三項）。権利の濫用（Rechtsmissbrauch）とは、権利者の権利行使が社会性に反するばあいである。かようなばあいには、いかに外形上権利の行使のようにみえても、法律上は権利の行使としては認められない。すなわち権利の行使としての法律効果は生じないのである。したがって、あるいはその権利にもとづく請求権は否定され、あるいは違法な行為として損害賠償責任を生ぜしめる。

こんにちにおいて権利は、権利者本人の利益保護のみならず、社会全体の向上発展のためにも認められるのだから、権利の行使も、権利者本人の利益と社会全体の利益との調和において是認されるべきで、「自己の権利を行使する者は何人に対しても不法を行なうものではない」（Qui iure suo utitur, nemini facit iniuriam）という私権絶対下の原則はもはや本来の意味では適用されない（権利濫用は、これらの原則の修正原理（発展した形での）である）。

ドイツ民法は、濫用の要件として、すでにローマ法において認められていた、いわゆる**シカーネChicane禁止の理論**を採り、他人に損害を加えることを目的とするという主観的標準を掲げるが（ドイツ民法二二六条）、スイス民法はこれを除外している（スイス民法二条二項）。わが民法では、昭和二十二年の改正によって権利濫用禁止を規定する以前にこの原則は学説・判例によって認められ、そこでは私権の絶対性強調のもとに、やや主観的標準に重点がおかれた。これは私権変容の過渡期においてやむをえないことではあったが、私権絶対の原則の修正原理として登場した新法の権利濫用禁止では主観的要件は除かれるべきである。すなわち、濫用であるか否かは、他人との関係において具体的かつ客観的に判断されなければならない。このばあい、公序良俗違反や社会観念とともに加害意思ないし加害目的を濫用のメルクマールとすることはもちろん許される。

(2)　公共の福祉と信義則および権利濫用との関係　多くの学説は、第一項を権利の社会性の原理を宣言したものと解し、第二項と第三項はその具体的な適用であるとしている。これに対し、これら抽象的な規定はともすれば場あたりに恣意的な解釈がなされ、私法秩序をみだすおそれがあることから、最近右の三原則を理論的に区別し、これに客観的な正しい基準を与えようとする努力がなされつつある。たとえば、第一項は、もっぱら私権と社会一般の利益（公共の福祉）との調節を目的とし、第二項は、賃貸借・労働契約その他の契約当事者や夫婦・親子などのように、特別の権利義務によって結ばれている者の間の利害の調節を目的とし、第三項は、特殊の権利義務で結ばれていない私人間の利害の調節を目的とするという主張などがこれである。

(3)　信義則と権利濫用との関係　ここでは、この両原則はあいおおうのか、すなわち信義則違反が権利濫用となるのか、あるいは(1)でのべたような立場から別個独立の法的妥当領域をもつのか、もしそうだとすればおのおの適用領域はいかなる法律関係においてであるかが問題となる。これについてはいろいろの学説があるが、その適用領域を厳密に区別し他はあいいれないとする学説が疑問であるように、両原則の限界を画しようとする努力は実益に乏しいという学説もまた問題である。けだし、この両原則がそれぞれ固有の適用領域をもつことを否定できないと同様に、重複的な適用領域をもつこともまた否定できないであろうし、このばあいそれぞれの妥当領域を検討しておくことは一層理論を精緻にし、そして、抽象かつ不明確なこの原則規定に具体的な解釈基準を与え、これによって、さきにのべた恣意的に解釈されるという懸念を少しでも解消するに役立つとおもうからである。

四 個人尊重の原則

(1) 個人尊重の意義とその内容 個人尊重の原則は、日本国憲法第一三条、第一四条および第二四条の規定を受けて、改正法によって新設されたものである。すなわち、新法は第二条に、民法は「個人の尊厳と両性の本質的平等」を旨として解釈すべきものとさだめた。個人の尊厳とは、要するに、「すべて国民は、個人として尊重される」（憲法一三条）ということで、民法的にいえば、各人は権利の主体として独自の存在が認められ、他人の意思によって支配されるべきではない、ということである。これはまた、男女の間には価値的差別をつけてはならない、という両性の本質的平等の原則を包含するものである。個人尊重の原則はその性質からして、とくに親族相続法の分野で問題となることが多い。すなわち、家族制度を骨子とした旧法は、この原則とあいいれないことになったので（戸主と家族に関する旧法七三二ないし七六四条や家督相続に関する旧法九六四ないし九九一条など）、新法によって改められるにいたったが、その新法の解釈にあたってもなお保守的な思想に注意が払われなければならない。最後に、本条は解釈の標準をさだめたものとされているが自由主義的な理念をもつ民法全体の指導原理でもあることを忘れてはならない。

(2) 第一条と第二条との関係 すでにたびたびのべたように、第一条は私権の社会性を強調するものであるが、

第二条は自由主義的・個人主義的原理を宣言するものである。これははたして矛盾・対立するものであろうか。こんにちの市民法には、個人主義法理のゆき過ぎた面といまだ充分に徹底しない面（家族関係はもちろん財産関係においても）とがある。新法はこのゆき過ぎた面の制約原理として「公共の福祉」を謳い、徹底されていない面を念頭において「個人の尊重」を措定した。しかしいずれも私権の実質的保護という点で同一目的に立っているのであるから、けっして二律背反的原理でなく、両原則は充分調和させて解釈しなければならない。

第三項　権利の主体

第一　自然人

一　権利能力

権利能力（Rechtsfähigkeit）とは、権利の享有者となりうる法律上の資格をいい、権利を享有できる者のことを、権利の主体という。いいかえれば、権利の主体となることのできる地位または資格が権利能力（または人格）である。ローマ法の下では、権利の主体となりうる者は人間（自然人）にかぎられていたが、近代法においてはそれにかぎらない。わが民法上、権利の主体たりうる者は自然人と法人である。

すべての自然人は、出生によって権利能力を取得する（**権利能力の始期**）（三条）。自然人は、出生と同時に、当然私法上の権利能力を取得し、性・年齢・階級・身分・信教などによって民法上なんらの差別をうけない（**人格平

等の原則）（憲法一四・二四条参照）。

胎児は、原則として権利能力を有しない。しかし、民法は胎児の利益を保護するため、損害賠償請求（七二一条）・相続（八八六条）および遺贈（九六五条）について、すでに生まれたものとみなすと規定して、このばあいについては個別的・例外的に権利能力を認めた。

外国人（日本の国籍をもたないもの）は、法令または条約に禁止があるばあいのほかは、日本人と同様に権利能力を有する（**内外人平等の原則**）（三条二項）。

自然人の権利能力は、死亡によって消滅する（**権利能力の終期**）。死亡以外に権利能力の消滅原因はない。不在者の生死不明のときなされる**失踪宣告**は（三〇条）、一定範囲において死亡者としてとり扱われるだけで、その者の権利能力を消滅させる**のではない**。

二　行為能力

(1)　行為能力の意義　行為能力とは、人が単独で完全に有効な法律行為をなしうる能力をいう。人がすべて生まれながらに権利能力を有していることは、さきにのべたとおりであるが、これらすべての人が行為能力を有するわけではない。行為能力は、意思能力を前提とする。**意思能力**とは、行為の結果を合理的に判断しうる精神的能力をいい、幼児・強度の精神病者・泥酔者などには意思能力がない。ドイツ民法やスイス民法と異なり、わが民法には規定はないが、私法的自治（意思自治）の原則から、意思能力のない者のした法律行為は無効であると解されている。

したがって、意思能力がない者には行為能力はないが、また意思能力があれば、かならず行為能力があるというのでもない（制限能力者制度参照）。

行為能力を欠いたばあいの法律行為は、意思能力を欠いたばあいが無効であるのと異なり、一応有効に成立する。なお、不法行為の責任を負わせるために必要な意思能力をとくに**責任能力**という（七一二・七一三条参照）。

三　制限能力者制度

意思能力のない者の行為は法律効果を生じない。したがって、意思無能力者が行為の無効を主張するためには、その行為のときに意思能力のなかったことを証明すればよいわけである。しかしその立証はかならずしも容易ではない。ここにおいて、民法は、未成年者、成年被後見人、被保佐人、同意権付与の審判を受けた被補助人を制限能力者とし、それらのなした法律行為は、取消しうるものとして、これを保護した。

(1)　**未成年者**　年齢二〇歳をもって成年とされる（四条）。年齢は暦に従って出生の日から計算される。未成年者は制限行為能力者であり、有効に法律行為を行うためには、法定代理人の同意を得なければならない。法定代理人は第一に親権者である父母であり（八二四条）、父母の死亡や財産管理権の喪失などにより親権を行使することができないときには、未成年後見人が法定代理人となる（八三九条、八四〇条）。法定代理人の同意のない法律行為は取り消すことができる（五条二項）。ただし、未成年者が単に権利を取得する又は義務を免れる法律行為についてはその同意は必要がない（同条一項ただし書）。同様に、法定代理人が処分を許した財産についても、目的を定めたときには目的の範囲内で、未成年者は自由にそれを処分することができる（同条三項）。

ただし、未成年者でも、法定代理人に営業を許されたときにはその営業に関しては成年と同一の行為能力を有するものとされ（六条）、また婚姻をしたときには成年に達したものとみなされる（七五三条）。

(2) 成年後見制度　平成一一年一二月一日、「民法の一部を改正する法律（平成一一年法律第一四九号）」「任意後見契約に関する法律（平成一一年法律第一五〇号）」、「後見登記などに関する法律（平成一一年法律第一五二号）」、「民法の一部を改正する法律の施行に伴う関係法律の整備等に関する法律（平成一一年法律第一五一号）」が成立し、同月八日に公布された。民法の一部改正法の公正証書遺言などの方式の改正に関する部分を除き、平成一二年四月一日から施行される。新しい成年後見制度は、法定後見制度のほかに、本人が契約によって後見人をあらかじめ決めておく、任意後見制度が導入される。以下に、新しい成年後見制度について、説明をすることとする。

A　成年後見制度創設の経緯

(1) 禁治産・準禁治産制度の問題点

従来の禁治産・準禁治産制度（無能力者制度）は、意思能力のない者・不十分な者が単独でなした行為を取り消すことができるものとして、これらの者を一律に保護する制度である。無能力者制度は、一定の者を画一的に無能力者とすることによって、これらと取引をする相手方を警戒させ、もって不測の損害を防止する作用を持っている。

しかし、本人の保護と取引の安全を旨とし、禁治産者・準禁治産者のなした法律行為の効果を全部あるいは一定範囲に限って制限する行為無能力者制度は、現在、利用されることがなく、ほとんど機能していないといわれている。

その理由としては、宣告があれば戸籍に記載されることが、世間体が悪いなどと受け止められ、社会からの差別の原因となっているとされていること、禁治産者については全面的に後見人に代理権が与えられるため、後見人の権限濫用のおそれがあること、精神科医の鑑定に、通常三ヵ月以上の時間と数十万円の費用がかかること、「禁治産」という言葉自体に心理的抵抗が強いこと、本人の行為能力が極端に制限されること、後見人・保佐人の選任が硬直的で本人のさまざまな希望に対処できないなどがあげられている。その結果、利用しやすい制度の創設が目されたといえる。

このような状況を背景として、自己決定の尊重、本人の残存能力の活用、ノーマライゼーションの理念（障害のある者も健常者と同様、地域で通常の社会生活が送れるよう支援しようという考え方）と、本人保護の理念との調和を旨とし、各人の多様な判断能力、および保護の必要性の程度に応じて、基本的には民法の改正により、成年後見制度を創設することが決定されたのである。

(2)　現行の後見・保佐制度の問題点

現行の後見・保佐制度についても、①夫婦の一方が認知症高齢者である場合、配偶者も相当高齢に達している場合が多く、必ずしも配偶者が十分に後見人・保佐人の役割を果たすことができないこと、②複数の後見人・保佐人を選任することができないこと、③禁治産者の後見人の職務内容が療養看護に限定されていることなどの問題点があり、後見・保佐制度の改正が求められている。

(3) 高齢者保護の必要性

成年後見制度が導入されたもう一つの理由としては、高齢者の財産管理の必要性があげられる。

近年、わが国においては、高齢化が急速に進行し、「人口推計」でみると、一九七六万人（平成九年一〇月一日現在）となっており、総人口（一億二六一七万人）に占める割合（高齢化率）は一五・七％となっている。一年前の平成八年一〇月一日現在の同調査と比較すると七四万人の増、高齢化率〇・六ポイントの上昇となっている。

それに伴い、高齢者の財産をめぐる親族間の利害対立・紛争、有資産の高齢者などを狙った、悪質商法が増加している。高齢者の場合には、心身の活動機能・防衛能力が低下してくるため、「寂しさから優しい言葉にほだされたり、不安の中で困惑して思わぬ意思決定を余儀なくされる」ことが多い。したがって、有資産の高齢者の財産管理について、また、高齢者の身上監護をどのように行うべきかについて、解決することが急務である。しかし、高齢者が抱えている問題を、高齢者であるという理由だけで一律に解決しようとすれば、かえって、高齢者の「個体差」を無視することとなってしまい、その意味においても、高齢者個々人の能力に応じた保護制度を設ける必要性が求められている。

(4) 諸外国の成年後見制度

諸外国においても、ノーマライゼーションの思想のもと、一九六〇年代から、次々と従来の制度が改正されてきた。

フランスにおいては、精神的能力が疾病、病弱または年齢による衰弱によって減退しているとき、肉体的能力の減退が意思の表現を妨げる場合には、後見あるいは保佐に付されるとしている(フランス民法四九〇条・四九二条・五〇八条)。

イギリスにおいては、一九八五年継続的代理権法において、設定者の設定後の意思能力の喪失にも関わらず継続する代理権を設定することを可能にし、アメリカにおいても、統一継続的代理権法(一九七九年法)において、継続的代理権を認めている。

オーストラリアでは、一九八三年代弁人法が制定され、代弁人は、本人の障害の程度と処理されるべき事務の性質と範囲に応じて事務を行うものとされ、ドイツにおいても、世話法において、世話人は被世話人の福祉に適するように、被世話人の事務を行わなければならないとされている。

いずれの国も、本人の自己決定権を尊重し、本人の能力に応じて、柔軟な制度を設けることを目標としている。

B　無能力者の種類

従来の、無能力者制度(禁治産・準禁治産の制度)は、単独で完全に有効な法律行為をなしうる能力を有しない者を行為無能力者とし、未成年者・禁治産者・準禁治産者を行為無能力者として、これらの者が不測の損害を被ることのないよう、親権者、後見人、保佐人という保護者を付け、一定の法律行為に付いては、単独で行うことを制限したのである。

成年後見制度（後見・保佐・補助の制度）は、判断能力の不十分な成年者（認知症高齢者・知的障害者・精神障害者など）を被補助人・被保佐人・成年被後見人（制限能力者）とし、それらの者の自己決定を尊重するとともに、ノーマライゼーションと本人保護の理念との調和を旨として、補助人・保佐人・成年後見人という保護者を付する。補助人には、本人の申立てまたは同意を要件とし、特定の法律行為についてのみ補助人に代理権または同意権（取消権）を与え、保佐人には、重要な行為に付いては代理権・取消権を与え、さらに、当事者が申立てにより選択した特定の法律行為について代理権を与え、成年後見人には、日常生活に関する行為を除く、法律に関するすべての行為について代理権を与えることとしたのである。

C　法定後見制度

(1)　被補助人

(イ)　意義　被補助人は、「精神上の障害に因り事理を弁識する能力が不十分なる者」（実質的要件）で、家庭裁判所によって、「補助開始の審判」（形式的要件）を受けた者とされる。心身耗弱には至らないがなお判断能力が不十分であるために保護を必要とする者（軽度の認知症・知的障害・精神障害の状態にある者）を対象に新設される。補助開始の審判は、本人、配偶者、四親等内の親族、後見人、後見監督人、保佐人、保佐監督人または検察官の請求により、開始する（一五条一項）。

請求権者として、新たに、市町村長が加えられており、精神障害者につき、その福祉をはかるためとくに必要があると認めるときは、審判の請求をすることができるとする（精神保健及び精神障害者福祉に関する法律五一条の一一の二、老人福祉三二条、知的障害者福祉二七条の三）。

ここで、補助の対象者に、身体障害者が含まれなかったことに注意しなければならない。判断能力に問題がないのに、重度の身体障害で、意思疎通が困難であるという理由のみで補助開始決定がされるとすれば、それは、本人が、いわれなき偏見・差別を受けることとなるのではないかという、福祉団体などの反対意見があったからである。

補助開始の審判に当たっては、「医師の診断等を徴しなければならない」として、原則として鑑定を要しない（家審規三〇条の八）。

「精神上の障害に因り事理を弁識する能力」が回復した場合には、家庭裁判所は、一四条一項に掲げる請求権者の請求により、補助開始の審判を取り消さなければならない（一八条一項）。取消の対象は、審判を受けた行為の一部であっても全部であってもよい（一八条二項）。さらに、すべての代理権・同意権の付与の審判を取り消す場合には、「職権で」補助開始の審判を取り消さなければならない（一八条三項）。

(ロ)　行為能力　補助の内容は、家庭裁判所で、申立権者が選択する、特定の法律行為とされており、家庭裁判所は、補助開始の審判と同時に、補助人に、同意権・取消権または代理権（いずれか一方または双方）付与の審判をしなければならない（一七条一項・八七六条の九）。

「特定の法律行為」は、一三条一項に列挙された行為に限られず、それ以外の法律行為を対象とする。申立てはもとより、制度上は、その範囲を超えた複数の法律行為を対象とする申立てをすることも可能であると考えられる。

なお、本人の自己決定権を最大限尊重するために、本人以外の者の請求により補助開始の審判をするには、本人に対する援助の必要性の程度を考慮して、本人の同意を必要とし（一五条二項）、同意権・取消権または代理権付与にあたっても、本人の同意を要するとしている（一七条二項・八七六条の九・八七六条の四第二項）。これは、本人の能力に個人差があることを考慮してのことである。保佐人に同意権または取消権の一方だけを付与することはできない（一二〇条一項）。

また、被補助人が同意を求めているにもかかわらず、補助人が同意を与えない場合には、被補助人は、家庭裁判所に対し同意に代わる許可を請求することができる（一七条三項）。許可を受けた行為は完全に有効な行為となる（一七条四項）。被補助人の利益が害されるおそれがないにもかかわらず補助人が同意しないとすれば、被補助人の自己決定を阻害することとなってしまうからである。補助人の同意を得なければならない行為を、同意またはこれに代わる審判を得ないで行った場合には、被補助人、補助人が、取り消すことができる（一七条四項・一二〇条一項）。

(ハ) 保護者

(a) 補助人の意義　被補助人の保護者は補助人である（一六条）。補助は、補助開始の審判によって開始する（八七六条の六）。

(b) 補助人　家庭裁判所は、補助開始の審判とともに、職権で、補助人を選任する（八七六条の七第一項）。原則として鑑定を不要とし、医師の診断書等の資料で判断される（家審規三〇条の八）。補助人またはその代表する者と被補助人との利益が相反する場合には、補助人は、臨時補助人の選任を家庭裁判所に請求しなければならない（八七六条の七第三項）。ただし、家庭裁判所が、被補助人、その親族もしくは補助人の請求によって、または、職権で、補助監督人を選任している場合には（八七六条の八第一項）臨時補助人の選任を家庭裁判所に請求する必要はない。

(c)　補助人の職務　家庭裁判所は、一五条一項本文に掲げる者または補助人もしくは補助監督人の請求によって、被補助人のために特定の法律行為について補助人に代理権を付与する旨の審判をすることができる（八七六条の九第一項）。補助人に、代理権・同意権の一方または双方を付与するか否かについては、本人の決定にまかされている。代理権付与の対象となる法律行為としては、預貯金の管理・払戻し、不動産その他重要な財産の処分、遺産分割、賃貸借契約の締結・解除等の財産管理に関する法律行為、および介護契約、施設入所契約、医療契約の締結等の身上監護に関する法律行為がある。

(2)　被保佐人

(イ)　意義　現行の準禁治産制度に相当する類型であり、被保佐人とは、「精神上の障害に因り事理を弁識する能力が著しく不十分なる者」（実質的要件）で、家庭裁判所により保佐開始の審判を受けた者（形式的要件）をいう。精神上の障害により事理を弁識する能力が著しく不十分なる者とは、心身耗弱者（浪費者を除く）を対象とし、従来、保佐の対象であった浪費者は、判断能力のある者の金銭消費についてまで裁判所が介入することは適当でないなどの理由から除かれた（一一条）。

保佐開始の審判は、本人・配偶者・四親等内の親族、後見人（成年後見人および未成年後見人）・後見監督人（成年後見監督人および未成年後見監督人）・補助人・補助監督人または検察官の請求により、家庭裁判所によって行われる（一一条）。

請求権者として、新たに、市町村長が加えられており、精神障害者に付き、その福祉をはかるためとくに必要があると認めるときは、審判の請求をすることができるとする（精神保健及び精神障害者福祉に関する法律五一条の一一の二、老人福祉三二条、知的障害者福祉二七条の三）。保佐は、請求権者による請求（入所施設には請求権はない）、鑑定、審判によって開始するのであり（一一条・八七六条）、家庭裁判所の職権によっては開始しない。

保佐開始の原因が止んだ場合、家庭裁判所は、本人・配偶者・四親等内の親族・未成年後見人・未成年後見監督人・保佐人・保佐監督人または検察官の請求（一四条一項）により、全部または一部の審判を取り消すことができる（一四条二項）。

(ロ) 行為能力　被保佐人は、現行通り民法一三条第一項所定の法律行為に関する法律行為については、保佐人の同意を要する。ただし、日用品の購入その他日常生活に関する行為については、単独で有効な法律行為を行うことができる。

保佐人の同意を要する行為に、「重要なる財産に関する権利の得喪を目的とする行為」（債権や知的財産権の得喪など)、遺産分割協議が新たに含まれることとなった(一三条一三・六号)。保佐人には、同意権のほかに、旧法下では認められなかった、取消権が与えられ(一二〇条)、さらには、本人の意思に基づき、保佐人に特定の法律行為について、代理権を付与することができるとする(八七六条の四)。保佐人の同意を要する行為については、家庭裁判所が追加することが可能であるが(一三条二項)、日常生活に関する行為は追加する事ができない(同項ただし書)。

ただし、本人以外の者が申立権者である場合には、本人の同意が審判の要件とされ(八七六条の四第二項)、また、保佐人が本人の利益を害しないにもかかわらず、同意権を行使しない場合には、保佐人の同意に代わる家庭裁判所の許可の制度が新設されている(一三条三項)。

保佐類型においては、①従来、準禁治産制度においては取消権が保佐人に与えられていないので、本人保護の実効性に欠け、利用件数が少なかったこと、②心身耗弱の程度にもさまざまなものがあることなどから、本人の判断能力の程度に応じた柔軟かつ弾力的な制度を設けることが望まれている。

(ハ)　保護者

(a)　意義　保佐制度の保護者は保佐人である(一二条)。保佐は、保佐開始の審判によって開始する(八七六条)。

(b)　保佐人　家庭裁判所は、保佐開始の審判をするときは、職権で、保佐人を選任する(八七六条の二第一項)。保佐人またはその代表する者と被保佐人との利益が相反する行為については、保佐人は、臨時保佐人の選任を家庭裁判所に請求しなければならない(八七六条の二第三項)。ただし、家庭裁判所が、必要があると認め、被保佐人、その親族もしくは保佐人の請求によって、または職権で、保佐監督人を選任した場合（八七六条の三第一項）には、保佐人は、臨時保佐人の選任を家庭裁判所に請求する必要はない。

(c) 保佐人の職務　家庭裁判所は、一一条本文に掲げる者または保佐人もしくは保佐監督人の請求によって、被保佐人のために特定の法律行為について保佐人に代理権を付与する旨の審判をすることができる（八七六条の四）。また、旧法下では、保佐人には代理権が認められていなかったが、本人の保護のため、保佐人に取消権を認めた（一二〇条）。なお、代理の必要がなくなれば、家庭裁判所は、八七六条の四第一項に掲げる者の請求によって、審判の全部または一部を取り消すことができる（八七六条の四第三項）。保佐人は、保佐の事務を行うに当たっては、被保佐人の意思を尊重し、かつ、その心身の状態および生活の状況に配慮しなければならない（八七六条の五第一項）。

(2) 成年被後見人

(イ) 意義　成年被後見人とは、「精神上の障害に因り事理を弁識する能力を欠く常況に在る者」（実質的要件）で、家庭裁判所により後見開始決定を受けた者（形式的要件）をいう。現行の禁治産制度に相当する類型であり、精神上の障害により事理を弁識する能力を欠く常況にある者とは、認知症のように心身喪失の常況にある者を対象とするものである。

後見開始の審判は、本人、配偶者、四親等内の親族、未成年後見人、未成年後見監督人、保佐人、保佐監督人、補助人、補助監督人又は検察官の請求により、家庭裁判所により行われる（八条）。

請求権者として、新たに、市町村長が加えられており、精神障害者につき、その福祉をはかるため特に必要があると認めるときは、審判の請求をすることができるとする（精神保健及び精神障害者福祉に関する法律五一条の一一の二、老人福祉三二条、知的障害者福祉二七条の三）。

成年被後見人が、精神上の障害により事理を弁識する能力を欠く常況を回復した場合には、家庭裁判所は、本人、配偶者、四親等内の親族、後見人（未成年後見人および成年後見人）、後見監督人（未成年後見監督人、成年後見監督人）または検察官の請求により後見開始の審判を取り消さなければならない（一〇条）。

(ロ)　行為能力　本人保護の実効性の観点から、基本的には全面的な代理権・取消権が後見人に付与されるが、新たに、自己決定の尊重の観点から、従来は、禁治産者が単独でなした行為は、すべて取り消すことができるとされていたが（旧九条）、新法では、「日用品の購入其他日常生活に関する行為」については、取り消すことができないとしている（九条ただし書・一三条二項ただし書・一七条一項ただし書）。日常生活に関する行為としては、「日用品の購入」があげられるが、具体的に何が日常生活に関する行為にあたるかについては、判例の集積が待たれるところである。

(ハ)　保護者

(a)　意義　成年被後見人の保護者は、成年後見人である（八条）。後見は、未成年者に対して親権を行う者がないとき、また親権を行う者が管理権を有しないとき、あるいは、後見開始の審判があったときに開始する。未成年者についても、禁治産制度による保護を必要とする場合もあること、未成年の間に後見開始決定をしておくことにより、未成年後見から成年後見への移行が円滑に行われるという利点もあることから、後見類型から除外しないものとされている。

(b) 後見の機関　まず、未成年者については、未成年者に対して最後に親権を行う者が、遺言で未成年後見人を指定する、指定後見人(八三九条)、未成年後見人となるべき者がいないときに、未成年被後見人またはその親族その他の利害関係人の請求によって家庭裁判所が選任する、選定後見人(八四〇条)とがある。未成年後見人は、一人でなければならない(八四二条)。次に、成年後見人については、後見開始の審判の際に、家庭裁判所が職権で選任する(八四三条)。従来の、配偶者後見人制度(旧八四〇条・八四七条)、後見人の人数の制限(旧八四三条・八四七条)が廃止され、成年後見人が数人あるときは、共同してまたは事務を分掌して、その権限を行使すべきことを定めることができる(八五九条の二)。さらに、選任基準についても、成年被後見人の心身の状態並びに生活および財産の状況、成年後見人となる者の職業および経歴ならびに成年被後見人との利害関係の有無を考慮することとされ、配偶者以外の親族・知人や法律、福祉等の専門家、法人を成年後見人に選任することができることが認められた(八四三条四項・八七六条の二第二項・八七六条の七第二項)。近年、痴呆性高齢者・知的障害者・精神障害者などのニーズの多様化に伴い、社会福祉協議会のような組織が、財産管理などの事務を遂行することが必要な場合があり、また、身寄りがない高齢者などの場合には、成年後見人をつけることが困難であるからである。

(c) 後見人の職務内容　従来の後見人には、療養看護義務、家庭裁判所に入院許可を得なければならない旨の規定があったが(旧八五八条)、新法では、成年後見人には、「成年被後見人の生活、療養看護及び財産の管理に関する事務」（具体的には、医療契約、住居の賃貸借契約締結・解除、施設の入退所や処遇に関すること、介護・リハビリに関することなど）を行うことが規定されている。ただし、社会の少子化・核家族化の進展に伴い、身上面の支援に関する必要性が高まったため、「成年被後見人の意思を尊重し、かつ、その心身の状態及び生活の状況に配慮しなければならない」とする、身上配慮義務が規定されている（八五八条）。本条は、自己のためにするのと同一の注意に比較して、より高度な、善管注意義務（八六九条・六四四条）を具体化したのみならず、後見人の事務処理の指導原理ともされている。

居住用不動産の処分については、家庭裁判所の許可を要する（八五九条の三・八七六条の五第二項・八七六条の一〇第一項）。住居に関する事項は、当然に成年後見人の職務範囲とされているが、住居の環境は、本人の精神状態の安定にとって重要な要素となっていることから、成年後見人の権限を法律上制限することとしたのである。

成年後見監督人は、報酬を受け取り（八五二条・八七六条の三第二項・八七六条の八第二項・八六二条）、成年後見に要する費用は、本人の財産から支出される（八六一条二項・八七六条の三第二項・八七六条の八第二項）。

(d)　後見監督人　旧法では、後見監督人は、後見監督人がない場合において必要があると認めるときに、家庭裁判所が、被後見人の親族または後見人の請求によって、後見監督人を選任することができるとされていた（旧八四九条）。新法では、家庭裁判所が、必要があると認めるときは、成年被後見人、その親族もしくは成年後見人の請求によって、または職権で、成年後見監督人を選任することができるとした（八四九条の二）。新法では、成年被後見人本人にも選任請求権が認められている。

D 任意後見（公的機関の監督を伴う任意代理）制度

任意後見制度は、本人の保護・援助の内容が法定され、家庭裁判所の関与が広く求められる、法定後見制度と異なり、自己の判断能力が低下した場合に、財産管理などの事務処理を委任すべき人、援助の内容・範囲を自らが決定し、委任すべき人（任意後見人）との間で、事務処理の委任契約（任意後見契約）を締結することをいう。

現行民法の解釈上は、本人の意思能力喪失後も任意代理権は消滅しないものと解し、代理権の消滅事由ともしていない。しかし、本人の判断能力が低下した後は、本人が自ら任意代理人を監督することができないため、成年後見人が、権限を濫用するおそれがないともいえず、判断能力前に、低下後の事務に関する代理権を授与する契約が、あまり行われていないのが現状である。そこで、近年は、本人の判断能力低下後における任意代理人に対する公的機関の監督の枠組みを制度化して、任意代理人の権限濫用の防止を制度的に保障することにより、そのような委任契約の活用をはかるべきであるとする見解が主張されていた。

新法では、任意後見人の事務処理などを監督する、任意後見監督人の監督の下で任意後見人が事務を処理するという、任意後見制度を創設している。

(1) 任意後見の意義

任意後見契約は、本人（任意後見契約の委任者）が、任意後見受任者に対して、精神上の障害により事理を弁識する能力が不十分な状況における自己の生活、療養看護および財産の管理に関する事務の全部または一部を委託し、その委託にかかわる事務について、家庭裁判所による、任意後見監督人の選任を停止条件として、代理権を付与する委任契約を公正証書で行うことにより効力を生じる（任意後見契約に関する法律二条・三条）。

なお、未成年者も本制度を利用することが可能であるが、未成年者については常に法定代理人がいるため、本人が未成年者の間は、任意後見監督人を選任しないものとし、未成年者の間は任意後見が開始しないようにしている（任意後見契約に関する法律四条一項但書一号）。

身体障害者は、「精神上の障害により事理を弁識する能力が不十分な状況にあるとき」に限られる。

任意後見契約の受任者は、法人、複数の人でも可能である。

任意後見監督人が選任される前においては、本人または任意後見受任者は、いつでも、公証人の認証を受けた書面によって任意後見契約を解除することができる（任意後見契約に関する法律九条）。

(2)　任意後見人

(イ)　任意後見人の職務内容　任意後見契約で委任できる事務は、自己の生活、療養看護および財産の管理に関する事務のうち法律行為のみに限られる。したがって、財産管理および身上に関する事項のうち、法律行為については、任意後見契約で委任することができる。具体的には、①日常生活、社会生活、福祉に関する事項（福祉関連施設の入所契約、介護契約、福祉サービス利用契約、要介護認定の申請、入院契約、介護以外の人材派遣、情報提供サービス等の契約など）、②財産に関する事項（預貯金その他金融機関との取引、居住用不動産の購入契約、売買、賃貸借、相続の承認・放棄・遺産分割など）、③司法手続、公的機関に対する手続に関する事項（住民票・戸籍謄本などの申請、事務委託、税金の申告、納付、福祉関係以外で行政機関の許認可などを要する行為の申請、訴訟行為）、④委任事務追行に関する事項（複代理人の選任、事務の処理に必要な費用の支払いなど）があげられる。

任意後見人は、二条一号に規定する委託にかかる事務を行うに当たっては、本人の意思を尊重し、かつ、その心身の状態および生活の状況に配慮しなければならない（任意後見契約に関する法律六条）。

(ロ) 任意後見人の解任など　任意後見人に不正な行為、著しい不行跡その他その任務に適しない事由があるときは、家庭裁判所は、任意後見監督人、本人、その親族または検察官の請求により、任意後見人を解任することができる（任意後見契約に関する法律八条）。

(3) 任意後見監督人

(イ) 任意後見監督人の選任　任意後見契約が登記されている場合において、精神上の障害により本人の事理を弁識する能力が不十分な状況にあるときは、家庭裁判所は、本人、配偶者、四親等内の親族または任意後見受任者の請求により、任意後見監督人を選任する（任意後見契約に関する法律四条）。ただし、任意後見受任者または任意後見人の配偶者、直系血族および兄弟姉妹は、任意後見監督人となることはできない（任意後見契約に関する法律五条）。なお、任意後見契約に関する法律二条一項但書二号・四条一項但書に該当する場合には、例外的に任意後見監督人は選任されない。

(ロ)　任意後見監督人の職務内容　任意後見監督人は、①任意後見人の事務の監督、②任意後見人の事務に関し、家庭裁判所へ報告すること、③急迫の事情がある場合には、任意後見人の代理権の範囲内において必要な処分をすること、④任意後見人またはその代表する者と本人との間の利益相反行為について本人を代表すること、である(任意後見契約に関する法律七条)。

E　法定後見制度と任意後見制度との関係

任意後見は、原則として法定後見に優先する(任意後見契約に関する法律一〇条一項・四条一項但書二号)。後見開始の審判などをすることができるのは、任意後見契約が登記されている場合でも、家庭裁判所が、「本人の利益のために特に必要があると認めるとき」である。その場合、任意後見が開始されていれば、後見開始の審判により、任意後見は当然終了する(任意後見契約に関する法律一〇条一項)。

法定後見に付されている場合であっても、「本人の利益のため特に必要である」と認められる場合には、任意後見契約により任意後見を開始させることができ、また、逆に、任意後見が開始している場合には、新たに任意後見契約を締結したり、法定後見を開始させることなどが可能となる。

〔親なき後の財産管理〕

精神障害者・知的障害者などの「親なき後」の財産管理については、明文の規定こそないものの、任意後見契約の活用が検討されている。まず、子供が成年者である場合には、意思能力があるときは、自ら任意後見契約を締結することが可能であるが、意思能力がないときには、法定後見人を選任し、法定後見人が任意後見契約を締結することとなる。次に、子供が未成年者の場合、①法定代理人が任意後見契約を締結する、②子が親の同意を得て自ら任意後見契約を締結する、等の方法が考えられる。

F　相続法の改正

禁治産・準禁治産制度の改正に伴い、今日における視聴覚・言語機能障害者の状況に鑑み、公正証書遺言等の改正が行われたので、以下に解説する。

(1)　公正証書遺言

従来、公正証書遺言は、証人二人以上の立会いのもとに、遺言者が遺言の趣旨を公証人に口授し、公証人が遺言者口述を筆記し、これを読み聞かせ、遺言者および承認が署名押印することにより、行われてきた(九六九条)。ところが本条では、聴覚・言語機能障害者は公正証書遺言をすることができなかったため、新法では、九六九条の二を新設し、聴覚・言語機能障害者については、遺言の趣旨を通訳人の通訳により申述し、または自書することにより、公証人に伝え、また、読み聞かせに代えて、筆記の内容を通訳人の通訳により遺言者または証人に伝えることができるとした。

(2)　秘密証書遺言

旧九七二条では言語を発することができない者が秘密証書遺言をする場合には、自書すればよいとされていたが、新法では、自書の他にも、通訳人の通訳（手話通訳）が認められ、通訳または自書を選択することが可能となった（九七二条二項）。

(3)　**死亡危急時遺言**

旧九七六条では、口授・筆記・読み聞かせ・署名・押印を要件としていたが、新法では、要件に閲覧が加えられ読み聞かせとの選択が可能となり、さらに、口授に代えて、通訳人の通訳による申述も可能となった（九七六条の二）。

(4)　**船舶遭難者遺言**

船舶遭難者遺言についても、従来、口頭で遺言をすることが必要とされていたが、改正により、自書をすることが可能となったことがあげられる（九七九条）。

G　成年後見登記

従来、禁治産宣告・準禁治産宣告がなされると、その事実が、公告の後、戸籍に記載されていた。しかし、これに対しては、戸籍が汚れるなどの国民の批判が強く、個人のプライバシーを侵害することにもつながることから、本法では、公告の制度を廃止し、戸籍記載に代わり「後見登記制度」を設けた。

後見登記は、登記所において、嘱託または申請により、磁気ディスクをもって調製する後見登記などファイルに、後見などの種別、成年被後見人、被保佐人または被補助人の氏名、出生の年月日などの必要事項を記録することによって行う（後見登記等に関する法律四条）。任意後見契約も同様に、後見登記等に関する法律五条に規定する事項を、後見登記などファイルに記録することによって行われる。

H　介護保険制度との関係

一九九七年（平成九）年一二月一七日、介護保険法が交付され、二〇〇〇年四月に導入されることとなった。介護保険法は、加齢に伴って生ずる心身の変化に起因する疾病などにより要介護状態となり、入浴、排せつ、食事などの介護、機能訓練ならびに介護および療養上の管理その他の医療を要する者などについて、これらの者がその有する能力に応じ自立した日常生活を営むことができるよう、必要な保険医療サービスおよび福祉サービスにかかわる給付を行うため、国民の共同連帯の理念に基づき介護保険制度を設け、その行う保険給付などに関して必要な事項を定め、もって国民の保健医療の向上および福祉の増進をはかることを目的としている（介護保険一条）。

介護保険制度の場合、最終的に、利用者が業者からサービス提供を受けるためには、まず、保険料を支払い、要介護認定を受け、ケアマネージャーにケアプランを作成してもらい、介護サービス業者との間で「契約」を締結しなければならない。しかし、利用者のすべてが介護サービス事業者と契約を締結する能力を有しているとは限らないため、契約などを代行して行う「成年後見人」が必要とされることとなる。したがって、「成年後見人」には、社会福祉の素養を持つことが求められるのであり、介護サービス契約を締結するに当たって、ホームヘルパーや、ケアマネジャーと連携して、高齢者のニーズに合わせた介護を提供することが必要とされるのである。

この点、利用者の身上監護につき、地域福祉権利擁護制度が準備され、契約による利用制度の下で、自己決定能力の低下した高齢者に対するサービス事業が設けられることが注目される。本制度は、本人、あるいは成年後見人と、社会福祉協議会などが利用契約を締結し、「専門員」、「生活支援員」と呼ばれる者が、初期相談、調査、支援計画の策定、契約締結能力の確認、契約締結に関する業務、その他、訪問による見守り、日常生活に必要な金銭の出し入れなどを行うものである。

介護サービス契約「締結」に際し、「自己決定能力の低下した者のサービス利用を支援するために生活支援員を置き、成年後見制度を、補完するものとして、この制度を社会福祉事業に位置付け」ているのである。

成年後見制度が、財産管理および身上監護に関する契約などの法律行為全般を行う仕組みであるのに対し、地域福祉権利擁護事業は、「利用者が出来る限り地域で自立した生活を継続していくために必要なものとして、福祉サービスの利用援助やそれに付随した日常的な金銭管理などの援助を行うことが目的」とされているのである。

【参考文献】

新井誠『高齢者の権利擁護システム』勁草書房、一九九八年
額田洋一・秦悟志『Q&A成年後見制度解説』三省堂、二〇〇〇年
金澤彰『意思能力をなくした人々』萌文社、一九九八年
法務省民事局参事官室『成年後見制度の改正に関する要綱試案の解説』金融財政事情、一九九八年
法務省民事局参事官室「成年後見制度の改正に関する要綱試案補足説明」
法務大臣官房司法法制調査部編『諸外国における成年後見制度』法曹会、一九九九年

図表1　介護保険制度の申請からサービス実施までの流れ

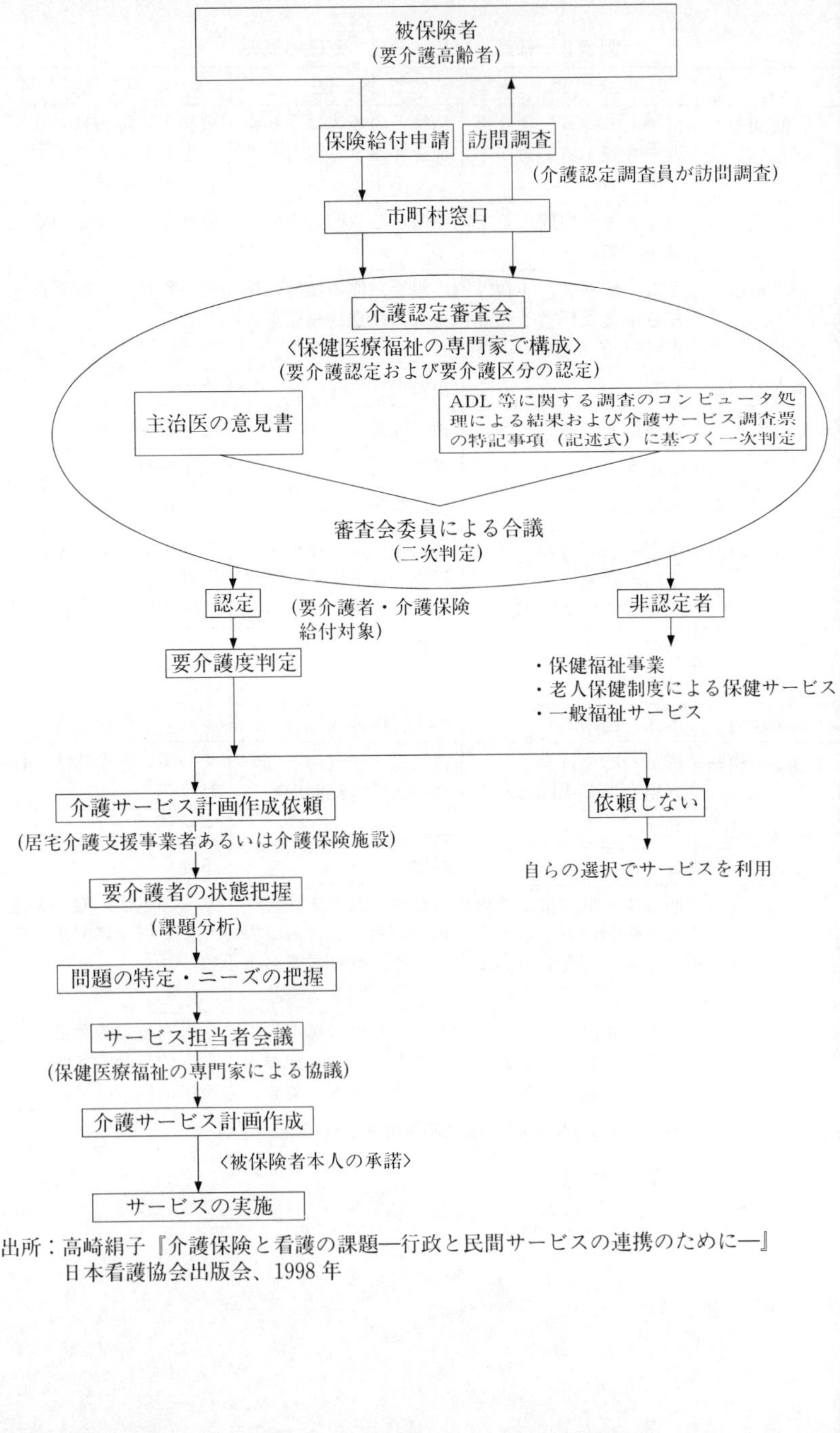

出所：高崎絹子『介護保険と看護の課題―行政と民間サービスの連携のために―』日本看護協会出版会、1998 年

図表2　補助・保佐・後見の制度の概要

		補　助	保　佐	後　見
要件	判断能力〈対象者〉	精神上の障害により事理を弁識する能力が不十分な者	精神上の障害により事理を弁識する能力が著しく不十分な者	精神上の障害により事理を弁識する能力を欠く常況にある者
	鑑定等の要否	診断書等（原則として鑑定不要）	原則として鑑定必要	原則として鑑定必要
開始の手続	請求権者	本人、配偶者、4親等内の親族、他の類型の援助者、監督権、検察官 任意後見受任者、任意後見人、任意後見監督人 市町村長		
	本人の同意	必要	不要	不要
機関の名称	本　　人	被補助人	被保佐人	成年被後見人
	援　助　者	補助人	保佐人	成年後見人
	監　督　者	補助監督人	保佐監督人	成年後見監督人
同意権・取消権	付与の範囲	特定の法律行為（保佐事項の範囲内） 〈申立ての範囲内〉	民法13条1項所定の行為（日常生活に関する行為を除く）	日常生活に関する行為以外の行為 【同意権はない】
	付与の審判	必要	不要	不要
	本人の同意	必要	不要	不要
	取消権者	本人、補助人	本人、保佐人	本人、成年後見人
代理権	付与の範囲	特定の法律行為 〈申立ての範囲内〉	特定の法律行為 〈申立ての範囲内〉	すべての財産的法律行為
	付与の審判	必要	必要	不要
	本人の同意	必要	必要	不要
援助者の責務	職　　務	同意権・取消権、代理権の範囲における本人の生活、療養看護および財産に関する事務	同意権・取消権、代理権の範囲における本人の生活、療養看護および財産に関する事務	本人の生活、療養看護および財産に関する事務
	一般的義務	本人の意思の尊重 本人の心身の状態および生活の状況に配慮	本人の意思の尊重 本人の心身の状態および生活の状況に配慮	本人の意思の尊重 本人の心身の状態および生活の状況に配慮

出所：額田洋一・秦悟志編『Q&A成年後見制度解説』三省堂、2000年

図表3　任意後見の概要、任意後見と法定後見との関係

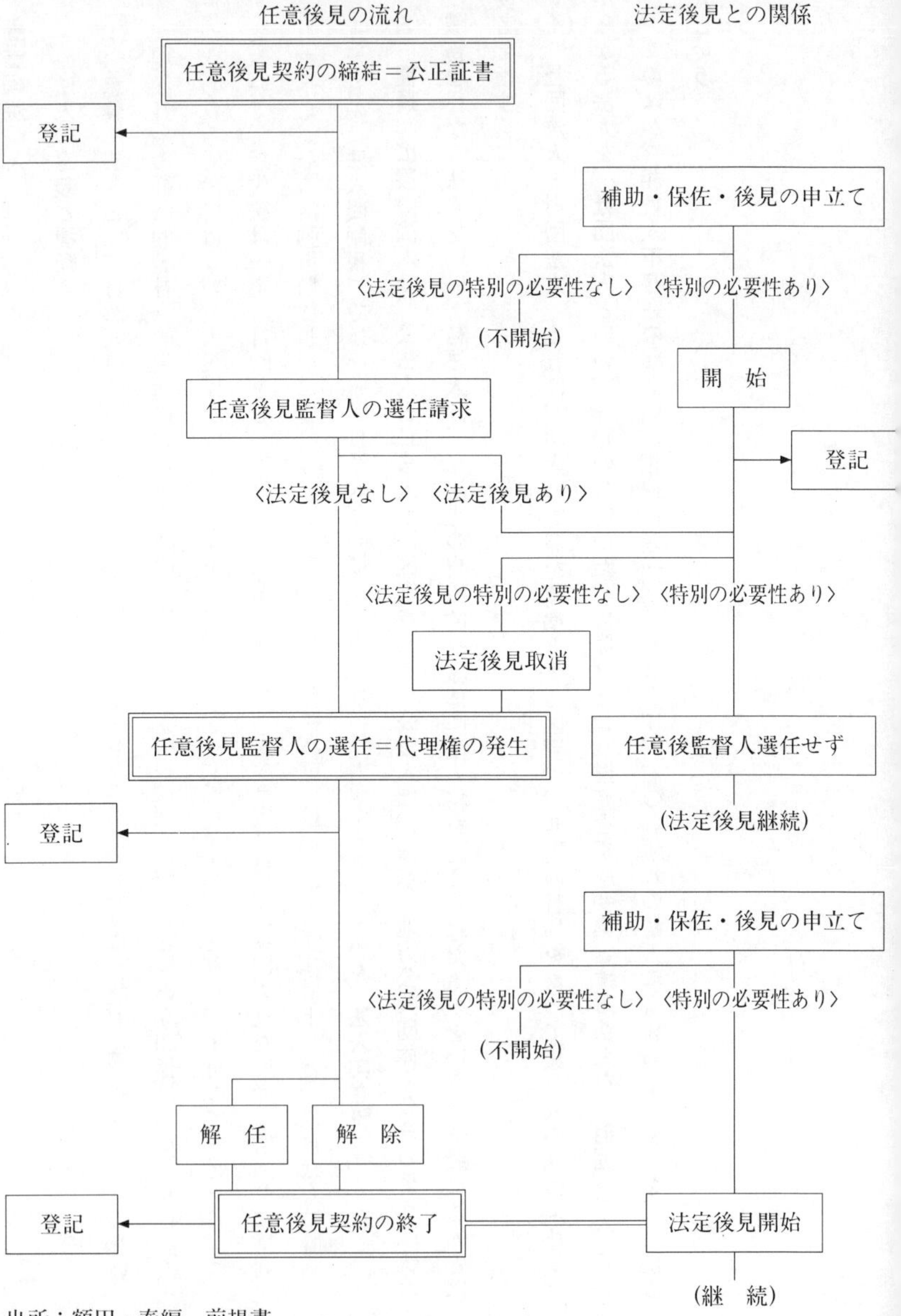

出所：額田・秦編、前掲書

第二　法　人

一　法人の意義と種類

(1)　**意義**　法人とは、自然人以外のもので権利の主体となりうるもの、すなわち権利能力を認められたものをいう。現代社会の経済的・社会的生活において権利の主体として一定の役割を遂行するという関係は、ひとり自然人にかぎられるものではない。大規模かつ永続的な事業を自然人のみで遂行するがごときは、不可能でさえある。ここにおいて、近代法は一定の目的をもって集まった共同体（社団）や一定の目的に捧げられた財産（財団）に権利能力を与え、その活動を期待した。このようにして認められた法人は、けっして、法律によりとくに自然人に擬制されたもの（**法人擬制税**）ではない。自然人と同様に現実の社会に実在するものである（**法人実在説**）。

(2)　**種類**　広義の法人は、公法人と私法人とに区別される。**公法人**は、国家・地方公共団体・公社のように統治の職務を行なう法人をいい、**私法人**は、私法上の自治的組織体に法人格を認められたものをいう。一般に法人とは後者を指す。

(イ)　**社団法人と財団法人**　これは、法人の組織を標準とする区別で、共同の目的をもって集る人の団体（社員）からなる法人を、**社団法人**といい、一定の目的のために捧げられた財産を構成要素とする法人を、**財団法人**という。このほか、相続人不存在のばあいの相続財産（九五一条）のように、右のいずれの法人にも属しない法人を、**特別法人**という。

財団法人は、つねに公益法人であることを必要とするが、社団法人は公益法人であると営利法人であるとを問わない（三四・三五条）。

(ロ) 公益法人・営利法人・中間法人　この分類は法人の目的による分類である。民法によって設立することができるのは公益法人である。公益法人というのは、学術・技芸・慈善・祭祀・宗教・その他の公益に関する社団又は財団であって営利を目的としないものをいう（三四条）。営利（利益を得て構成員に分配すること）を目的とする法人を営利法人という。会社法により設立される株式会社・持分会社（合名会社・合資会社・合同会社）である。公益ではなく特定の者の利益を図ることを目的とし、かつ利益の分配を目的としない社団を中間法人という。中間法人法により設立される法人であり、学会・同窓会・町内会・同好会などを対象としている。

二　法人の能力

(1) 権利能力　法人は、一般的には自然人と同様の権利能力を有しているが、つぎのような制限をうける（四三条）。

(イ) 性質による制限　法人は自然人と異なり身体を持たないから、それを前提とする権利、たとえば生命権・身体権・親族権および親族的身分関係を前提とする相続権などはその性質上享有することができない。ただし、氏名権・名誉権のような人格権は享有できる。

(ロ) 法令による制限　法人の権利能力の範囲が、法律によって制限をうけることは、権利能力が法律によって附与されたものであることからして当然といえるが、民法は、命令によっても制限できるとする（四三条）。

(ハ)　**目的による制限**　法人は、一定の目的のために社会的活動をするものであるから、定款（社団法人）または寄附行為（財団法人）に定めた目的の範囲内において権利を有し義務を負う（四三条）。「目的の範囲」の意味は、広く解され、その目的を遂行するに適当な範囲の全般にわたると解釈されている。これは、社団法人中もっとも営利性の強い会社において、当該会社と取引関係にある第三者の利益との調整をえる関係で、とくに問題とされるが、民法第四三条を会社に準用する旨の特別の規定がないことを理由に、定款所定の目的によっては会社の権利能力は制限されないという立場もある。

(2)　**行為能力**　法人にあっては、自然人のように無能力制度は問題とならない。法人擬制説によれば、行為能力は認められないが、法人実在説では、法人の代表機関の行為が、すなわち法人自体の行為とみられる。法人の行為能力の範囲は、その権利能力の範囲と同様である（四三条参照）。

(3)　**不法行為能力**　法人擬制説は、不法行為能力もまた否定する。法人に行為能力を認める法人実在説からすれば、法人に不法行為能力があることも当然である。民法は、「法人は、理事その他の代理人がその職務を行うについて他人に加えた損害を賠償する責任を負う」（四四条一項）として、法人の不法行為に関する規定を設けている。

三　法人の機関

身体を持たない法人が、一定の社会的活動を行なうには、必然的に自然人によって構成される機関が必要となる。法人擬制説によれば、機関は法人の外にあり、法人とは別個の人格ということになるが（したがって、厳密には機関なる観念は認められない）、法人実在説では、法人の構成部分であって法人の意思を決定したり法人としての行為をすることとなる。

法人の機関には、理事（五二条以下）・監事（五八条以下）社員総会・（六〇条以下）などがある。理事は、社団法人および財団法人の両法人に常置必須の機関であるが、監督機関としての監事は任意機関である。このほかに社団法人には、最高必須の意思決定機関として社員総会がある。

第四項　権利の客体

第一　権利の客体の意義

権利によって特定の主体に帰属する法律的利益を、権利の客体という。すなわち、権利の目的（内容）の対象が権利の客体であり、特定の法律的利益が権利の目的である。権利の客体となりうるものは物（物権の客体）にかぎらず、特定の人の行為（債権の客体）・一定の親族関係にある人（親族権の客体）・権利主体それ自身（人格権の客体）・精神的産出物（無体財産権の客体）などいろいろのものがある。以上のうち、物は物権の客体であるのみならず、債権の目的や他の権利にも関係する重要なものであるので、民法はこれにつき総則編のなかに規定した。

第二　物の意義

物とは、人の外部にあって支配可能な独立一体の有形的財貨をいう。民法第八五条は、「この法律において「物」とは、有体物をいう」と規定するが、物の定義としては不充分である。有体物とは、物理学上の意義であって、空間の一部を占める有形的存在である。ゆえに、液体・気体・固体は物であるが、電気・熱・光などは物ではない、とされる。しかし、無体物をすべて法律上物と認めないとすれば、こんにちの経済事情に適さないことになるので、有体物の意味を、「法律上の排他的支配の可能性」というふうに解し、物の観念を拡張する解釈が有力である（管理可能性説）。

現代法の下では、他人に対する排他的支配は認められない（奴隷制度が認められていた時代のように、人体を物として売買の目的とすることはできない）。人体の一部（手足・義歯・義足）も同様である。しかし、死体や切り離された人体の一部（金歯・毛髪）は、なお物たる性質を失わない。太陽・月・星および海洋などは、支配できないので物でないことは当然である。

第三　物の種類

一　民法総則のさだめる物の種類

民法総則は、動産・不動産・主物・従物・元物・果実の物について規定している。**不動産**とは、土地およびその定着物をいい（八六条一項）、不動産以外のすべての物を**動産**という（八六条二項）。ある物の所有者が、その物の常用に供するため自己の所有に属する他の物をこれに附属せしめたときは、その附属せしめた物を**従物**といい、附属された物を**主物**という（八七条一項）。**元物**は、収益を生じさせる物であり、**果実**は、元物から生ずる収益である。果実には、天然果実（八八条一項）と法定果実（八八条二項）の二種がある。

二　それ以外の種類

一でのべたものの外に、学者はつぎのように物を分類する。**融通物と不融通物、可分物と不可分物、消費物と非消費物、代替物と不代替物、特定物と不特定物、単一物・合成物**および**集合物**。

第五項　権利の変動

第一　権利変動の意義（**法律要件・法律効果および法律事実**）

権利の変動とは、権利の発生・変更・消滅のことで、法律効果ともいう。そうして、権利変動すなわち法律効果を生ずる原因を法律要件という。法律要件は、さらに、これを組成する素因に分析することができ、その素因を法律事実という。

法律要件はいろいろあり、その分類にも若干のちがいがあるが、永田博士によれば、つぎのようである。

権利変動の原因（法律要件）

- 容態
  - 外部的容態（人の行為）
    - 適法行為
      - 法律行為（意思表示）
        - 契約
        - 合同行為
        - 単独行為
      - 準法律行為（狭義の法的行為）
        - 意思通知
        - 観念通知
        - 感情表示
      - 事実行為
    - 違法行為
      - 債務不履行
      - 不法行為
  - 内部的容態
    - 意思的容態（欲するや否や）
    - 観念的容態（知るや否や―善意・悪意）
    - 感情的容態（恐怖）
- 事件
  - 時の経過
  - 人の生死
  - 物の滅失

第二　法律行為

一　法律行為の意義と種類

法律行為とは、意思表示を要素とする私法上の法律要件であり、法律要件のうちでもっとも重要なものである。近代市民社会が、封建社会から脱却し、個人主義・自由主義を標榜するようになってからは、市民法においても、私法上の法律効果の発生は自由なる法律行為によって決定できるという理念が支配するようになった（「身分から契約へ」from status to contract)。わが民法も、私法的自治の原則を採用し、強行法規および公序良俗に反しないかぎりは（九〇・九一条）、法律関係を各人の欲するところにしたがって、自由に作り出すことができることとした。この原則を、**法律行為自由の原則**という。法律行為自由の原則（契約自由の原則）は、内容決定の自由・締結の自由などを内容とするのであるが、資本主義経済の発展は資本独占の弊害を生み、貧富の差は著しくなって、相手方との平等対等の地位は破壊せられ、そのため内容決定の自由はもちろんのこと、締結の自由さえも望み難いばあいが生ずるようになった（**法律行為自由の原則の制約**）。**ここにおいて**、これらの欠点を是正して、公平妥当な契約が結ばれるような手段が必要となってくるのである（**法律行為自由の原則の修正**）（二一六頁参照）。

法律行為はいろいろな標準によって分類することができる。

(1)　**単独行為・契約・合同行為**　これは、法律行為の要素である意思表示の態様を標準とする区別である。単独行為とは、行為者の一方的意思表示のみによって成立する法律行為をいい、取消・寄付行為（財団法人の設立行為）

・相殺・債務の免除・遺言などがこれである。契約とは、あい対立する二個以上の意思表示の合致によって成立する法律行為をいう。たとえば、売買契約の成立には、売ろうという申込と買おうという承諾の合致が必要である。合同行為は、方向を同じくする二個以上の意思表示が合致することによって成立する法律行為であり、社団法人の設立行為や総会の決議などがこれに属する。ただし、合同行為なる概念を認めず、社団法人などは、その団体法性を認識すれば足りるのであって、なお契約たる性質を失うものではないという考え方もある。

(2) **要式行為・不要式行為**　これは、意思表示の形式を標準とする区別である。

(3) **生前行為・死後行為**　これは、効力の発生を標準とする区別である。

(4) **債権行為・物権行為・準物権行為**　これは、発生する効果の種類を標準とする区別である。

(5) **有償行為・無償行為**　これは、出捐《えん》する対価を標準とする区別である。

(6) **有因行為**　無因行為　これは、出捐の原因をその法律行為の内容とするか否かを標準とする区別である。

二　法律行為の成立要件と効力要件

法律行為の要件には、成立要件と有効要件とがある。すべての法律行為の成立に共通な要件を一般的成立要件といい、当事者・目的・および意思表示の三つがこれである。すべての法律行為の効力発生に共通な要件が一般的効力要件であり、(イ)当事者が権利能力を有すること、(ロ)法律行為の目的が、可能にして確定しうべきものであり、かつ適法であって社会的正当性を有すること、(ハ)意思表示が完全に成立すること（すなわち、意思と表示とが一致することと、意思表示に瑕疵のないこと）を挙げることができる。

三　**法律行為の目的**

法律行為の目的とは、行為者が法律行為によって達成しようとする効果であって、**法律行為の内容**ともいわれる。法律行為が有効に成立するには、この目的が、可能にして確定し、かつ適法であって社会的正当性をもつものでなければならない。法律行為の目的・内容が、このようなものであるかぎり、法律は、その実現に助力するのである。いいかえれば、右の要件を備えない法律行為は無効である。

⑴ **目的の可能**　法律行為の目的は、実現が可能なものでなければならない。不能（事実上または法律上）を目的とする法律行為は無効である。**不能**は、⑴原始的不能と後発的不能　⑵法律的不能と事実的不能　⑶一部不能と全部不能などに分類できる。

⑵ **目的の確定（法律行為の解釈）**　法律行為の目的は、確定し、または確定する可能性のあるものでなければならない。目的の不確定な行為は無効である。法律行為の目的は、その要素である意思表示によって決定される。それゆえ、法律行為の目的は、意思表示の目的、すなわち効果意思の内容によってさだまることになる。そうして、効果意思は、もっぱら表示行為によって決定されるのであるから、結局のところ、法律行為の解釈は、この表示行為の有する意味を明らかにすることにある。

法律行為の解釈が、⑴当事者の意図した目的に適合するように（なるべく有効・可能なように）なされなければならないことは当然として、そのほか、法律行為解釈の標準としてはつぎのようなものが重要である。(ロ)慣習（第九二条）　ここに**慣習**とは、事実たる慣習のことであって、社会の法的確信によって支持された慣習法（法例第二条）ではない（慣習法については、二一三頁参照）。慣習法は、解釈法規的任意法規が存在するばあいは成立しないが、事実たる慣習は任意法規に優先する。しかし、事実たる慣習が法律行為解釈の標準となるためには、その慣習が公序良俗に反しないものであるとともに、当事者が、とくに慣習によらないという意思を明らかにしないことを必要とする。(ハ)任意法規（任意規定）　**任意法規**とは、第九一条のいわゆる公の秩序に関しない法規で、民法が当事者間でこれと異なる別段のさだめをなすことを予想し、それを認容したものである。したがって、当事者の意思は任意法規に優先する（九一条）。任意法規には、**補充法規**と**解釈法規**がある。前者は、当事者間の意思表示の内容が不充分なばあいに、これを補充するために設けられた規定（三七〇条・四一七条など）であり、民法は、「別段の意思表示がないときは」というような文句を用いてこれを示すことが多い。後者は、当事者間の意思表示が不明瞭なばあいに一定の意味に解釈するための規準として設けられた規定（八七条二項・五五七条など）であり、民法は一定の意味に「推定する」という文句を用いてこれを示すことが多い。(ニ)信義誠実の原則（条理）　ドイツ民法は、契約につき**信義誠実の原則**に従って解釈すべきことを規定しているが（二一八頁参照）、わが民法はとくに規定せず、ただ権利の行使と義務の履行についてこの標準をさだめているにすぎない（一条）。しかし法律行為の解釈が、表示行為の客観的なあるべき意味あるいは合理的な意味を明白にするものである以上、この原則の作用すべきは当然である。さきにのべた諸標準も、結局のところ信義誠実の原則ないし条理の具体的な表現であるといえるが、これらの標準によって明らかにならないばあいは、条理もまた独立の標準となるものである。不当約款の条項を例文として無効としたり（**例文解釈**）、法律行為の一部に無効原因（不能・不法・反社会性など）があったとき、法律行為の全部を無効としないで条理などによって合理的な内容に改造し、効力を認めてやろうとするのは（**法律行為一部無効の理論**）、この原則の一適用である。

⑶　目的の適法　適法とは、法律行為の目的・内容が強行法規に反しないことをいう。ここに、**強行法規**とは、公の秩序に関する規定のことをいい、任意法規に対する観念である。しかして強行法規に反する法律行為は不適法なものとして無効となる（九一条の反面解釈）。強行法規には、**効力法規**と**取締法規**の二種があるが、強行法規違反として無効になるのは、効力法規違反の法律行為のみである。

強行法規の禁止している事項は、これを回避する手段を弄して免れることもまた許されない。恩給は、担保に供することは禁じられているのであるから（恩給法一一条）、債務者が債権者に恩給の取立を委任して担保の目的を達しようとしても、それは**脱法行為**として無効である。

⑷　目的の社会的正当（社会的妥当性）　社会的正当とは、法律行為の目的・内容が公の秩序または善良の風俗に反しないことをいう。法律行為の目的は、社会的に正当でなければならない。それが、たとえ強行法規に反しないばあいであっても、公序良俗に反するときは、その法律行為は無効である（九〇条）。

「公の秩序」とは、国家社会の一般的秩序のことであり、「善良の風俗」とは、社会の一般的道徳観念のことである。しかし両者は大体同様の内容をもつのであるから、強いて区別する必要はなく、法律行為の社会的正当性の問題として考えれば足りる。

公序良俗の内容は、その社会によって不断に変遷するから、具体的に挙げることはできないが、(イ)母子同居せずとの契約や妾契約のように人倫に反する行為、(ロ)犯罪その他不正行為を奨励する契約のように正義の観念に反する行為、(ハ)芸娼妓契約や営業の自由を制限する契約のように、個人の自由を極度に制限する行為、(ニ)他人の軽率・無経験・窮迫などに乗じて不当な利益を貪る契約のように、暴利を目的とする行為、(ホ)賭博や富籤のような著しく射倖的な行為などがその違反例として判例によって示されている。

これらの行為が、公序良俗違反として無効となることは（九〇条）、すでにのべたとおりであるが、法律行為の内容として表示されることなく、たんに動機にとまるときは有効だということに留意すべきである（**動機の不法**）（二四一頁参照）。

第三　意思表示

一　意思表示の意義

意思表示とは、一定の私法上の効果を欲する意思を発表することである。われわれが意思表示をするには、一般に、(イ)まず、一定の効果を欲する意思（**効果意思**）を決定し、(ロ)ついで、この意思を発表しようとする意思（**表示意思**）を有し、(ハ)最後に、その意思を発表（表示）する（**表示行為**）。表示行為は原則として特別の方式を必要ととしない。口頭でも、文書でも、あるいは動作によってもよい。沈黙によってもまた表示できることはもちろんであり、これを**黙示**（**暗黙**）**の意思表示**という。これは、**明示の意思表示**に対する観念である。

意思表示の三要素である効果意思・表示意思・表示行為のうち、表示行為がもっとも本質的なものである。けだし、内心の効果意思は結局のところ行為をとおして推断するほかなく、もしこの行為に信頼をおかないならば、法律行為の安定ことに取引の安全は保持しえないからである（**表示主義**）。だからといって、内心の意思を全然考意しないのでは表意者に酷なばあいがおこる（意思表示の本質は内心の意思であるとし、意思と表示の不一致を原則として無効とする立場を、**意思主義**という）。ここにおいてか、わが民法は表意者の利益保護と相手方の利益および取引の安全との間の調和をはかる**折衷主義**を採用した（九三・九四・九五条但書参照）。しかし、やや意思主義に傾き過ぎているとの批判がなされている（九五条本文参照）。

二　意思の欠缺

(1)　意思の欠缺（**意思と表示の不一致**）**の意義**　表示行為に対応する内心の効果意思がないばあいを、「意思と表示の不一致」または意思の欠缺《けんけつ》という。意思の欠缺には、表意者がみずから意思と表示の不一致を自覚しているばあいと（心裡留保）、自覚していないばあい（錯誤）とがある。

(2)　心裡留保（**単独虚偽表示**）　心裡留保とは、表意者が表示と内心の意思とが一致していないことを知りながらなした意思表示である（たとえば**虚**言）。

心裡留保の意思表示は原則として有効である（九三条）。たとえば、売るつもりであったのに、やろうといった以上、贈与として有効である。しかし、相手方が、表意者の真意を知り、または知らなかったことに過失があるばあいは、相手方を保護する必要もないから、その意思表示は無効である（九三条但書）。

(3)　**虚偽表示**（**通謀虚偽表示**）　虚偽表示とは、相手方と通謀（仮装）してなした真意（内心的効果意思）でない意思表示をいう。たとえば、差押を免れる目的で、他人と通謀し自己の不動産を他人に売ったように契約し、さらに登記名義も移転して財産を隠匿するといったような仮装行為がこれである。

このような虚偽表示は、行為者を保護する必要はないから、当事者間においては無効である（九四条一項）。しかし、仮装行為を真実なものと誤信して取引をした第三者は保護してやらねばならない。そこで民法は、右の無効を善意の第三者には主張しえないと規定している（九四条二項）。

(4)　**錯　誤**

(イ)　**錯誤の意義**　錯誤とは、表示と内心の意思の不一致を表意者じしんが知らないばあいである。たとえば、一〇ポンドと書くつもりでうっかり一〇ドルと書く（誤記）ように、表示行為自体を誤るばあい（**表示上の錯誤**）や、ポンドとドルは同じ貨幣価値があると誤解して、一〇ポンドの価値を意図しながら一〇ドルと表示するように、表示行為の意義を誤るばあい（**内容の錯誤**）がこれである。

(ロ)　**動機の錯誤の体系的位置**　動機の錯誤とは、ちかいうちに駅が敷設されると誤信して土地を高価に買い入れたが、実際は敷設されなかったというように、意思表示をなすにいたった縁由に錯誤があったばあいである。通説、判例によれば、動機の錯誤は原則として意思表示の効力に影響がなく、ただ動機が表示されれば、法律行為の内容となり（動機の不法と同様）、その意思表示は無効となる。これは動機の錯誤を、⑴でのべた普通の錯誤と区別して考える立場である。しかし、動機の錯誤は、厳密には表示と内心の意思は一致しており、ただ効果意思の決定について影響があったにすぎない。だとすれば、従来錯誤が心裡留保や虚偽表示と並んで意思欠缺の一態様とされてきた命題と衝突することになりはしないか。そこで動機の錯誤は、詐欺・強迫と同じように瑕疵ある意思とみる見解を生む。だが動機の錯誤を、あくまで錯誤として取扱うのなら、意思の欠缺がなくてもなおこれを錯誤とみるか、動機も内心の意思にとりくみ、それと表示との間に齟齬があったばあいも、表示と内心の意思に不一致があったものとして、伝統的な意思欠缺論を貫くかしかたないであろう。いずれにせよ、表意者の保護と取引の安全を熟慮して決定されるべき問題である。

(ハ)　錯誤の効果　錯誤において、厳密に表示主義または意思主義を採用すれば、相手方または表意者のいずれか一方の保護に偏することになる。そこで民法は、原則として、法律行為の要素に錯誤があったばあいのみを無効とした（九五条本文）。ドイツ民法のように、錯誤を取消しうるとしないで、無効としたところに意思主義に傾き過ぎたきらいがある。しかしてこの欠点を補正するために、従来の無効理論に修正を加え、表意者が有効と認めているのに相手方から無効を主張したり、表意者と無関係の第三者が無効を主張することはできないと考えるべきである。

さてここに**要素の錯誤**とは、法律行為の内容の重要な部分、換言すればその錯誤がなかったなら本人はもとより、一般人もまたその意思表示をしなかったであろうとおもわれる部分について、錯誤があったばあいと考える。人違いをしたり相手の身分・資産について錯誤を生じたように人に関する錯誤があったばあいや、目的物の同一性や物の性状・来歴あるいは数量・価格に錯誤があったというように、物に関する錯誤があったばあいなどは具体的に要素の錯誤となりうる。

錯誤は例外として、表意者に重大な過失があるときは、その者みずから無効を主張することはできない（九五条但書）。このようなばあいには、表意者を保護する必要はないからである。

表意者がみずから無効を主張しえないとは、本来相手方または第三者は無効を主張しうるという意味であるが、しかしここでも、意思主義の欠点を補い、伝統的無効理論を修正する立場から、表意者に重過失があり表意者が無効を主張できないときには、相手方およびその特定承継人はもちろん第三者もまた無効を主張できないと考える。けだし、このように解釈することによって、相手方または第三者はなんらの不利益をうけるものでもなく、かえって当初の目的を達成できるからであり、また表意者を保護する必要もないのに、これらの者に無効の主張を許すことは不都合だからである。これは、実際には錯誤を取消と同様に取扱うことになり、結局本条但書は、法律行為の要素の錯誤にもとづく表意者の無効の主張に対し、相手方などにおいて、表意者の重過失を立証し、その有効なことを主張しうるという点に最大の意義があることとなる。

三　瑕疵ある意思表示

詐欺または強迫によって表示した意思表示を瑕疵ある意思表示という。これは、表示に対応する内心の意思（内心的効果意思）はあるが、ただその意思決定が不当な干渉のもとになされたばあいである。

(1)　詐欺による意思表示　詐欺とは、人を欺罔して錯誤におとしいれる行為であり、この錯誤によってなす意思表示を詐欺による意思表示という。したがって詐欺には一種の動機の錯誤が存する。それゆえ詐欺により「要素の錯誤」におちいることがありうる。このばあい表意者は、錯誤による無効と詐欺による取消を選択的に主張しうると考える。けだし無効と取消しはあいいれない観念でないばかりでなく、両者とも表意者保護の制度にほかならないからである。詐欺（または強迫）をうけた者は加害者に対して不法行為による損害賠償も請求できる。

詐欺による意思表示は有効であるが、詐欺をうけた者はこれを取り消すことができ（九六条一項）、取り消せばはじめから無効だったことになる（遡及効）。しかし、取消しの効果は取引の安全を保護する必要から、善意の第三者に対抗することはできない（九六条三項）。AがBを詐欺して不動産を買いうけ、善意のCに転売すれば、もはやBはCから不動産を取り返すことはできない。ただしこのばあいCは所有権取得の対抗要件（登記）を備えていることが必要である。この対抗問題（とくに第三者の登記の必要性）は、心裡留保や虚偽表示のばあいと若干異なるから注意を要する。

なお、詐欺を第三者がしたときは、善意の相手方も保護されねばならないので、相手方が詐欺の事実を知ったばあいのみ、取り消すことができる（九六条二項）。

(2)　強迫による意思表示

強迫とは、違法に害悪を告知して人に畏怖を生じさせる行為であって、これによってなされた意思表示を、強迫による意思表示という。強迫による意思表示は、表意者において取り消すことができる（九六条一項）。これは、詐欺のばあいと同様であるが、その取消しの効果は善意の第三者にも対抗できる（九六条三項の反対解釈）。

四　意思表示の効力発生時期

(1)　到達主義の原則　意思表示は表示行為の完了によって成立するが、その効力発生はかならずしも成立の時と一致しない。意思表示の効力発生時期には、表白主義・発信主義・到達主義・了知主義の立法主義がありうるが、わが民法は、相手方のある意思表示はそれが相手方に到達したとき効力を生ずるものとし、到達主義の立場を採った（九七条一項）。したがって、意思表示が社会の一般的常識から判断して、相手方の支配圏内に入ったとみられるばあい、すなわち、たとえば書面が郵便受函に投入され、または家族や雇人などに交付されたときに到達があり、ここで意思表示は効力を発生する。しかし民法は、この一般原則のほか特別のばあいに**発信主義**を採用している（たとえば五二六条）。

(2)　公示送達　表意者が過失がないのにもかかわらず意思表示をなすべき相手方を知りえず、また相手方はわかっていてもその所在を知りえないときは、相手方に意思表示を到達させることはできない。この不都合をさけるために、民法は公示送達という方法によって意思表示の効力を生ぜしめることができるとした（九八条）。

(3)　意思表示の受領能力　意思表示の相手方が未成年者または禁治産者であるときは、たとえ意思表示が到達しても、法定代理人がこれを知るまでは効力を主張しえない（九八条の二）。営業を許された未成年者に対してなされたばあいは例外である（六条一項参照）。なお被保佐人は、受領能力を有する。

第四　代　理

一　代理の意義と種類　代理とは、ある人（代理人）の行為によって、他の人（本人）が、直接にその法律効果をうける制度をいう。こんにちのように、社会生活が複雑化している時代に、われわれはつねにみずから行為をしなければならない、というのでは不便であり、不可能でもある。ことに経営者がその企業活動の範囲を拡張するためには代理制度は不可欠である（**私的自治の拡張―任意代理制度**）。また現代の私法制度においては、すべての自然人に権利能力が認められているが、幼児や心神喪失者などは意思能力がないので、法律行為をすることができず、権利能力者たる効果をおさめることができない。ここにも代理制度の必要がある（**私的自治の補充―法定代理制度**）。

代理は、代表や使者とは異なる。**代表**は理事・取締役などの機関が法人を代表するように、代表機関の行為そのものが法人の行為とみられるのに対し、代理は代理人の行為によって本人が権利義務を取得するのである。したがって代表行為は、代理のように法律行為のみに認められる（九九・一〇〇条）のではなく、事実行為や不法行為（法人の賠償責任）もありうる。**使者**は、手紙を届けたり（伝達機関たる使者）、口上を伝えたり（表示機関たる使者）するよう、本人の決定した意思を第三者に伝達または表示する者である。これに対し代理は、代理人自身において意思を決定されるものである。

代理には、法定代理と任意代理（委任代理）、有権代理と無権代理などの区別がある。**法定代理**とは、本人の意思にもとづかないで生ずる代理であって、本人に対して一定の身分関係のある者が、法規によって当然代理人とせられるばあい（法定の親権者（八一八条））と本人以外の私人または裁判所によって指定または選任せられるばあい（協議による親権者（八一九条）・指定または選定後見人（八三九・八四一条）・裁判所の選任した不在者の財産管理人（二五・二六条））とがある。**任意代理**は、つねに本人の意思（信任）にもとづいて生ずる代理関係であって、民法は「委任による代理人」という用語を用いている。

有権代理とは代理権のあるばあいであり、**無権代理**とは、代理権のないばあいである。後者は、さらに**表見代理**と、**狭義の無権代理**に分かれる。

二　代理権

(1)　代理権の意義とその発生　代理権とあるけれども、純粋な意味の権利ではなく、本人のために代理人のなす法律行為が本人に法律効果を発生させる法律上の地位または資格であるといわれている（資格説が通説である）。

代理権の発生原因についてはすでにのべたとおりであるが、任意代理において、本人が代理人に代理権を授与する行為をとくに**授権行為**という。この行為の法律上の性質は、単独行為でも委任契約でもなく、代理権の授与を目的とする無名契約であると解されている。

授権行為には特別の方式は必要でないが、代理人に委任状を渡すのが慣例となっている。委任状を渡した以上、授権の範囲外の行為はもちろん、全然授権がなされていないばあいでも表見代理の法理によって本人が責任を負わなければならないばあいもあるから授権行為は慎重になすべきである。白紙委任状のばあいはとくにそうである。

(2) 代理権の範囲とその制限

(イ) 代理権の範囲(代理権限) 代理権の範囲は、法定代理のばあいは法律の規定によってさだまり(二八・五三・八二四条など)、任意代理のばあいは授権行為によってさだまる。権限のさだめのない代理人は、保存行為および利用・改良行為などの管理行為だけはなしうるが、処分行為はできない(一〇三条)。

(ロ) 代理権の制限

(a) 自己契約・双方代理の禁止 法律行為の当事者の一方が相手方を代理したり(自己契約)、一人で両当事者の代理人となること(双方代理)は禁止される(一〇八条)。禁止の理由は、これを認めたのでは代理権の濫用を生じ、本人に不利益をおよぼすおそれがあるからである。しかし、本人の許諾をえれば本人保護の考慮は必要でなく、また債務の履行のごとく本人の利益を害するおそれのないものには本条の適用はない(一〇八条但書)。なお、本条違反の行為は絶対的無効でなくひとつの無権代理であるから本人の追認によって有効となる。

(b) 共同代理の制限 共同代理は、数人の代理人が共同してのみ代理権を行なうことのできるばあいであるから(八一八条三項参照)、これも代理権に対するひとつの制限である。

(3)　**復代理**　復代理とは、代理人が自己の名である者をさらに代理人（復代理人）として選任し、その権限内の行為をさせることをいう。代理人が復代理人（本人の代理人）を選任しうる権利を**復任権**といい、その有無は法定代理と任意代理とで異なる。法定代理人はつねに復任権を有するが（一〇六条）。その復任については、やむをえず選任したばあいをのぞいては、全責任を負う（一〇六条但書）。任意代理人は原則として復任権を有せず、本人の許諾をえたときか、やむをえない理由のあるときにのみ有する（一〇四条）。しかしその行為については復代人の選任・監督に過失あるばあいだけ責任を負うに止まる（一〇五条）。

(4)　**代理権の消滅**　代理権は法定代理・任意代理ともに、本人の死亡、代理人の死亡、代理人の後見開始の審判または破産手続開始の決定によって消滅し（一一一条一項）、その他法定代理権は特別の規定により（二五条二項・二六・八三四・八三五条など）、任意代理権は委任その他の内部関係の消滅によって消滅する（一一一条二項）。

三　**代理行為**

(1)　**顕名主義（代理意思の表示）**　代理行為が成立するためには、代理人は、「本人のためにすることを示して」行為をすることが必要である（九九条一項）。これが顕名主義である。もし本人のためにすることを示さないですれば、その行為（意思表示）は原則として、代理人自身のためになしたものとみなされる（一〇〇条）。

(2)　**代理行為の瑕疵**　代理行為は、代理人自身の行為だから、意思の欠缺・詐欺・強迫など意思表示の効力に影響を及ぼすような事実の有無は代理人についてさだめられる（一〇一条一項）。しかし、特定の代理行為が本人の指図によってなされたときは、とくに本人を保護する必要もないから、代理人が不知でも、本人が知っていれば、本人は代理人の不知を主張することはできない（一〇一条二項）。

(3) **代理人の能力**　代理人は、行為能力者であることを要しない（一〇二条）。代理行為の法律効果は直接本人に帰属し、代理人に帰属しないから、行為能力（意思能力は必要）は必要でないという趣旨である。したがって、制限行為能力者の代理行為は完全に有効であって、取り消すことはできない（一〇二条）。しかし、制限行為能力者が一般原則に従い授権行為を取り消すことができることは別論である。このばあいの取消しの効果は遡及しない（一二一・一〇二条参照）。

(4) **代理行為の効果**　代理人のなした法律効果は、すべて直接本人に帰属する（九九条）。一度代理人に帰属してそれから本人に移転するという関係でなく、本人自身が意思表示をしたと同様に、意思表示から生ずるすべての効果が直接本人に帰属するという意味である。したがって本人はたんに権利を取得する能力（権利能力）さえあればよく、意思能力および行為能力を必要としない。

四　無権代理

無権代理とは、代理権がないのにもかかわらず代理人としてなされた行為をいい、つぎの二つの態様がある。

(1) **表見代理**　無権代理人が、本人との特殊な関係において、代理権があると誤信されやすいような外観をもち、これによって相手方が誤信したばあいは相手方を保護してやらねばならない。民法は、このような相手方の信頼を保護するために、本人をしてその行為の責任を負わしめた（一〇九・一一〇・一一二条）。これが表見代理である。表見代理は代理権があったのと同じ法律効果が生ずるとするものであるから、取引の安全は大いに保持される（**動的安全の原則**）。しかし表見代理もまた無権代理の一種であるから、相手方は取消権を有し、本人は追認によってこの取消権を消滅させることもできると考える。

民法は、つぎの三つのばあいを表見代理とした。

(イ)　代理権授与の表示による表見代理（一〇九条）　本人が、第三者に対して、ある人を自分の代理人とする旨の表示をしたが、実際は代理権を授与していなかったばあいである。相手方においては、代理権の存在を信ずるに相当の理由が必要である。委任状を交付したり、（たとえ、授権行為が無効・あるいは取消しうるばあいであっても）、自分の会社の支店名義や商号の使用を許したり、あるいはそれらの使用されているのを黙認する行為などが、これにあたる。

(ロ)　権限外の行為の表権代理（一一〇条）　代理人が代理権の範囲を越えて行為をしたばあいである。相手方は権限内の行為と信ずるに相当の理由がなければならない。したがって本条は、全く代理権のない者の代理行為には適用されない。そこで代理権の有無が重要なポイントになるのであるが、親の家産・家政を日常手伝っている者や営業に関与している者に代理権が与えられているかどうか、しばしば問題となる。これは、その者がたんなる事実上の補助者ないし意思伝達機関にすぎないのか、なんらかの代理権をもっているのかなどによって決すべきである。印鑑をある取引のために交付すれば一般に代理権を与えたとされ、印鑑の利用行為について本人は責を負わねばならないので、印鑑を他人に交付するときは注意を要する。しかしたんに事実上の保管を委託するという関係は代理権の授与にはならない。妻が夫の実印を所持するからといって、ただちに代理権を認定することもできない。

(ハ) **代理権消滅後の表権代理**(一一二条) 以前に存在した代理権が消滅したのちに代理人が代理行為をしたばあいである。このばあいも相手方は、代理権の存続を信ずるに相当の理由が必要である。解雇された店員が店の取引先と取引をするようなばあいがこれに該当する。

(2) **狭義の無権代理** 本人と無権代理人との間に表見代理のような特別の関係がない無権代理を狭義の無権代理という。このばあいは、本人の犠牲において取引の安全を保護する必要もないので、民法は本人に効力はおよばないとした(一一三条一項)。しかし、本人が無権代理行為を追認すれば、はじめにさかのぼって完全に有効となる(一一三条一項)。したがって、この無権代理行為は絶対的無効ではない。追認か取消までは効力未定の行為である。

右の不安定な状態から相手方を救済するために民法は相手方に催告権(一一四条)と取消権(一一五条)とを与えた。また相手方は、その選択によって無権代理人に履行を求めるか、それに代わる全損害(履行利益)の賠償を請求することができる(無過失責任)(一一七条)。

第五 無効および取消し

一 無 効

(1) **無効の意義と種類** 法律行為の無効とは、外見的には成立した法律行為がその効力要件を欠くがゆえに、当事者の意図した法律効果を全く生ぜしめえないことをいう。たとえば、意思能力のない者の法律行為(三一二頁)、目的の不法（九一条）、社会的不当（九〇条）、不能・不確定な法律行為（二三六頁）、心裡留保の例外のばあい（九三条但書）、虚偽表示（九四条）、要素の錯誤（九五条）などがこれである。無効は、法律行為の成立要件（二三五頁）を欠くためまだ成立するにいたらない**不成立**や無権代理のばあいのような効力未定（不確定）の効果とは異なる。しかし法文はかならずしも**これ**を区別していない（七四二条二号）。

無効には、(イ)**絶対的無効**と**相対的無効**、(ロ)**全部無効**と**一部無効**などの区別がある。ある人に対し、またはある人から無効を主張しえないばあい（九五条但書）を相対的無効というが、これは例外的に認められるにすぎない。後者は、無効原因が法律行為の内容の全部にあるか、一部にあるかの区別である。一部無効は法によって効力を救済されているばあいも多いが（二七八・三六〇・五八〇条など）、そうでないばあいでも解釈によって無効部分を合理的に改造し効力を認めてやるのが望ましい（二三八頁）。

(2)　**無効の効果**　無効は当然にして、かつ絶対的に効力を生じない。当事者の主張や裁判所の無効宣言も必要でなく、またいかなる第三者に対しても効力はない。したがって第三者から、いつでも無効の主張をなしうるのであるが、これについて解釈上制限されるばあいのある（九五条但書）ことはすでにのべた（二四一頁）。

無効の効果は確定的であるから、追認によっても、はじめにさかのぼって効果を生じさせることはできない（**遡及的追認**）（一一九条本文）、しかし当事者がその無効であることを知って追認したばあいは、法は当事者の意思を推測し、新らたな行為をしたものとみなすことにした（**非遡及的追認**）（一一九条但書）。

無効な行為でも、他の法律行為として有効要件を具備し当事者がその効果を欲しているばあいは、これを有効として取扱っていい。これを**無効行為の転換**という(九七一条参照)。

二 取消し

(1) 取消しうべき法律行為の意義 これは、一応有効に成立してはいるが、瑕疵があるために、その効力を遡及的にすなわちはじめから無効であったのと同一に帰せしめうる法律行為である。取消しうべき法律行為には、法定代理人ないし保佐人の同意をえないでした未成年者・被保佐人の行為(二二四頁)、成年被後見人の行為(二二五頁)、詐欺・強迫による意思表示(二四四頁)などがある。法律行為の取消しには、右のほか無権代理行為の取消し(一一五条)、詐害行為の取消し(四二四条)、書面によらない贈与の取消し(五五〇条)、身分行為の取消し(三〇三頁)などがあるが、第一二〇条以下に規定する取消しは、当事者の制限行為能力および意思表示の瑕疵(詐欺・強迫)を原因とするものにかぎられる。

(2) 取消しの効果 取消権者(制限行為能力者・瑕疵ある意思表示をした者・それらの代理人・承継人)において(一二〇条)、取消しうべき行為の相手方に対し取消しの意思表示をすれば(これは権利者一方の意思表示でなすことができ、その行為は単独行為であり、その権利は形成権である)(一二三条)、その法律行為は最初から無効であったことになる(一二一条)。それゆえすでに履行されたものがあれば、不当利得になるから返還しなければならない。ただし制限行為能力者は保護する必要があるので、その者の返還は、「現に利益を受けている限度」で償還すれば足りる(一二一条ただし書)。

(3) 取消しうべき法律行為の追認 取消権者は、取消権を放棄して、取消しうべき行為の効果を確定的に有効にすることができる（一二二条）。これが追認で追認権者は取消権者である。

追認がなくても、一般的にみて追認とみられるような一定の事実が存するばあいには、追認があったものとみなされる。これを**法定追認**という（一二五条）。

第六　条件および期限

一　条　件

(1)　条件の意義と種類　条件とは、法律行為の効力の発生または消滅を将来の不確定な事実の成否にかからしめる附款をいう。将来発生するかどうか不明な事実である附款が条件であり、条件のついた法律行為を条件附法律行為という。

条件は、停止条件と解除条件が重要である。**停止条件**とは、法律行為の効力の発生を、不確定な事実の成否にかからしめる条件をいい、たとえば試験に合格したら時計をやるというばあいである。もし試験に合格すれば条件（積極条件）が成就したのであるから、約束の時計がもらえる。すなわち合格のときに、贈与の効力が発生する（一二七条一項）。**解除条件**とは、法律行為の効力の消滅が不確定な事実の成否にかかっている条件である。たとえば、在学中に落第したら時計をかえせというばあいである。もし落第すれば、条件（消極条件）が成就したことになるから、まえにもらった時計はかえさなければならない。すなわち、落第のときに贈与の効力が消滅する（一二七条二項）。

(2)　条件附法律行為　条件附法律行為であっても、当事者は条件の成就によって将来権利を取得するという期待をもっているのだから、これを保護しなければならない。民法はこの期待を**条件附権利**として保護し、その利益を害してはならないと規定した(一二八条)。したがって、条件附権利を侵害すれば、損害賠償の責任が生じ、また処分行為は無効のものとなる。さらに民法は、条件成就により不利益をうける当事者が、故意に条件の成就を妨げたときは、相手方は条件が成就したものとみなすことができるとさだめる(一三〇条)。なおこの条件附権利は、処分・相続・保存または担保に供することもできる(一二九条)。

二 期限

(1) 期限の意義と効果 期限とは、法律行為の効力の発生・消滅または債務の履行を、到来することの確実な将来の事実にかからしめる附款をいう。期限たる事実は、到来することが確実なものである点で、条件と異なる。たとえば、かれが死んだら、というのは、人はかならず死亡するから期限であり、五年以内に死んだら、というのであれば、人が五年以内で死亡するかどうかは不確定であるから条件である。

期限の内容たる事実の発生を期限の到来という。期限の到来によって法律行為の効力が発生し、または債務が履行期となるものを**始期**(一三五条一項)といい、逆にその到来によって法律行為の効力が消滅するものを**終期**(一三五条二項)という。たとえば、テレビを五月一日から借そうというのは始期であり、同じくテレビを五月一日まで借そうというのは終期である。期限は、さきにのべたように事実の発生は確実でなければならないが、かならずしもその時期が確定している必要はない。到来の時期が確定しているものを、**確定期限**といい、発生する時期が不確定なものを**不確**

定期限という。天皇誕生日に、というのは前者であり、自分が死んだときに、というのは後者である。不確定期限を条件と混同してはならない。「成功の暁に支払う」という、いわゆる出世払の特約つき貸借は、条件でなく、結局は支払うのだが、成功の暁まで猶了してくれ、との意味であり、不確定期限と解されるばあいが多いであろう。

(2) 期限の利益の放棄と喪失

期限の利益とは、期限の存在すること、すなわち、始期または終期の到来しないことによって当事者がうける利益である。期限の利益は放棄することができる（一三六条二項）。期限の利益が当事者のいずれにあるか、ばあいによるが、民法は債務者にあると推定し（一三六条一項）、相手方の利益を害しないかぎりこれを放棄することができるとした（同条二項）。しかし期限の利益が相手方にあるばあいでも、損失を賠償して放棄できると考える。なお、期限の利益は債務者が破産するとか、担保を毀滅減少するなどの事由があれば、債務者の信用はなくなるのだから、債務者は期限の利益を失い、債権者は期限の到来をまつことなく、ただちに請求することができる（一三七条）。

第六項 期 間

期間とは、ある特定の時点から他の特定の時点まで継続する時の区分である。人が成年になるには二十年の期間が必要であるように（三条）、期間は法律の規定により（三〇・五一・一六二条など）、あるいは裁判所の命令により（一九六・九一五条など）、あるいはまた法律行為によってさだまる（一一九・一二四・一三五条など）。

民法の規定する**期間の計算方法**は、つぎのようである(一三八条)。

(イ) 時・分・秒を単位とする期間は、即時から起算する(一三九条)。すなわち、**自然的計算法**による。

(ロ) 日・週・月・年を単位とする期間は、はじめの日はもう二十四時間はないのだから、初日を算入しないで翌日から起算し(一四〇条)、期間末日の終了によって満了する(一四一条)。ただし年齢の計算や戸籍の届出など初日を算入する法令も多い(初日不算入の原則の例外)。

(ハ) 月・年を単位とする期間は、月の大小・年の平閏を無視して暦にしたがって計算し(一四三条一項)、最後の月の起算日に応当する日の前日(午後十二時)に満了する(同条二項本文)。一月一日に、これから一ケ月といえば、翌日の二日から起算し、二月二日の前日二月一日に満了する。二月一日に一ケ月の期間をさだめれば、三月一日が満了日になり、平年ならその間の日数は二十八日しかない。しかしこれも一ケ月の期間である。また一月三十日に、今から一ケ月といえば、起算日は三十一日で二月三十日に満了するはずだが、これに応当する日がない。このときは、その月の末日すなわち二十八日が満期日となる(一四三条二項但書)。このように期間を暦にしたがって計算する方法を、**暦法的計算法**という。

(ニ) 期間の満了日が祝日(国民の祝日に関する法律)・日曜日・その他の休日にあたるときは、なおその日に取引をなす慣習がないかぎり、一日延長して、翌日が満了日となる(一四二条)。

第七項　時　効

第一　時効の意義と存在理由

一　時効の意義

時効とは、一定の期間一定の事実状態が継続することによって、権利の得喪を生ずる制度をいう。民法は、権利を取得するばあいを取得時効、権利が消滅するばあいを消滅時効と呼び（一六二条以下・一六六条以下）、両者を総称して「時効」と名づけている（第一編第七章）。

二　時効制度の存在理由

時効は、一定の期間継続するところの事実状態を尊重し、これが真実の法律関係に合致するかどうかを問わず、一応その事実状態に法的保護をあたえ、これを権利関係にまで高めようとするものである。いったい、その理由はどこにあるのだろうか。

一般には、時効制度の主たる存在理由として、(イ)永続する一定の事実状態を、そのままみとめることが、社会の法律関係の安定ないし取引の安全のために必要であることを挙げ、副次的に、(ロ)長期間継続した事実状態は立証が困難であること、(ハ)長期間権利の行使をしないで「権利の上に眠っている者」は法の保護に価しないことなどが挙げられる。

右の説明に対して、「時効の名のもとに呼ばれている諸制度を過度に一般化し、その結果、異質的な諸種の時効のあいだの差異を抹殺し、それらの制度の要点を見失わせている」との非難がある。この説によれば、時効には異質的な諸制度が含まれているのであるから、共通した「存在理由」を挙げるのは実益に乏しく、しいていえば、それは「存在理由」ではなくて、法的処理の技術（法的構成）、すなわち一定の者にとって有利な法定証拠を生ぜしめる、という点であると説明される。

三　時効と区別すべきもの

(1) **除斥期間**　除斥期間とは、一定期間の経過のみによって、当然に権利の消滅を生ぜしめる制度をいう。時効のように、権利不行使という事実状態が尊重されるのではなく、ここでは権利行使が可能であったかどうかを問題としないで、ただ長期間権利が行使されないばあいその権利関係をすみやかに確定しようという点に重心がおかれている。それゆえ時効のような、中断・停止または援用・放棄という制度はなく、期間の経過によって確定的に効力を生ずるのである。一般には民法が「時効によって」と規定するばあいが消滅時効で、それ以外のものが除斥期間（一九三・二三四三八二条など）であるが、両者の区別はたんに条文の文言にかかわることなく、権利の性質と規定の実質にしたがってなされるべきである。

(2) **不行使による権利の失効**（**Verwirkung**）　権利が永い期間行使されないでいて、のちにいたって突然行使されれば、それまで権利は行使されないであろうとおもっていた相手方の期待は裏切られ、またその権利行使が、信義則に反するばあいもでてくる。そこで、この相手方ひいては社会の期待を保護するため、そのような権利行使は法的にも許されない（権利の失効）という主張がなされるようになった。この考えはドイツの権利失効の原理にならったものであり、わが民法上一般的に承認してよいかどうかは権利者の利益との権衡上疑問があるが、個別的・具体的ばあいにおいてはこの原理の働きうることを認めてよいであろう。とくに時効期間内や消滅時効が認められない権利について失効の原則を適用する実益は大きい。

第二　時効の効力

一　時効の遡及的効力

時効の効力は起算日に遡って生ずる（一四四条）。けだし、時効は一定の期間継続する事実関係をそのまま保護せんとする制度だからである。取得時効の起算日は、物の占有または権利の準占有をはじめた日（一六二・一六三条）であり、消滅時効のそれは、権利を行使しうる日（一六六条）である。

二　時効の援用

時効の援用とは、時効によって利益をうける者が、時効の利益をうけようとすることである。民法は、当事者が時効の援用をしなければ裁判所は時効にもとづいて裁判することができないと規定した（一四五条）。これは、時効の効果をうけるかどうかは当事者の意思にまかせた方がよいという趣旨である。しかし民法は他方において、時効によって権利を取得するとか（一六二・一六三条）、権利は消滅する（一六七条以下）というように、期間の経過によって権利の得喪が絶対的に生ずるかのような規定のしかたをしている。そこで、このような一見矛盾する規定をいかに調和させるかが問題となり、学説も多岐にわたっている。時効制度をいかに認識するかによって、実体法説と訴訟法説が対立している。**実体法説**は、制度理由の中心を社会の法秩序の安定におき、時効は実体法上権利の得喪を生ずるものとする。これには、さらに**確定効果説**と**不確定効果説**（条件説）とがある。前者は判例および旧時の通説がとった見解で時効により権利の得喪は絶対的に生じ、援用は訴訟上の防禦方法であるという。この説には、実体関係と裁判との間に矛盾が生じうるし、また当事者の意思をまつことなく権利の得喪を生ずるとすることは時効の趣旨に反する、との非難がある。後者は、時効の完成によって絶対的に権利の得喪を生ぜしめるものではないとする見解で一応右の非難をまぬがれうるが、これにも、さらに**解除条件説**と**停止条件説**の二つがあり、後者はこんにちの通説となっている。以上に対して**訴訟法説**は、時効を訴訟上の証拠方法として捉え、援用は裁判所における証拠の主張であるとするもので近時の有力説である。この説にも右の非難がなされるのであるが、そのような矛盾が生ずることは現行民事訴訟が当事者主義（弁論主義）をとるかぎり、なんらふしぎでないと反論される。

なお、援用の性質に関する意見の対立は、**援用の方法**や援用権者の範囲について著しい差異をもたらす。通説である実体法説によれば、援用は時効の効果を確定させる実体法上の意思表示であるから、援用は裁判上はもちろん、裁判外でもすることができ、また第二審の口頭弁論終結時までにすればよい。時効の効力を確定させるところの援用は、その撤回を許さない。訴訟法説によれば、時効の援用は証拠の主張であるからかならず裁判上でなすことを要し、裁判外の援用は裁判所を拘束しない（この点、時効を実体法上の問題として把握する確定効果説も、援用は訴訟上の攻撃防禦方法とみるから同様の結論に達する。このことから確定効果説を訴訟法説の範疇に加える見解もあるが、時効を純粋の訴訟法上の問題とする訴訟法説とはいくぶん趣を異にするので一応右の分類にしたがう）。援用の時期は前説と同じである。その理由は、援用が実体法上の権利関係を確定させる行為だからではなく、証拠の主張（攻撃防禦方法）だからである。ゆえに援用の撤回も許される。

時効の**援用権者の範囲**について、訴訟法説は時効なる証拠の提出を必要とする当事者に広く援用権を認めるが、実体法説ことに判例は、時効によって直接利益をうける者に限定し、抵当不動産の第三取得者や表見相続人から相続財産を譲りうけた者については消滅時効の援用権はないという。この判例の見解は多くの学者の非難をうけるところとなったが、最近になって判例は、物上保証人に援用権はないとした先例(論傍)をくつがえし、他人の債務を担保するために自己の不動産をいわゆる弱い譲渡担保に供した者について援用権を肯定し、援用権者の範囲をいくらか広く認める傾向にある。

三　時効の利益の放棄

(1)　**完成前の放棄**　時効の利益を予め放棄することは許されない（一四六条）。その理由を、実体法説は、時効受益者の利益保護と時効の公益的性質に求めるのに対し、訴訟法説は、将来時効が完成しても時効（時効なる証拠―時効抗弁権）を援用しないとの証拠契約をすることが許されないことは当然だとする（ただし、両説内でも意見の統一はみない。以下も同様である）。いずれにせよ、右の趣旨から時効の完成を容易にする特約は有効であるが、困難にする特約は（時効期間の延長・中断や停止事由の拡張）一般に無効と解されている。

(2) 完成後の放棄

(イ) 意義と性質（とくに単独行為か契約か） 時効完成後の放棄は、第一四六条の反対解釈からして有効である。なぜなら、時効は社会的制度ではあるが、他面個人の意思をも尊重する制度であり、かつ完成前のような弊害も伴わないからである、と説明される（実体法説）。しかし、時効の公益的性質を強調するこの立場では、完成後の放棄を当然に許すとするのは、理論的に困難であるようにおもわれる。同様に、時効の客観性・強行性を強く主張する訴訟法説によっても、そこでは個人の意思は後退されるから、消極的な態度がとられざるをえない。

要するに、理論的に問題はあるにしても、完成後の放棄が許されることについては疑いがない（一四六条）。それでは時効利益の放棄とはいかなる意味であろうか。確定効果説と訴訟法説にもっとも問題がある。判例は、放棄を時効の効力を消滅させる意思表示（相手方ある単独行為）であるとしている。しかし、時効により実体法上確定的に権利を喪失したものが、放棄によってなにゆえふたたび権利を取得することになるのだろうか。これを合理的に説明するには、放棄を贈与と解するかあるいは債務負担の意思表示と解するほかないが、それでは相手方の同意が必要となって不都合であろう。訴訟法説によっても説明が困難であるが、しいていえば、時効完成後でも、なお自分が無権利者であることを自認し（取得時効）、または自分が義務を負っていることを自認する行為（消滅時効）などが放棄にあたる、とする見解もある。以上に対し、比較的難点の少ないのが不確定効果説（停止条件説）であって、これによれば放棄は、時効の効果を生じさせないことに確定させる意思表示ということになる。

(ロ)　放棄の要件（放棄の方法）　援用権の放棄は、裁判上のみならず裁判外においてもなしうる（判例）。放棄は、ひとつの処分行為だから、処分の能力または権限を有することが必要である。また時効の完成を知ってなすことを要すると考える。時効の公益性を重視すれば、弁済などの意思が明示された以上、援用権存在の知、不知にかかわりなく有効となろう（もちろん、放棄が留保されたばあいは別として）。しかし、放棄を相手方に対する意思表示とみるかぎり、援用権の存在を知らない放棄はナンセンスである。放棄には特別の方式は必要でない。明示はもちろん黙示の放棄も有効である。ただ後者はその性質上、援用権の存在を知ったうえでなしたものかどうかとくに問題となる。この関係でたんなる時効完成後の弁済・延期証の差入れあるいは債務の承認などを放棄とみうるであろうか。考えるに、そのような行為があったからといって、かならずしも時効の完成を知ってなしたものということはできないであろう。したがって、完成を知らないでなしたばあいは放棄とはならず、時効受益者は、改めて援用をすることができると解するのが妥当である。判例は当初、時効の完成を知ってなしたものと推定し、とくに知らないでしたことを立証したときにかぎり、改めて援用することができる、としていたが、右の推定は事実に反するとの非難をうけ、最近になって変更されるにいたった（ただし、債務の承認に関するこの判例は、時効完成の事実の知・不知を問わず、時効の援用は許されないと判示する）。

第三　時効の中断と停止

一　時効の中断

時効はある事実状態の継続による効果であるから、この事実状態とあいいれない事実が生ずれば時効は中断し、すでに経過した時効期間は消滅する。あいいれない事実がなくなれば、時効はふたたび進行し、時効の期間はその時点からあらたに計算される（一五七条）。時効の中断はこの意味で時効の停止とともに、時効完成の障害である。除斥期間にはこのような中断はない。

民法は、**時効の中断事由**として(イ)請求　(ロ)差押え・仮差押え・仮処分　(ハ)承認の三つを挙げ（一四七条）、請求に属するものを六つ規定している（一四九ないし一五五条）。第一四七条以下の規定は、取得時効、消滅時効に共通のものであって、これによる中断を、**法定中断**をいう。

二　時効の停止

時効によって権利を喪失する者が、時効の完成まぎわになって、その不利益を免れんがため権利を行使しようとするさい、その権利行使（中断行為）が不能または著しく困難なばあいは、時効の完成を一時延期してやらねば権利者にとってははなはだ酷である。これが停止制度を設けられた理由である。

民法は**停止事由**を、(イ)法定代理人のない制限行為能力者のためにする停止、(ロ)婚姻解消による停止、(ハ)相続財産に関する停止、天災事変による停止、の四つについて規定している（一五八ないし一六一条）。

第四　取得時効

(1)　所有権の取得時効　所有の意思をもって平穏かつ公然に他人の物（動産・不動産）を占有し、これが一定期間継続することによって所有権を取得する（一六二条）。占有の継続期間は、占有者が占有のはじめ、他人の物であることについて善意かつ無過失であったか否かで異なる。すなわち、他人の物であることを知らず（善意）、また知らないことに過失がなかったばあいは十年（二項）、他人の物であることを知り（悪意）、もしくは知るべきはずであったばあいには二十年である（一項）。

取得時効はさきにのべた一般的な中断（法定中断）のほかに、占有の中止または侵奪によっても中断する（一六四条）。**これを自然中断**という。

(2)　所有権以外の財産の取得時効　所有権以外の財産権（たとえば地上権・永小作権・特許権・鉱業権など）でも、自己のためにする意思をもって権利を行使すれば、所有権に準じて十年または二十年の取得時効にかかる（一六三条）。

第五　消滅時効

(1)　消滅時効の意義　消滅時効とは、権利消滅の原因たる時効で、権利の不行使が一定期間継続することによって完成する。ここに権利の不行使とは、権利を行使しうる状態にありながら、これを行使しないことである。

消滅時効の起算は、権利を行使できるときからする（一六六条一項）。たとえば、確定期限のある債権は、期限到来のとき、不確定期限のある債権は、債務者が期限の到来を知らないでも期限到来のとき、期限のさだめのない債権は、債権成立のとき、停止条件附債権は、条件成就のときからそれぞれ消滅時効は進行する。

消滅時効と取得時効は、その性質を異にする。したがって、始期附または停止条件附の権利にあっては、まだその権利を行使しえないから、消滅時効が進行することはないが、第三者のもとで取得時効が完成し、権利を失うおそれはある（一六六条二項）。そこで民法はこの権利者の不利益を防止するために、その第三者にいつでも承認（中断事由）を求めることができるとした（一六六条二項但書）。

(2) 債権の消滅時効 普通の債権の時効期間は、十年である（一六七条）。しかしこのほかに民法は、五年（一六九条）、三年（一七〇・一七一条）、二年（一七二・一七三条）、一年（一七四条）の短期消滅時効をも規定している。

(3) 債権以外の財産権の消滅時効 債権または所有権以外の財産権（たとえば、地上権・永小作権などの物権や鉱業権など）は、一般に、二十年の期間によって消滅する。

占有権や所有権は消滅時効にかかることはない。所有権にもとづく物上請求権・相隣権（二〇九条以下）・共有物分割請求権（二五六条）なども、それじたい消滅時効にかからないと解されている。

第二節　財　産　法

第一款　物　権　法

第一項　物　権　総　論

第一　物権の意義と特質（とくに債権との比較において）

人間は肉体的生物であるから、人が生活してゆくためには食料はもちろんのこと、衣料・住居などの物質的な基礎がかならず必要である。そこで人類は、自然の物質やエネルギーを支配し利用しようとする。人が財産（外界の物資）を支配するには、直接に支配するか間接に支配するかの二つの方法がある。前者が、**物権**であり、後者が**債権**である。たとえばAが建物を所有しているとしよう。Aはその建物に居住し、他人に貸して賃料をうけ、あるいは他に売却して代金をうるなど自由である。これは物権が**支配権**である結果である。またAがこれらの行為をするには、他人の行為を必要としない。他人はただAの支配を侵害してはならないだけである（不可侵性）。すなわち、物権は直接支配である。ところがBがAの建物を買う約束が成立したとする。このばあいBはAに建物の所有権を引渡すよう請求することができるだけで、前例のAのように建物を直接支配することはできない。すなわち、債権は**請求権**であって、債権が目的を達するためには債務者の行為（給付）が必要なのである。BはAの行為を媒介として建物を間接に支配するにすぎない。

物権が支配権である結果として必然的に、**排他性**を有する。物の上に直接支配がなされている間は、他の者はこれと同様の支配をすることはできない。たとえばひとつの建物を同時にAもBも所有するということはありえない（ただし、ひとつの建物をAとBで共同所有することは可能であるが、これはあくまで一個の所有権を所有（共有）するばあいである）。その根拠は、物権の客体が物じしんのもつ経済的価値にある。これに対し、債権は排他性をもたない。たとえば、Aの建物をBが買いうけて、その建物の引渡を求める権利（債権）をもっているばあい、Cもまたその建物について同様の債権を取得することができる。その根拠は、債権の客体が債務者の行為（給付）による経済的価値だからである。すなわち、債権は債務者の行為を請求する権利だから、同じ物の引渡しを求める権利は二人が別々にもつことができるのである。物権の客体は物だから完全支配ということは可能であるが、債権者はその債権の目的を達成するため、債務者を直接に支配するということは人格尊重の原則からしてできない。債務労働（Peonage）、すなわち、債務の履行としての強制労役のごときは、憲法の禁ずるところである（憲法一八条参照）。もし債務者が給付をしないときは、債権者は裁判所を通じて履行を強制してもらうほかない。要するに、排他性の存否は、権利の客体が物であるか、人間の行為であるかの根本的な差異にかかわる問題なのである。

右のことから物権を定義すれば、「**物権とは**、特定の物を直接かつ排他的に支配する財産権である」ということができる。

第二　物権法の原則

物権は、**第一**でのべたように強い排他性を有するから、その存在を一般に公示しておくことが、取引の安全からいって必要である。わが民法は、原則として不動産については**登記**を、動産については**占有**を公示の方法としている。このように、物権の変動には、つねに外部から認識しうるなんらかの表象を必要とするという原理を**公示主義**または**公示の原則**という。

また当事者に任意に物権を創設することを認めたのでは、公示の主義はつらぬけないし、物権の種類や内容が区々になっては一般取引上不都合が生ずる。そこで民法は、物権は民法その他の法律でさだめられたものにかぎるとした（一七五条）。**これを物権法定主義**という。

これに反し債権は排他性がないので、原則として公示も必要でなく、その内容も自由に決定できる（**契約自由の原則**）。ただし、近時の**債権の物権化傾向**には注意を払う必要がある（六〇五条不動産登記法二条二号・七条二項参照）。

第三　物権の効力

一　優先的効力（優先権）

物権はその種類によって、おのおの特有な効力を有するが、物権一般の共通な効力として、まず優先的効力がある。これには二義がある。第一は、物権相互間の優先的効力であり、物権は同一内容の物権相互間において、さきに成立した物権は、そのあとに成立する物権に優先する。物権の排他性からして当然である。第二は、債権に対する**優先的効力**であり、債権の目的となっている物に物権が成立すれば、物権が優先する。「**売買は賃貸借を破る**」という原則は、このことをいいあらわしたものである（しかし、ここでも債権（賃借権）の物権化傾向に注意される必要がある）。

二　物権的請求権（物上請求権）

物権は物を直接に支配する権利だから、物権の内容である支配状態が、なんらかの事情によって妨げられているばあい、その妨害の除去を請求することができる。これを物権的請求権または物上請求権という。民法は占有権についてのみ規定しているが（一九七条以下）、他の物権についても認められる。

物権的請求権には、(イ)物に対する支配が奪われたばあい、その物の返還を請求する、**目的物返還請求権**、(ロ)奪われはしないが、それ以外の事情で支配が現実に防害されているばあい、その妨害の除去を請求する、**妨害排除請求権**、(ハ)物の支配を侵害されるおそれがあるばあい、そのおそれの生ずる原因の除去を請求する、**妨害予防請求権**の三種がある。以上のうち(イ)にのべた目的物の返還を請求することのできる権利を**追求的効力**（**追及権**）と呼ぶこともあるが、これを優先的効力や物権的請求権とは、一応別個の効力としてあげる見解もある。

第四　物権の種類

民法は物権法定主義をとり、民法第二編に、**占有権・所有権・地上権・永小作権・地役権・入会権・留置権・先取特権・質権・抵当権**の物権を認める。その目的とするところは、占有権によって物権的支配の秩序維持をはかり、所有権をして物に対する全面的支配を認め、地上権・永小作権・地役権および入会権をもって、他人の物を一定の範囲で使用・収益させ（**用益物権**）、さらに留置権・先取特権・質権・抵当権で、物を債権の担保に供させようとするものである（**担保物権**）。

物権を内容（支配）によって分類すれば、つぎのようである。

- 物権
  - 占有権
  - 本権
    - 所有権
    - 制限物権（他物権）
      - 用役物権
        - 地上権
        - 永小作権
        - 地役権
        - 入会権
      - 担保物権
        - 留置権
        - 先取特権
        - 質権
        - 抵当権

第五　物権の変動

一　意思主義と形式主義

物権の変動とは、物権の発生・変更・消滅の総称をいう。物権の主体からみれば、物権の取得・変更・喪失である。民法は、設定・移転（一七六条）、得喪・変更（一七七条）、譲渡（一七八条）、消滅（一七九条）などの用語を用いてこれをあらわす。

物権変動の原因（法律要件）で、もっとも主要なものは法律行為である。そのほか、民法上の原因としては、時効（一六二条以下）、混同（一七九条）、無主物先占（二三九条）、遺失物拾得（二四〇条）、附合・混和・加工（二四二条以下）、相続（八九六条）などがあり、公法上の原因として、公用徴収（土地収用法一ないし七条）、没収（刑法一九・一九条ノ五など）などがある。

物権の変動を目的とする法律行為があれば、その意思表示の効果として物権は変動する（一七六条）。このように、物権の変動は、意思表示のみで効力を生じ、そのほかなんらの形式を必要としない主義を、**意思主義またはフランス法主義**という。たとえば、土地を売買したとしよう。買主は、いつ土地の所有権を取得するかといえば、売買契約（債権契約）があったとき、その効果として当然所有権を取得し、別に所有権の移転を目的とする物権行為を必要としない。簡単にいえば、原則として債権契約と物権契約を峻別せず、また物権行為の独立性を認めない立場といえよう（**物権行為の独自性否認**）。

右のことから、物権変動の原因となった債権行為が取消されたり、解除されたりして無効となったばあいは、物権行為も当然無効となる。前例でいえば、相手所の所有権の返還行為を要せず、取消しまたは解除のときに、当然所有権は売主に復帰する（**物権行為の有因性**）。以上の考えはわが民法において通説・判例のとるところでもある。

これに反して、**形式主義またはドイツ法主義**では物権の変動を生じさせる意思表示は、債権を生じさせる意思表示とは別個の行為（物権的法律行為）が必要であり、かつその意思表示のほかに特別の方式（動産は引渡・不動産は登記）が必要であるとする。この制度では、債権（行為）契約と物権（行為）契約は峻別され、債権契約だけでは物権の変動は生じないで、物権の変動を生ぜしめるためには、別に物権契約をしなければならない（**物権行為の独自性肯定**）。また物権契約はその原因である債権契約が無効になっても、当然に無効となるものではない（**物権行為の無因性**）。したがってこの制度によれば、一応取引の安全は保護されることになる。

わが民法下でもこの立場に賛成され、第一七六条にいう意思表示は、物権変動だけのための意思表示（債権行為の意思表示でなく、物権行為の）とされる有力な見解がある。これによれば、たとえば土地売買の契約があっても、それのみでは土地の所有権は買主に移転せず、別に物権（所有権）移転の意思表示をしなければ物権変動（所有権移転）は生じない。すなわち、物権変動の時期は、「債権行為の時ではなく、物権行為のなされた時であり、そしてそれが何時なされたか疑わしいときは、登記の申請（又は委任状その他登記申請に必要な書類授受の時若しくは登記完了の時）又は目的物引渡の時（現実の引渡がないときは対価の支払があったとき）に、物権的意思表示が黙示的になされたもの」と解するのである。

しかし、わが民法はフランス法主義にならったものであり、物権行為には特別の形式も必要とされず、登記・引渡もたんなる対抗要件にすぎない。また物権行為の意思表示と債権行為の意思表示とは、その外形的形式において区別されていない。これらのことを勘案すれば第一七六条の意思表示に債権行為の意思表示を含むとする前説が妥当である。

二　対抗要件

わが民法は、「当事者の意思表示のみによって」物権変動を生ずるとする（一七六条）。しかし物権は排他的財産権であるから、意思表示だけで完全な効果を生ずるとしたのでは、それを外部から認識しえない第三者は不測の損害を蒙る危険があり、ひいては一般取引の安全と敏活を阻害することになる。ここにおいて、物権変動を広く第三者が認識できるような形式を具備させる必要が生ずる（**公示の原則**）。民法は、不動産については**登記**を（一七七条）、動産については**引渡し**を（一七八条）、公示の形式とした。このほか、慣習上「**明認方法**」という公示方法が案出され、判例もその効力を認めている。

物権変動は、右の形式を具備しない以上、その変動をもって第三者に対抗できない（一七七・一七八条）。ここにいう登記を必要とする物権変動とは、意思表示による変動のみならず、民事訴訟法や競売法による変動あるいは公用徴収による変動なども含まれる。相続や時効取得なども同様と考える。引渡しを必要とする物権変動は、譲渡およびこれと同視すべき取消または解除などによる所有権の復帰にかぎられる。他の原因による動産所有権の得喪変更については引渡しを対抗要件としない。けだし多くは占有を伴うか（時効（一六二条）・先占（二三九条）、遺失物拾得（二四〇条）など参照）、占有を要件としないからである（埋蔵物発見（二四一条）、添付（二四三条）など参照）。相続も占有を原則として承継する。

三　登記すべき物権変動

(イ)　登記できる権利　登記簿に登記できる権利は、不動産物権（一七七条）およびとくに登記できるとされた権利である。不動産物権は、所有権・地上権・永小作権・地役権・先取特権・質権・抵当権である（不登一条）。占有権・留置権は、その本質上占有という事実によって表象されるから登記の必要はない。一般先取物権は、債務者の総財産を対象とする物権であるから登記は不要である（三三六条参照）。入会権は、対抗要件を不要とする慣習がある。

物権以外の民法上の権利でとくに登記できる権利に、不動産賃借権（六〇五条、不登一条八号）、不動産買戻権（五八一条、不登三七条・五九条ノ二参照）が、特別法上の権利に、採石権（採石法四条三項、不登一条九号）がある。立木の所有権および抵当権（立木二条参照）、農業用動産の抵当権（農業動産信用法一二条以下参照）、工場財団抵当権（工場抵当法九条参照）などはそれぞれの登記簿に登記される。

(ロ)　登記すべき物権変動　民法は、登記すべき物権変動を、物権の「得喪及び変更」（一七七条）としているが、不動産登記法は、不動産に関する権利の設定（たとえば抵当権設定）、保存（たとえば建物の新築）、移転、変更（たとえば地上権の期間延長）、処分の制限（たとえば二七二条）、消滅としている（不登一条）。

(ハ)　登記できる物権変動　物権変動はすでに述べたが、このような物権変動はその発生原因を問わず、すべてこれを登記しなければならないのか、学説が分かれており、意思表示による変動のみ登記が必要だとする説もあるが、判例は一般論としては原因のいかんを問わず、すべての変動に登記が必要だと解している（大連判明四一・一二・一五民録一四輯一三〇一頁）。したがって、売買・贈与、法律行為の取消・解除など意思表示による変動はもちろんのこと、相続・時効・添附・競売および公用徴収などのように意思表示によらない変動でも、登記しなければ第三者に対抗することができないのが原則であるが、建物の新築による所有権の取得、不動産の滅失による所有権の喪失などについては登記を必要としないなど、その適用にあたっては、次のように問題が多い。

(二) 法律行為 (a)売買・贈与・死因贈与(大判昭和一三・九・二八民集一七巻一八七九頁)・地上権または抵当権の設定行為などによる物権変動には登記を必要とすることは当然である。包括遺贈については、包括受遺者は相続人と同一の地位をもつとされる(九九〇条)ので登記不要とされる(大判昭和九・九・二九法律評論二四巻民法一五〇頁)。特定遺贈については、意思表示によって物権変動の効果が生ずるのは贈与と同様であるとして、特定遺贈も、共同相続人の一人の持分を差し押えた債権者に対抗できないとされる(最判昭和三九・三・六民集一八巻三号四三七頁)。

(b) 無権代理行為の追認(一一六条)、遡及効のある停止条件の成就(一二七条三項)、選択債権の選択(四一一条)のように、物権変動の効力が遡及的に発生する場合も登記(仮登記による本登記の順位保全)が必要である。遡及効の特約がある解除条件付法律行為の条件が成就したときや留保された解除権が行使されたときのように、物権変動の効力が遡って消滅する場合も同様である。しかし特別の登記方法が定められている場合があり、買戻の場合には、買戻の特約の登記が必要である(五八一条、不登三七条。解除条件付抵当権につき不登三八条・一一七条)。再売買の予約も登記が必要であるが、予約完結後の順位保全のための仮登記が認められている(不登二条二号)。

(c) 法律行為の取消し (i)取消前の第三者 制限行為能力者・詐欺・強迫を理由として法律行為が取り消され、

物権変動の効力が遡及的に消滅した場合には、取消し以前に利害関係を有するに至った第三者に対しては、登記なくして当然に消滅をもって対抗しうる、と解するのが通説・判例（大判昭和四・二・二〇民集八巻五九頁）である。このような場合、取消しによる物権変動をあらかじめ登記させることは不可能であり、また取消しの遡及効は原則として絶対的であることを理由とする。しかし、詐欺による取消しの場合には、第三者を犠牲にしてまで表意者を保護する必要はないから、第三者が善意のときには取消しを対抗できない（九六条三項）。この場合善意の第三者が保護されるためには登記が必要か否か争われているが、判例には登記不要説と解することができるようなものがある（最判昭和四九・九・二六民集二八巻六号一二一三頁）。

(ii)　取消し後の第三者　取消し後の第三者については、登記がなければ対抗できないと解するのが通説・判例（大判昭和一七・九・三〇民集二一巻一七号九一一頁、判1）である。あたかも取消しの相手方から原権利者と第三者とに二重譲渡があったと同様に解し、登記の先後で優劣を決するのである。

この通説・判例に対しては、取消権者は取消しをしながら登記を放置すれば第三者に対抗できないが、取消しそのものを放置すれば対抗できるという不当な結果になり、また、取消し後の第三者との優劣を登記によって決することは悪意の第三者も保護されることになって好ましくない、との批判があり、近時は、取消し後の第三者に対しても九六条三項を類推適用し、善意者のみを登記の有無に関係なく保護すべきだとか、取消権者が取消権発生の原因から自由になり、取り消しうべき行為の外形たる登記を有効に除去しうる状態になりながら、なおそれを除去せずに放置することは、虚偽表示に準ずる容態であるから、その後にこの外形を信頼して利害関係を有するに至った第三者は、九四条二項の類推適用によって保護すべし、との説が唱えられている。

(iii) 無効の場合　法律行為が心裡留保・虚偽表示・錯誤によって無効となる場合には復帰ということは考えられないから、無効主張の時期に関係なく、登記なしに対抗しうる（虚偽表示の無効は善意の第三者（未登記の場合でも）に主張できない）。これに対しても錯誤の主張後は取消しと同様登記なしには対抗できないとの説がある。

判例1　詐欺による意思表示の取消しと第三者〔大判昭和一七・九・三〇民集二一巻九一一頁〕

【事実】Xの先代X′はY_1に土地を売却し、Y_1は所有権移転登記を受けた。だが、Y_1は登記の当日、僅かの内金を支払って登記済証を手に入れ姿を消してしまった。X′・Y_1間の売買はY_1の詐欺を理由として取り消されたが、Y_1はY_2のために抵当権設定登記、及び代物弁済予約の仮登記をなした。Y_2はY_1の詐欺について前記各登記時には善意であった。XはY_1に対して所有権移転登記の抹消を、Y_2に対しては前記各登記の抹消を請求した。

一、二審ともX勝訴。Y_2が上告。破棄差戻。

【判旨】「凡ソ民法第九十六条第三項ニ於テ詐欺ニ因ル意思表示ノ取消ハ之ヲ以テ善意ノ第三者ニ対抗スルコトヲ得ザル旨規定セルハ、取消ニ因リ其ノ行為ガ初ヨリ無効ナリシモノト看做サルル効果即チ取消ノ遡及効ヲ制限スル趣旨ナレバ、茲《ココ》ニ所謂第三者トハ取消ノ遡及効ニ因リ影響ヲ受クベキ第三者即チ取消前ヨリ既ニ其ノ行為ノ効力ニ付利害関係ヲ有セル第三者ニ限定シテ解スベク、取消以後ニ於テ始メテ利害関係ヲ有スルニ至リタル第三者ハ仮令其ノ利害関係発生当時詐欺及取消ノ事実ヲシラザリシトスルモ右条項ノ適用ヲ受ケザルコト洵《マコト》ニ原判決ノ如クナリト雖、右条項ノ適用ナキノ故ヲ以テ直ニ斯カル第三者ニ対シテハ取消ノ結果ヲ無条件ニ対抗シ得ルモノト為スヲ得ズ。今之ヲ本件ニ付テ観ルニ本件売買ガ……詐欺ニ因リ取消シ得ベキモノナリトセバ、本件売買ノ取消ニ依リ土地所有権ハX'ニ復帰シ初ヨリY_1ニ移転セザリシモノト為ルモ、此ノ物権変動ハ民法第百七十七条ニ依リ登記ヲ為スニ非ザレバ之ヲ以テ第三者ニ対抗スルコトヲ得ザルヲ本則ト為スヲ以テ、取消後Y_1トノ契約ニ依リ権利取得ノ登記ヲ為シタルY_2ニ之ヲ対抗シ得ルモノト為スニハ、取消ニ因ル右権利変動ノ登記ナキコト明カナル本件ニ於テハ其ノ登記ナキモ之ヲY_2ニ対抗シ得ベキ理由ヲ説明セザルベカラズ。然ルニ原判決ハ此ノ点ニ付何等説示スル所ナクシテ取消ニ因ル右権利変動ヲ当然Y_2ニ対抗シ得ルモノノ如ク解シY_2ガY_1トノ契約ニ因リ登記シタル権利ヲ取得セザリシモノト為シ、登記ハ原因ヲ欠クヲ以テ之ガ抹消登記ヲ為スベキ義務アル旨判示シタルハ理由不備ノ違法アリ。原判決中Y_2敗訴部分ハ破毀ヲ免レズ。」

(d)　法律行為の解除　(i)解除前の第三者　解除前に取引関係に立った第三者がいるときは民法五四五条一項但書により、解除による物権の復帰を対抗できない。この場合第三者に登記がない場合でも対抗できないかについて学説が分かれ、法定解除の効果につき直接効果説をとれば、五四五条一項但書は第三者を保護するためにとくに設けられた規定ということになるから、登記不要説に傾き、間接効果説をとれば、物権の復帰と第三者への物権の移転とは対抗関係に立つことになり登記必要説に傾く（早く登記した方が勝つ）。判例は理由は明らかでないが、登記を必要とするものがある（大判大正一〇・五・一七民録二七輯九二九頁）。合意解除の場合も同様である（最判昭和三三・六・一四民集一二巻九号一四四九頁）。

(ii) 解除後の第三者　第三者と解除者との関係は二重譲渡の関係に類似するが、間接効果説も直接効果説もこれを対抗関係と解し、判例も登記がなければ第三者に優先しないとする（最判昭和三五・一一・二九民集一四巻一三号二八六九頁）。

(ホ) 取得時効　(a) 時効完成時の権利者との関係　時効取得者は、時効完成当時の所有者およびその包括承継人に対して登記なくして時効による物権取得を対抗することができる（大判大正七・三・二民録二四輯四二三頁）。その理由は、時効取得者と権利喪失者との関係は、あたかも承継取得（理論的には原始取得）における当事者たる地位にあるからである（だから時効取得の登記は移転登記の方法による）。したがって、A所有の不動産をBが時効取得した場合にはBは登記なしにAに時効取得を主張することができ（大判大正七・三・二民録二四輯四二三頁）、Bの時効進行中にAがその所有する不動産をCに売却して登記を経た場合でも、Bの時効取得によって権利を失うのはCであり、BとCは当事者の関係にあることになるから、BはCに対して登記なくして所有権の取得を対抗することができる（最判昭和四一・一一・二二民集二〇巻九号一九〇一頁）。Cの取得がBの時効完成前であれば、その登記がBの時効完成後であっても同様である（最判昭和四二・七・二一民集二一巻六号一六五三頁）。

(b) 時効完成後の第三者との関係　時効完成により目的物の権利が占有者Bに帰属した後、第三者Cが従前の所有者Aから権利を譲り受けた場合にBがCに対し権利取得を対抗するためには登記を必要とするというのが判例である（大連判大正一四・七・八民集四巻四一二頁、判2）。Bの所有権取得とCへの譲渡を二重譲渡と同様に考えるのである。この場合、もし時効期間を逆算して時効期間の起算点をずらすことができれば、すべての登記名義人の変更を時効完成前であるとして、時効取得者は時効取得を登記なしに第三者に対抗できることになるが、判例は、時効取得者が起算点を勝手に動かしたり、逆算することを認めず、必ず占有開始の時点から起算すべしという(大判昭和一四・七・一九民集一八巻八五六頁)。判例によれば、たとえば善意無過失の占有者が悪意の占有者よりも不利益をうけるなどの欠点があるが、これについては、時効完成後に第三取得者が登記しても、その後占有者がひき続き取得時効に必要な期間占有を続けた場合には、この第三取得者に対し登記なくして時効取得を主張しうる(最判昭和三六・七・二〇民集一五巻七号一九〇三頁)として、これを緩和している。

(c)　学説　時効完成前と後における第三取得者を、二重譲渡における当事者と二重譲受人に類比しながら、判例の結論を支持する説が多いが、起算点を固定することについては反対が多い。現在の時点からの逆算を認める説、任意選択を認める説、悪意占有者が善意占有者より保護されることになるのを防ぎ時効完成の前後で第三者の扱いが不当に異なるのを是正するため登記による時効中断を認める説などがある。また、時効完成後の第三取得者の登記後にも再び時効が進行するという判例の態度にも批判がある。逆算説、任意選択説は結局のところ登記不要説に行きつくが、はじめから登記不要を論じる説もある。不要説によって、時効取得者がいつまでも登記なしに権利主張できるとなれば取引の安全が害されるので、時効取得者が時効の完成を知りながら登記を怠っている場合には、取消と同様、九四条二項の類推により善意無過失の第三者には時効取得を対抗しえない、と解する説がある。

判例2　取得時効と登記〔大連判大正一四・七・八民集四巻四一二頁〕

【事実】　Y_1の先々代が国有の未開地に家屋を建築したが、明治二一年四月にこの土地家屋を先々代がXの先代に売る契約をし、Xの先代およびXは所有の意思をもって平穏公然にその土地を占有してきた。Y_1の先代Y_1'は明治三二年一二月二七日に北海道国有未開地処分法によって本件土地の所有権を与えられ、大正五年四月六日に自己名義の保存登記をし、同月二〇日にこれをY_2に売却した。Y_2は同月二七日これをY_3に売却し、Y_3は所有権移転登記を受けた。明治二九年にXの先代が死亡し、その家督相続人Xは時効を理由として所有権取得を主張し、Y_1・Y_2・Y_3に対しそれぞれ保存登記、移転登記の抹消を求める訴を提起した。

一審はXが敗訴し、二審はXが勝訴。Y_1・Y_2・Y_3が上告。破棄自判。

【判旨】「時効ニ因リ不動産ノ所有権ヲ取得スルモ其ノ所有権取得ニ付登記ヲ受クルニ非ザレバ之ヲ第三者ニ対抗スルコトヲ得ザルハ当院従来ノ判例トスル処ナリ……。Y_1ノ先代Y_1'ノ受ケタル本件ノ保存登記ハ決シテ原判決ノ説示セル如キ無効ノ登記ニ非ザルノミナラズ、Xガ該登記ヲ基礎トシ時効ニ因ル所有権取得ノ登記ヲ受ケザル間ニY_2及Y_3ガ売買ニ因ル所有権移転ノ登記ヲ受ケタルハ二重売買ノアリタル場合ニ後ノ買主ガ前ノ買主ニ先ンジテ登記ヲ受ケ更ニ他人ニ登記手続ヲ為シタル場合ト同一ニ論ズベク、何等之ヲ区別スベキ理由ナキガ故ニ、右Y_2・Y_3ノ受ケタル登記モ亦有効ナリト論断スベキモノトス。然ラバ原院ガ……Xハ登記ナクシテ時効ニ因ル所有権ノ取得ヲ右Y_2・Y_3ニ対抗シ得ベキ旨判示シタルハ違法ニシテ、論旨ハ此ノ点ニ於テ理由アリ。而シテXノ本訴請求ハ所有権ニ基クモノナルヲ以テ、Xガ時効ニ因ル所有権ノ取得ヲY_2及Y_3ニ対抗スルヲ得ザルコト明ナル以上Xノ請求ハ全部却下スルニ足リ他ニ審理ヲ必要トスルモノナ(シ)。」

(へ) 相続 (a)対抗問題の原則的不成立 昭和二二年の民法改正前は相続による不動産物権の取得についても登記

を必要とするとされていたが（判3）、隠居や入夫婚姻による生前相続が廃止された後は、原則として相続による物権変動の対抗問題は生じないことになった。被相続人Aからその生存中に物権を取得した譲受人Bと相続人Cは当事者の関係にあるから互いに第三者の関係に立たない。だからBはその物権取得を登記なしにCに主張しうる。これに対して、相続人Cからさらに不動産の譲渡を受けたDはBと相互に第三者の関係に立つ（二重譲渡の一類型、いわゆる相続介在二重譲渡）から、両者の優劣は登記によって決まる。真正相続人が相続による権利取得を、表見相続人から不動産の処分を受けた第三者に対して主張するには、登記を要しない。表見相続人は無権利者であり、その者と取引した第三者も権利を取得するいわれがないからである（大判昭和二・四・二二民集六巻二六〇頁など）。相続を放棄した者は、はじめから相続人ではなかったものとみなされる（九三九条）から、放棄による不動産持分の取得は、登記なくして第三者に対抗できる（最判昭和四二・一・二〇民集二一巻一号一六頁）。放棄は要式行為であり（九三八条）、期間も制限されているので（九一五条一項）、第三者が害される危険は少ないとして、学説も登記不要としている。

(b)　共同相続の場合　共同相続人の一人Aが自己の持分を超える権利を、自己に所有権があるとして、第三者Bに譲渡し移転登記をすませた場合に、他の共同相続人Cは、自己の相続分を登記なくして、この第三者Bに対抗しうるか。判例は、戦前は登記不要説・必要説に分かれていたが、最高裁は、Aの登記はCの持分に関するかぎり無権利の登記であり、登記に公信力なき結果BもCの持分に関するかぎりその権利を取得するに由ないとして、登記不要説をとっている（最判昭和三八・二・二二民集一七巻一号二三五頁、判4）。学説には、登記必要説やA・C間を虚偽表示関係にみて九四条二項を類推適用し、あるいは相互に代理権があるとして表見代理を適用して、第三者の保護をはかる説があるが（相続財産が共有か合有かという議論とも関連し、その他多くの説がある）、多くは判例を支持している。しかし、不動産を単独相続したとして登記をして、その上に抵当権を設定した者は、自己の持分を超える持分についての抵当権の無効を主張することは信義則に照らし許されない（最判昭和四二・四・七民集二一巻三号五五一頁）。

(c) 遺産分割と登記　遺産分割は相続放棄と異なり、登記を経なければ、法定相続分を超える権利をもって第三者に対抗しえない、とするのが判例である（最判昭和四六・一・二六民集二五巻一号九〇頁）。すなわち、法定相続分と異なる割合での分割協議が成立しても、その旨の登記をしなければ法定相続分に従った相続登記をし、共同相続人の一人の持分について差押をした債権者に対抗できないとされる。遺産分割も遡及効を有するのに、登記しなければ第三者に対抗できないとされるのは遺産分割の宣言主義が実質的には移転主義に近づいていることの現われであるが、学説の多くは判例を支持している。

判例3　家督相続と登記〔大連判明治四一・一二・一五民録一四輯一三〇一頁〕

【事実】　Aの隠居による、Xは家督相続をしたが、A所有の不動産の相続登記はしなかったこと、および、Y等が本件不動産について所有権移転登記を得たことは明らかであるが、事実の詳細は不明。XはY等に対して登記の抹消を請求した。

原審はX敗訴、X上告。上告棄却。

【判旨】「民法第一七六条ニ物権ノ設定及ビ移転ハ当事者ノ意思表示ノミニ因リテ其効力ヲ生ズトアリテ、当事者間ニ在リテハ動産タルト不動産タルトヲ問ハズ物権ノ設定及ビ移転ハ単ニ意思表示ノミニ因リテ其効力ヲ生ジ他ニ登記又ハ引渡等何等ノ形式ヲ要セザルコトヲ規定シタルニ止マリ、又其第一七七条ニハ不動産ニ関スル物権ノ得喪及ビ変更ハ登記法ノ定ムル所ニ従ヒ其登記ヲ為スニ非ザレバ之ヲ以テ第三者ニ対抗スルコトヲ得ズトアリテ、不動産ニ関スル物権ノ得喪及ビ変更ハ其原因ノ如何ヲ問ハズ総テ登記法ノ定ムル所ニ従ヒ其登記ヲ為スニ非ザレバ之ヲ以テ第三者ニ対抗スルヲ得ザルコトヲ規定シタルモノニシテ右両条ハ全ク別異ノ関係ヲ規定シタルモノナリ……。第百七十七条ノ規定ハ、同一ノ不動産ニ関シテ正当ノ権利若クハ利益ヲ有スル第三者ヲシテ登記ニ依リテ物権ノ得喪及ビ変更ノ事状ヲ知悉シ以テ不慮ノ損害ヲ免ルルコトヲ得セシメンガ為メニ存スルモノニシテ、畢竟第三者保護ノ規定ナルコトハ其法意ニ徴シテ毫モ疑ヲ容レズ。而シテ右第三者ニ在リテハ物権ノ得喪及ビ変更ガ当事者ノ意思表示ニ因リ生ジタルト将タ之ニ因ラズシテ家督相続ノ如キ法律ノ規定ニ因リ生ジタルトハ毫モ異ナル所ナキガ故ニ、其間区別ヲ設ケ前者ノ場合ニ於テハ之ニ対抗スルニハ登記ヲ要スルモノトシ、後者ノ場合ニ於テハ登記ヲ要セザルモノトスル理由ナケレバナリ。加之家督相続ノ如キ法律ノ規定ニ因リ物権ヲ取得シタル者ニ於テハ意思表示ニ因リ物権ヲ取得シタル者ト均シク登記法ノ定ムル所ニ従ヒ登記ヲ為シ以テ自ラ其権ヲ自衛シ第三者ヲモ害セザル手続ヲ為シ得ベキハ言ヲ俟タザル所ナレバ、其間敢テ区別ヲ設ケ前者ハ登記ヲ為サズシテ其権利ヲ第三者ニ対抗シ得ルモノトシ、後者ノミ登記ナクシテ其権利ヲ第三者ニ対抗シ得ザルモノトスルノ必要ヲ認ムルニ由ナケレバナリ。故ニ原院ニ於テ本件ノ如キ隠居ニ因ル不動産ノ取得モ亦民法第百七十七条ノ適用ヲ受ケ、其登記ヲ為スニ非ザレバ第三者ニ対抗スルヲ得ザルモノト判定シタルハ結局其当ヲ得タルモノ……」

判例4　相続と登記〔最判昭和三八・二・二二民集一七巻一号二三五頁〕

【事実】　Aはその所有不動産甲乙丙を残して死亡し、Aの妻X_1、その子X_2、X_3、Y_1が法定相続分に従って共同相続した。Y_1の夫Bが書類を偽造してY_1の単独相続の登記をなし、不動産甲乙はY_2のため、不動産丙はY_3のために、売買予約にもとづく所有権移転請求権保全の仮登記をした。X_1等はY_1には単独相続登記の抹消を、Y_2とY_3には仮登記の抹消を各々請求。

一審はX_1等勝訴、二審はY_1等勝訴、X_1等が上告。上告棄却。

【判旨】　「相続財産に属する不動産につき単独所有権移転の登記をした共同相続人中の乙ならびに乙から単独所有権移転の登記をうけた第三取得者丙に対し、他の共同相続人甲は自己の持分を登記なくして対抗しうるものと解すべきである。けだし乙の登記は甲の持分に関する限り無権利の登記であり、登記に公信力なき結果丙も甲の持分に関する限りその権利を取得するに由ないからである……そして、この場合に甲がその共有権に対する妨害排除として登記を実体的権利に合致させるため乙、丙に対し請求できるのは、各所有権取得登記の全部抹消登記手続ではなくして、甲の持分についてのみの一部抹消（更正）登記手続でなければならない……けだし右各移転登記は乙の持分に関する限り実体関係に符合しており、また甲は自己の持分についてのみ妨害排除の請求権を有するに過ぎないからである。

従って、本件において、共同相続人たるX_1らが、本件各不動産につき単独所有権の移転登記をした他の共同相続人であるY_1から売買予約による所有権移転請求権保全の仮登記を経由したY_2らに対し、その登記の全部抹消登記手続を求めたのに対し、原判決が、Y_1が有する持分九分の二についての仮登記に更正登記手続を求める限度においてのみ認容したのは正当である。また前示のとおりこの場合更正登記は実質において一部抹消登記であるから、原判決はX_1らの申立の範囲内でその分量的な一部を認容したものに外ならない。」

(ト)　競売・公売　強制競売・任意競売・租税滞納処分による公売が行われた場合、競売・公売にもとづく競落人（買受人）への物権変動は登記しなければ第三者に対抗できないのかどうか問題となる。すなわち、A所有の不動産Bに競落されたが、登記（嘱託によってなされる、民執八二条一項一号、税徴一二一条）がなされなかった場合に、CがAからその不動産を譲り受け、あるいは、Aの財産として差押などした場合、BはCに対して所有権取得を対抗しうるか。学説は競売・公売も実質的には債務者と買受人との売買であるとして、登記を必要とする。判例も一般論として登記を必要とし（大判大正八・六・二三民録二五輯一〇九〇頁）、登記の対抗力は売却時まで遡るとしている（大判昭和一二・五・二二民集一六巻七二三頁）。

(チ)　公用収用　土地収用や農地買収などの公用収用は、競売が実質的には売買であるのと異なり、所有者の権利を強制的に消滅させ収用者に所有権を原始取得させるものとされている。しかし、特別の公用収用とされる自作農創設特別措置法にもとづく買収処分について（最判昭和三九・一一・一九民集一八巻九号一八九一頁）だけでなく、土地収用についても登記が必要であると解されている（大判明治三八・四・二四民録一一輯五六四頁参照）。なお、農地の買収処分について、買収の相手方を誰にすべきかは一七七条と関係がないとされる（最大判昭和二八・二・一八民集七巻二号一五七頁）。

(リ)　建物の新築　(a)建物の新築による所有権の原始取得は、競争取引者が生ずる余地がないから、登記なしで所有権取得をなんぴとに対しても主張できる。

(b)　建築中の建物が土地から独立した一個の不動産となってから譲渡された場合には、登記（譲渡人名義の保存登記および所有権移転登記または譲受人名義の保存登記）をしなければ、第二譲受人に所有権取得を対抗できない（大判昭和一〇・一〇・一民集一四巻一六七一頁）が、建物が独立の不動産となる前に譲渡され、譲受人が完成された場合には登記を必要としない。

(c)　建築請負において、注文者が主たる材料を提供した場合には注文者が建物所有権を原始取得し、登記を必要としない（大判昭和七・五・九民集一一巻八二四頁）が、請負人が主たる材料を提供した場合には、請負人が所有権を取得するから、注文者の所有権取得には登記を必要とする（なお、所有権の帰属につき、最判昭和四四・九・一二判時五七二号二五頁参照）。

(ヌ)　権利の消滅　意思表示による不動産物権の消滅は登記がなければ第三者に対抗できない（大決大正一〇・三・四民録二七輯四〇四頁など）が、存続期間（登記された地上権の存続期間、不動産質権の存続期間など）の満了による消滅については登記を必要としない（大判大正六・一一・三民録二三輯一八七五頁）。消滅時効や混同による消滅についても登記を要すると解されているが、抵当権者が抵当不動産の所有権を取得しその旨の登記をした場合のように、混同の事実が登記簿上明かな場合には登記を要しない（大判大正一一・一二・二八民集一巻八六五頁）。また、被担保債権が消滅すれば担保物権も消滅するが（担保物権の付従性）、これは登記を要しないし、建物が滅失した場合など物権の客体が滅失した場合は登記を必要としないことは当然である。

四　登記を必要とする第三者の範囲

(イ)　第三者の意義　(a)民法一七七条は、「第三者」の範囲についてなんらの制限も設けていない。一般には、第三者は「当事者およびその包括承継人以外の者」すべてを指すと解されているが、一七七条の「当事者」には、物権変動の原因たる行為の当事者だけでなく、登記を必要とする物権変動によって、その効果を直接に受ける者も含まれる。したがって、時効取得者と時効完成時の所有者（大判大正七・三・二民録二四輯四二三頁）、競落人と従来の所有者（大判昭和七・一一・一〇新聞三四九九号一二頁）などは当事者である。

(b)　しかし、前記の意味で形式的に「第三者」に該当する者であっても、以下のような者は登記がないことを主張できないとされる。①「詐欺又は強迫によって登記の申請を妨げた第三者」（不登五条一項）、たとえば二重譲渡がなされた場合に、詐欺・強迫によって、第一譲受人の登記申請を妨げた第二譲受人など。②「他人のために登記を申請する義務を負う第三者」（不登五条二項）、たとえば第一譲受人に代って登記申請をすべき、法定代理人・受任者・破産管財人など。ただし、これらの者は義務を怠ったことを非難されるのであるから、登記申請義務が自己の登記原因より後に生じた場合には登記がないことを主張できるとされる（不登五条ただし書）。

(c)　不動産登記法四条・五条による制限以外に第三者から除外される者があるかについては、判例・学説に変遷がある。

(i)　無制限説　当初の判例・学説は、すべての第三者に対して登記が必要であると解し、いわゆる無制限説をとっていた（大判明治三八・一〇・二〇民録一一輯一三七四頁など）。それは、一七七条が単に「第三者」とだけ規定し、旧民法財産篇三五〇条のような制限（「名義上ノ所有者ト此物権ニ付約束シタル者又ハ其所有者ヨリ此物権ト相容レサル権利ヲ取得シタル者ニ対抗スルコトヲ得ス」と規定していた）がないこと、公示の原則からみて、不動産に関する一切の権利関係は登記によって画一的に取り扱うべきであること、などを理由としていた。

(ii)　制限説　その後判例は、登記を必要とする物権変動の原因について無制限説をとる（判3）と同時に、第三者の範囲について制限説をとるに至った（判5）。

これを契機に学説も制限説が支配的となり、今日ではこれが通説となっている。問題となるのは第三者の制限基準であるが、とりわけ前掲大連判明治四一年の「登記欠缺ヲ主張スル正当ノ利益ヲ有スル者」の具体的内容が問題となる。登記なくして対抗しえない第三者について、学説には、①「当該不動産に関して有効な取引関係に立てる第三者」とする説、②「甲の物権変動に付いて登記なきことを主張せんとする者は、若し甲の物権変動を認めるとすれば内容がこれと両立せざるが為め論理上当然に否認されねばならぬ権利を有する者なることを要する」（第一原則）が、「物権侵害者に対して侵害の排除又は損害賠償を請求するが為めには、其物権が登記されていることを必要とせぬ」（第二原則）とする説、③「物的支配を相争う相互関係に立ち、かつ登記に信頼して行動すべきものと認められる者に限る」とする説などがあるが、いずれも完全に説明されているとはいえないようであり、④「もし、物権変動の前主自身が権利を主張したならば、この主張に屈服しなければならないような第三者に対しては、物権変動の後主は、登記なくして、同じ権利を主張しうる」と機能的にとらえる説もある。

判例5　第三者制限説判決〔大連判明治四一・一二・一五民録一四輯一二七六頁〕

【事実】建物をAから譲り受けたと主張するXと、自分で新築して所有権を原始取得したと主張するYとの間の所有権確認請求事件であるが、事実の詳細は不明。

原審は、Xに登記がないとの理由でX敗訴。X上告。破棄差戻。

【判旨】「民法第一七七条ニハ……第三者ノ意義ニ付テ明ニ制限ヲ加ヘタル文詞アルヲ見ズ。是故ニ之ヲ物権ノ性質ニ考ヘ又之ヲ民法ノ条文ニ徴シテ卒然之ヲ論ズルトキハ、所謂第三者トハ不動産ニ関スル物権ノ得喪及ビ変更ノ事為ニ於ケル当事者及ビ其包括承継人ニ非ザル者ヲ挙テ指称スト云ヘル説ハ誠ニ間然スベキ所ナキガ如シ。然レドモ、精思深考スルトキハ未ダ必シモ其然ラザルコトヲ知ルニ難カラズ。抑民法ニ於テ登記ヲ以テ不動産ニ関スル物権ノ得喪及ビ変更ニ付テノ成立要件ト為サズシテ之ヲ対抗要件ト為シタルハ、既ニ其絶対ノ権利タル性質ヲ貫徹セシムルコト能ハザル素因ヲ為シタルモノト謂ハザルヲ得ズ。然レバ則チ其時ニ或ハ待対ノ権利ニ類スル嫌アルコトハ必至ノ理ニシテ毫モ怪ムニ足ラザルナリ。是ヲ以テ、物権ハ其性質絶対ナリトノ一事ハ本条第三者ノ意義ヲ定ムルニ於テ未ダ必シモ之ヲ重視スルヲ得ズ。」

「加之本条ノ規定ハ同一ノ不動産ニ関シテ正当ノ権利若クハ利益ヲ有スル第三者ヲシテ登記ニ依リテ物権ノ得喪及ビ変更ノ事状ヲ知悉シ以テ不慮ノ損害ヲ免ルルコトヲ得セシメンガ為ニ存スルモノナレバ、其条文ニハ特ニ第三者ノ意義ヲ制限スル文詞ナシト雖モ、其自ラ多少制限アルベキコトハ之ヲ字句ノ外ニ求ムルコト豈難シト言フベケンヤ。何トナレバ対抗トハ彼此利害相反スル時ニ於テ始メテ発生スル事項ナルヲ以テ、不動産ニ関スル物権ノ得喪及ビ変更ニ付テ利害関係アラザル者ハ本条第三者ニ該当セザルコト尤著明ナリト謂ハザルヲ得ズ。又本条例制定ノ理由ニ視テ其規定シタル保障ヲ享受スルニ値セザル利害関係ヲ有スル者ハ亦之ヲ除外スベキハ蓋疑ヲ容ルベキニ非ズ。由是之ヲ観レバ、本条ニ所謂第三者トハ当事者若クハ其包括承継人ニ非ズシテ不動産ニ関スル物権ノ得喪及ビ変更ノ登記欠缺ヲ主張スル正当ノ利益ヲ有する者ヲ指称スト論定スルヲ得べシ。」

「即チ同一ノ不動産ニ関スル所有権抵当権等ノ物権又ハ賃借権ヲ正当ノ権原ニ因リテ取得シタル者ノ如キ、又同一ノ不動産ヲ差押ヘタル債権者若クハ其差押ニ付テ配当加入ヲ申立テタル債権者ノ如キ皆均シク所謂第三者ナリ。之ニ反シテ、同一ノ不動産ニ関シ正当ノ権原ニ因ラズシテ権利ヲ主張シ或ハ不法行為ニ因リテ損害ヲ加ヘタル者ノ類ハ皆第三者ト称スルコトヲ得ズ。」

「本件ニ於テXハ係争家屋ヲ前所有者Aヨリ買受ケテ之ヲ所有スル事実ヲ主張シ、又Yハ自ラ之ヲ建築シテ所有スル事実ヲ主張シタルコトハ原判決及ビ第一審半径ノ事実摘示ニ明記スル所ナリ。故ニ若シXノ主張真実ニシテYノ主張真実ナラザルトキハ、Yハ帰スル所係争家屋ニ関シテハ正当ノ権利若クハ利益ヲ有セザル者ナルヲ以テ、民法第一七七条ニ所謂第三者ニ該当セザル者ト謂ハザルヲ得ズ。而シテ原判決ハ如上当事者ノ主張事実ニ付テハ別ニ確定スル所ナク、Xガ未ダ登記ヲ為サザルヲ理由トシテ其権利ヲYニ対抗スルコトヲ得ザル旨判示シ以テ其請求ヲ排斥シタルハ本条ノ規定ヲ不当ニ適用シ且理由ヲ付セザル不安アル裁判タルコトヲ免レズ。」

(ロ)　第三者に該当する者

(a)　同一不動産上に物権を取得した者——①二重譲渡における第二譲受人が典型的事例であるが、競落人および競落人からの譲受人もこれにあたる。②所有権を取得した者が未登記の間に他物権を取得した者。③他物権の設定を受けた者が未登記の間に所有権を取得した者。④他物権の設定を受けた者が未登記の間に他物権の設定を受けた者。

これらに、相続が介在している場合も同様である。つまり、AからBに不動産が譲渡されたが登記がなされていない間に、CがAを相続し、CがDに当該不動産を譲渡した場合には、相続人Cは被相続人Aの法的地位を包括的に承継するので、AからB・Dに二重譲渡されたのと同様だからである（大連判大正一五・二・一民集五巻四四頁）。

これらの物権相互間では、先に登記された物権に抵触する範囲で未登記あるいは後に登記された物権は否定される。すなわち、①所有権移転登記がなされれば、他の所有権取得あるいは他物権の設定は否定され、②他物権の登記がなされれば、所有権は他物権を負担したものとなり、③他物権相互間では、抵当権の実行によって消滅する地上権、あるいは、抵当権に対抗できる地上権となり、また抵当権は順位を異にすることになる。

(b)　当該不動産につき、差押などをして物的支配を取得した債権者　一般債権者は、一般的には第三者に該当しないが（大判大正四・七・一二民録二一輯一一二六頁）、物権変動の目的である不動産につき債務者（譲渡人）の所有物であるとして差押・配当加入申立などして物的支配を獲得した場合には、第三者となる（差押債権者につき、最判昭和三一・四・二七民集一〇巻四号四一七頁）。破産債権者（大判昭和八・一一・三〇民集一二巻二七八一頁）、限定承認の場合の相続債権者（大判昭和九・一・三〇民集一三巻九三頁）、詐害行為取消権を行使した債権者（大判昭和一一・七・三一民集一五巻一五七八頁）なども第三者である。債権者代位権を行使した債権者は第三者ではない（大判明治四三・七・六民録一六輯四六頁）。なお、処分禁止の仮処分をした債権者を第三者とした判例があるが（最判昭和三〇・一〇・二五民集九巻一一号一六七八頁）、これは一七七条の対抗問題ではなく、仮処分の効力としてとらえるべきである（最判昭和三〇・一二・二六民集九巻一四号二一一四頁）。

(c)　賃借権者　賃借権そのものの否認の場合には、賃借権者は第三者であること（大判昭和六・三・三一新聞三二六一号一六頁）、争いがない。不動産賃借権の「物権化」により（六〇五条、借地借家一〇条・三一条など）、実質的に物的支配を有しているからである。判例は賃貸人の地位の承継にも登記を要するとしている（賃料請求につき大判昭和八・五・九民集一二巻一一二三頁、解約申入れにつき最判昭和二五・一一・三〇民集四巻一一号六〇七頁）。

(ハ)　第三者に該当しない者　(a)実質的無権利者、およびその者からの譲受人・転得者　①無効登記の名義人、およびこの者からの転得者。表見相続人およびその譲受人（大判昭和二・四・二二民集六巻二六〇頁）、不正に登記名義を得た者およびその譲受人（大判大正三・一〇・二刑録二〇輯一七七一頁）、譲渡が錯誤により無効である場合の譲受人（大判昭和六・四・二新聞三二六二号一五頁）など。②虚偽表示による取得者（大判昭和五・四・一七新聞三二一一号一一頁）およびこの者からの転得者（悪意の転得者は虚偽表示の無効を対抗されるし（大判明治四二・一一・二六民録一五輯二八頁）、善意の転得者は登記なくして権利取得を主張できる（最判昭和四四・五・二七民集二三巻六号九九八頁）。なお、善意転得者と丙とは対抗関係になる（最判昭和四二・一〇・三一民集二一巻八号二二三二頁）と解されている）など。③被担保債権が消滅した後に抵当権を譲り受けた者。被担保債権の弁済による抵当権の消滅には登記を要しないから（大決昭和八・八・一八民集一二巻二一〇五頁）、抵当権移転の附記登録を受けても、抵当権設定者や不動産譲受人に抵当権取得を主張できない。

(b)　不法行為者、不法占拠者　不法行為者・不法占拠者は当該不動産についてなんら権利を有する者ではないから、物権者は登記なしに、損害賠償請求（大判昭和二・二・二一新聞二六八〇号八頁）、明渡請求（判6）が認められる。

判例6　不法占有者に対する家屋明渡請求事件〔最判昭和二五・一二・一九民集四巻一二号六六〇頁〕

【事実】　Aは養女BがCと結婚するにあたり本件家屋をBに贈与した。Bはこの家屋をY_1に賃貸したが、Y_1がY_2と内縁関係に入り、Y_2は本件家屋でY_1を編集名義人として新聞社を経営した。Bは本件家屋を畳建具付のままXに売却した。XはY_1と家屋賃貸借契約の合意解除をし、Y_1はその明渡をした。だが、Y_1は明渡後Y_2と共に本件家屋を占拠するに至った。XがY_1Y_2に建物明渡を請求。

第一審・第二審ともX勝訴、Y_1Y_2が上告。上告棄却。

【判旨】　「原審の認定した事実によると、Y_1Y_2は結局何等の権原なくしてX所有の本件家屋を占有する不法占有者だということになる。不法占有者は民法第一七七条にいう『第三者』に該当せず、これに対しては登記がなくても所有権の取得を対抗し得るものであること大審院の不変の判例で、当裁判所も是認する処である。されば、原審が登記の点について判断する処なくしてXの請求を是認したのは結局正当で、論旨は上告の理由とはならない。」

(c)　一般債権者　一般債権者も第三者に該当すると解する説もあるが、判例は否定している（大判大正四・七・一二民録二一輯一一二六頁）。

(d)　その他、受寄者、転々移転した場合の前主（大判明治四四・六・二〇民録一七輯四一一頁）および後主（大判昭和一二・一二・二一法学七巻四号五三二頁）などは第三者に該当しないとされている。

(二)　背信的悪意者　(a)第三者の善意・悪意　従来、判例・通説ともに、公示の原則は外形によって画一的に規律すべきであって、当事者の内心的事情によって差別することは、取引の安全を害するとして、第三者の善意・悪意は問わないと解してきた。しかし戦後、学説・下級審は信義則（一条二項）に反するような背信的悪意者は「第三者」から除外すべきであると主張し、最高裁もついに「民法一七七条にいう第三者については、一般的にはその善意・悪意を問わないものであるが、不動産登記法四条または五条のような明文に該当する事由がなくても、少なくともこれに類する程度の背信的悪意者は民法一七七条の第三者から除外さるべきである」と解するに至った（最判昭和四〇・一二・二一民集一九巻九号二二二一頁、なお、判7）。

(b)　背信的悪意者の類型としては、①第二譲受人が譲渡人と共謀して、転売あるいは第一譲受人に対し価格のつり上げを計るなどして不当な利益を得ようとする場合（最判昭和三一・六・一一最高裁判所裁判判例集民事二六号八五九頁、判7など。）（なお、第二譲受人が第一譲受人を害する意思で積極的に譲渡人を教唆して、安価に買い受けたという事案について、第二の譲渡を公序良俗違反で無効であるとした最判昭和三六・四・二七民集一五巻四号九〇一頁があるが、転得者（抵当権の設定を受けた者）の地位を否定した点で批判もある）、②第二譲受人が第一譲受人の権利を承認しておきながら後にこれを否定する場合（最判昭和四四・一・一六民集二八巻一号一八頁）、③第二譲受人と譲渡人との間に親族的関係など密接な関係がある場合、などが考えられる（背信的悪意者の類型については、北川弘治「民法一七七条の第三者から除外される背信的悪意者の具体的基準(1)—(4・完)」判例評論一二〇号～一二三号参照）。

判例7　背信的悪意者による山林二重売買事件〔最判昭和四三・八・二民集二二巻八号一五七一頁〕

【事実】　ＹＡ間で四筆の山林の売買契約をしたが、契約書には一筆のみを示し、それ以外は付図で明らかとされた。Ｙはこの引渡を受け占有管理をしてきたが、一筆の山林のみの所有権移転登記をし、それ以外の三筆の山林については未登記であった。Ａは山林の所在位置を正確に認識せず、Ｙに売却したのかも不確かであったが、Ｘは本件山林をＹが買って占有している事を知りつつ、未登記であることを幸いにこれをＹに高値で売ろうとはかり、Ａから本件山林を三万五千円で買いとった。ＸＹ間の売買の話合いが調わなかったため、Ｘはこれをに一一〇万余円で売り渡した。ＢはＹに対して山林の所有権確認の許を提起をしたので、ＸはＢから三〇万円で買い戻して訴訟に参加しＢは脱退した。

一審・二審ともＸ敗訴、Ｘ上告。上告棄却。

【判旨】「実体上物権変動があった事実を知る者においては右物権変動についての登記の欠缺を主張することが信義に反するものと認められる事情がある場合には、かかる背信的悪意者は、登記の欠缺を主張するについて正当な利益を有しないものであって、民法一七七条にいう第三者に当らないものと解すべきところ……原判決認定の前記事実関係からすれば、XがYの所有権取得についてその登記の欠缺を主張することは信義に反するものというべきであって、Xは、右登記の欠缺を主張する正当の利益を有する第三者にあたらないものと解するのが相当である。」

五　公信の原則による物権変動（即時取得）

物権の存在を推測させる表象を信頼した者は、たとえその表象が実質的に権利を伴わないものであっても、その信頼は保護されなければならない、というのが公信の原則である。この原則は、取引の安全（**動的安全**）に大いに奉仕するものであるが、わが民法は動産取引についてのみ認め、不動産取引についてはこれを認めなかった。けだし、不動産取引においては、登記に公信力を認めることは、登記制度の不完全性とあいまって、あまりにも真実の権利者の犠牲が大きく、また動産取引にあっては、その取引の頻繁性のゆえをもって、**静的安全**（真の権利者の利益）を犠牲にしてでもなお動的安全をはかるべき取引上の要請が強いからである。したがって、つぎのような差異を生むのもやむをえない。

たとえば、A所有のテレビを借りて占有しているBがそのテレビをCに売ったとしよう。Bは無権利者だから、その者より買ったCは本来なんらの権利をも取得しえないはずである。しかしそれでは動産の取引がはなはだ不安定になる。そこで民法は、もしCが、Bの無権利者であることを知らず、かつそれを知らなかったことについて過失がなく、しかもその取引が隠秘・強暴になされたものでないかぎり、Cはテレビの所有権を取得するものとさだめた（一九二条）。これが即時取得で、Cの善意を保護せんとするものである（したがって**善意取得**とも呼ばれる）。即時取得は、CがBの占有を信頼したことによって権利を取得するものであるから、動産の占有（Bの）に与えられた公信の制度である。

これに反して、前例のテレビが土地であったとする。たとえ、その土地がBの登記名義になっており、したがってCにおいてBの所有物と信じ、かつそう信じたことに過失がなくても、Cはその土地の所有権を取得できない。

第二項　占　有　権

第一　占有権の意義

占有権とは、「自己のためにする意思をもって物を所持する」事実をいい、この占有という事実を法律要件として生ずる物権を占有権という（一八〇・二〇三条参照）。占有権は、他の物権と異なり、かならずしも真の権利者に関するものでなく、すなわちその支配が正当な権利によるか否かに関係なく、ただ現実的支配という外形的事実を、一応適法なもの（仮りの権利）として保護するものである。けだしこれによって、外形的事実をもとにして成立した法律関係を保護し、現状を維持することによって、社会の秩序を維持し取引の安全敏活をはかり、かつそれによって占有者じしんの利益をも保護しようとするのである。

第二　占有権の効力

占有権は、事実的支配について認められる権利であるから、他の物権と違って排他的効力したがってまた優先的効力もたない。しかし民法は占有権について種々の法律効果を与えている。すなわち、(イ)占有者は、占有物の上に事実上行使する権利を適法に有するものと推定され（**権利の推定**）（一八八条）、(ロ)平穏かつ公然に動産の占有を始めた者が、善意にしてかつ過失なきときは即時にその動産の上に行使する権利を取得し（**即時取得**）（一九二条以下）、(ハ)占有者は、その占有を侵害されたときは、その侵害の除去を請求することができ（**占有訴権**）（一九七条以下）、善意の占有者は、占有物から生ずる果実を取得する権利を有する（**果実取得権**）（一八九・一九〇条）。

第三項　所　有　権

第一　所有権の意義と性質

所有権は、物を全面的（直接かつ排他的）に支配する物権である。民法は所有権を内容の方面から定義し、「所有者は法令の制限内於て自由に其所有物を使用、収益及び処分を為す権利を有す」（二〇六条）と規定する。所有権は、物を直接かつ完全に支配することを内容とする権利であるから、つぎのような性質をもつ。(イ)**全面性**　所有権の内容である支配は、地上権・永小作権・質権などの制限物権が一定の範囲内でのみ物を支配しうるのと異なり、全面的でありかつ完全である。(ロ)**渾一性**　所有権は物に対する種々の権能の集合ではない。所有権のもつ種々の権能は、源泉たる渾一の支配権能から流出するものである。所有権と物の物権が同一人に帰属すれば、他の物権は混同によって消滅するが、それはこの渾一的内容のためである。(ハ)**弾力性**　所有権が地上権やその他の制限物権によって制限されると、物の利用権能は停止され、いわゆる「空虚な所有権」(nuda proprietas) となるが、その制限は有限でありこれが解消するとまた本来の完全な所有権に復帰する。(ニ)**恒久性**　所有権には存続期間の制限もなく、また消滅時効にもかからない(一六七条二項)。

第二　所有権の内容と制限

所有権は客体を自由に使用・収益・処分することを内容とする。しかし、近代的一八・九世紀的所有権概念(完全にして自由なる所有権概念―一七八九年のフランスの人権宣言は、財産権(所有権)を、「神聖不可侵の権利」(un droit inviolable et sacré) と観念する) から脱皮した現代的所有権は、社会的関係を基礎にして成立し、かつその権能は国家(法)によって認められたものであるから、その内容もけっして無制限ではありえない(一九一九年のワイマアル憲法は、「財産権は、義務を伴う。その行使は、同時に公共の福祉に役立つを要する」とさだめ、財産権の行使が公共の福祉によって制約されることを予想している。このような所有権概念の変遷は、自由国家から現代の社会国家へ進化した国家的・経済的変革が大きな背景となっている。これについての詳細は二一六頁参照)。

わが憲法は第二九条第二項に、「財産権の内容は、公共の福祉に適合するように、法律でこれを定める」と規定し（なお、憲法一二条参照）、民法も第一条に、財産権の公共性（一項）、その行使における信義則の要請（二項）、権利濫用の禁止（三項）の大原則をかかげる（二一七頁参照）。

所有権は法令によって制限をうける（二〇六条）。所有権は国家によって承認・保障されるものであるから、それが国家の立法によって制限しうることは当然である。民法の規定からすれば、法律とは別個の独立の命令のみによっても制限しうるようにみえるが、憲法の解釈からすれば法律から委任された命令（委任命令）にかぎると解すべきである。法令による制限には、私法上の制限（相隣関係や（二〇九条ないし二三八条）、緊急避難による制限（七二〇条二項）などの民法上の制限のほか、借地法・借家・農地法などの特別法による制限）と公法上の制限（土地収用法・河川法・文化財保護法など多数ある）がある。

所有権が制限されるのは、かならずしも法令によってだけではない。学説・判例は所有権が「権利の濫用」の法理によって制限されることを肯認する。所有権が社会的関係を基礎にして成立している以上、その行使が社会的にみて妥当でないときには制限をうけて当然である。所有権の行使が濫用と認められれば、その行使は禁止され、あるいは違法な行為として損害賠償の責任（七〇九条以下）を生ずる（二一九頁参照）。

第四項　用益物権

第一　用益物権の意義

用益物権とは、「他人の土地を、一定の範囲について使用・収益することを内容とする制限物権」であると観念される。用益物権のうちの、地上権は主として使用を、永小作権は主として収益を、地役権は使用または収益を、入会権は共同収益を内容とするものである。

第二　用益物権と賃借権

民法上用益物権と同じような目的に利用されるものとして、土地賃貸借の制度がある。しかし賃借権は債権であるから、優先効・物権的請求権・処分権（譲渡・担保・賃貸）などの点において、その効力が用益物権よりも弱い。対抗力や存続期間においても賃借権が不利である。したがって、土地所有者は、自分の経済的優位を利用して、ほとんど賃貸借による土地利用の形式をとる。これでは、ますます賃借人の地位が弱少になること必然である。そこでこの弱者保護・社会経済的立場から土地利用関係において、「地上権ニ関スル法律」、「借地借家法」、「農地法」などの社会立法が制定され、強化されてきた。これによって、土地の賃借権は家屋の賃借権とともに次第に用益物権に近づけられつつある（**賃借権の物権化傾向**）。

第三　用益物権の種類

用益物権には、つぎにのべる四種類がある。

一　地上権

地上権は、他人の土地において工作物または竹木を所有するため、その土地を使用することを内容とする物権である（二六五条）。すなわち、建物の築造、軌道・橋梁・トンネルの建設・植林などを内容とする物権である。

二　永小作権

永小作権は、小作料を支払って、他人の土地において耕作または牧畜をするため、その土地を使用することを内容とする物権である（二七〇条）。耕作とは、稲や野菜・果樹などを栽培することをいい、地上権の目的とはなりえない。

三　地役権

地役権は、設定行為をもって定めた目的に従い、他人の土地を自己の土地の便益に供することを内容とする物権である（二八〇条）。他人の土地（承役地）の上を通行したり、引水したりして、自己の土地（要役地）の利用価値を増加させることを目的とする物権である。

四　入会権

入会権は、ある村落（部落）の住民が一定の山林または原野において共同して収益をすることを内容とする慣習上の物権である（二六三・二九四条）。ここでは秣草や肥草、枯枝や落葉その他薪材料などが共同収益の客体となる。

第五項　担保物権

第一　担保物権の意義と種類

担保物権とは、「債権の担保を目的として、債務者または第三者の特定の物（または権利）の上に設定される制限物権」をいう。民法は担保物権として、留置権・先取特権・質権・抵当権を規定するが、判例は早くから**根抵当（根担保）**や**譲渡担保**（担保物の所有権を債権者に譲渡し、弁済ののちにおいて返還をうける方法）の制度を認め商法や特別法においても多くの担保物権が認められている。民法の認める四種のうち、留置権と先取特権は、法律の規定によって当然発生するので**法定担保物権**といい、質権と抵当権は、当事者の契約（設定行為）によって成立するので**約定担保物権**（**設定担保物権**）という。

担保物権の目的は、債権の担保すなわち債務の履行を確保することにある（したがって債権なくして担保物権は**成立しえない**）。債務の履行を確保するとは、究極において客体を換価して優先弁済をうけることにほかならない。これは、所有権や用役物権が目的物の利用を中心とするものであるのと異なる。すなわち担保物権の目的は、客体の使用ではなく、その交換価値である。したがって担保物権は価値権（Wertrecht）といわれる。

担保物権は右にみたように、物の有する特定の価値によって債権の経済的価値を確保する制度（**物的担保制度**）**であるから**、同じく債権担保を目的とする保証や連帯などの**人的担保制度**のように債務者（保証人や連帯債務者）

の一般財産の状態いかんによって担保価値を左右せられるということがないから、債権担保制度としての効用は大きい。

第二　担保物権の性質

(1) **附従性**　担保物権は債権(被担保債権)の担保を目的とするのであるから、債権のないところに担保物権はない。すなわち担保物権は、債権の存否と運命を共にする性質を有する。附従性は、法定担保物権については強く要請されるが、約定担保物権にあってはそれほど厳格でない(根質や根抵当の是認は、**附従性の緩和**された例である)。

(2) **随伴性**　担保物権は、債権が移転されあるいは担保に供せられるときは、債権に随伴して移転され担保に供せられるのを原則とする。ただし留置権については見解が分かれている。債権と独立して担保に供することが法律上認められているものに転質または転抵当がある。

(3) **不可分性(不可分の原則)**　担保物権は、債権の全部の弁済があるまで、目的物(担保物)の全部の上に、その権利を行なうことができる(民法は留置権について規定し(二九六条)、これを他の三者に準用している(三〇五・三五〇・三七二条))。目的物が一部滅失しても、債権が一部消滅しても、担保物権はつねに現在の目的物全部によって現存の債権全額を担保するのである。債権を一部弁済したからそれに相当する目的物の一部を返還せよ、との請求は許されない。しかしこの不可分性は強行法規ではないので、当事者が特約をもって排斥するのを妨げない。

(4) **物上代位性(物上代位の原則)**　担保物権は、その目的が変形したばあいにも、その変形物に権利を行なうことができる（三〇四・三五〇・三七二条）。すなわち、目的物が滅失毀損して保険金などに変じ、売却されて代金に変じ、あるいは賃貸されて賃料を生ずるときには、その保険金・代金・賃料などの上に担保物権の効力がおよぶのである。ただし留置権は、目的物自体の留置によって、債務者の弁済を間接に強制するにとまり、その交換価値の支配を直接の目的としないから（ゆえに優先弁済の効力はない）、物上代位性はない。なお。この原則も強行法規でないから、これに反する特約をすることを妨げない。

第三　各種の担保物権

一　留置権

留置権は、他人の物の占有者が、その物に関して生じた債権の弁済を受けるまで、その物を留置することを内容とする物権である（二九五条）。

二　先取特権

先取特権は、法律にさだめる一定の債権者が、債務者の総財産または特定財産から、他の債権者に優先して、その債権の弁済を受けることを内容とする物権である（三〇三条）。

三　質　権

質権は、債権者がその債権の担保として債務者または第三者から受け取った物を占有し、かつその物につき、他の債権者にさきだって自己の債権の弁済を受けることを内容とする物権である（三四二条）。

四　抵当権

抵当権とは、債権者が債務者または第三者（物上保証人）から占有を移さずして債務の担保に供された目的物について、その債務が不履行におちいった場合に、他の債権者に先だって弁済を受けることができる約定担保物権である（三六九条）。抵当権は、質権と同様信用の授受を媒介する制度である。しかし、質権が、設定者から目的物の占有を奪う権利であるのに対し、抵当権は、目的物の占有移転を必要としない権利である。したがって抵当権は、抵当権設定後も設定者に目的物の占有を残し、設定者をして従前と変わりなく目的物の使用・収益を継続させながら債権担保の目的を達するところに特色がある。すなわち、抵当権設定者は、設定後も目的物の使用・収益を継続し、利潤を得て債務を返済しうる。他方、抵当権者は、目的物の占有および所有権の取得を望むものではなく、被担保債権と利息の実現を期待し、これらの債権を担保するために目的物の交換価値を把握し優先弁済権のみを有する。抵当権が価値権であるといわれるのは、この意味においてである。したがって、抵当権は、企業が、企業設備の使用・収益を継続しながらこれを担保化し、企業資金を獲得しようとする場合（生産信用）や一般市民が、不動産を購入する場合にその資金を得ようとするときなどに多く利用されている（林良平編・物権法二四七頁）。また、抵当権は、目的物の占有の移転を必要としない結果、公示方法は、公募の記載によってなされることを要し、抵当権を設定しうる目的物は、登記・登録によって公示することが可能なものに限られる。

五　近代抵当権の特質と諸原則

(1)　近代抵当権の特質

抵当権は、もともと特定の債権を担保するための制度である（保全抵当）。フランス民法にならったわが民法は、ドイツ民法のいわゆる保全抵当（Sicherungshypothek）の域を出るものではない。これに対して、近代抵当権の特質は、財貨の有する交換価値を確実に把握し、これを投資の対象とし、金融市場に流通させることを目的とするいわゆる投資抵当にあるといわれる。ドイツ民法の流通抵当（Verkehrshypothek）は、流通に適した投資抵当としての機能を果たすものである。ここにおいては、抵当権の流通性を確保するために、つぎに述べる諸原則が採用されている。

(2)　近代抵当権の諸原則

近代民法が、近代抵当権の理想として掲げる諸原則は、抵当権を純粋な価値権としてその流通性を確保するための諸原則である。けだし、投資の対象としての抵当権は、その流通性が要請されるからである。以下わが民法と対比しながらこれらの原則について略述する。

(イ)　公示の原則　公示の原則とは、抵当権の存在およびその内容を登記（登録）によって公示しなければならないとする原則であり、わが民法は早くからこの原則を採用している。しかし、国税は、抵当権が法定納税期限以後に設定されることなどの一定の条件の下に優先することが認められている（税徴一六条）。

(ロ)　**特定の原則**　特定の原則とは、抵当権の目的物および被担保債権の額は特定したものでなくてはならないとする原則である。債務者の全財産上に成立する一般抵当権や特定の債権のために特定の財産上に法律上当然成立する法定抵当権を排斥し、また被担保債権額を一定額に限定することによって、抵当権の支配する価値の範囲を明瞭ならしめようとする目的を有するものである。わが民法もこの原則を認めており、抵当権の目的不動産を明確にすべきであるとし(不登三六条)、被担保債権額についてもこれを確定し、その額を登記することが要求されている(不登一一七条)。しかし、企業担保法は、企業を一体として把握しその上に抵当権を設定することを認めているからこの原則の例外をなしている。

(ハ)　**独立の原則**　抵当権をして債権担保という従たる地位から解放し(附従性の否定)、抵当権の流通性を確保するための原則である。ドイツ民法はこの原則を認めているが、わが民法は、この原則を認めず、抵当権の附従性をもって原則とする。しかし、根抵当・転抵当・抵当権の処分などにおいて附従性は緩和されている。

(ニ)　**公信の原則**　登記を信頼して抵当権を譲り受けた者は、抵当権それ自体に付着する瑕疵あるいは被担保債権に付着する瑕疵によって影響を受けず、完全な抵当権を取得するとする原則である。わが民法は、この原則を採用していない。ドイツ民法は流通抵当において、この原則を認めている。

(ホ)　**順位確定の原則**　この原則は、同一物上の抵当権の順位は、登記の前後によって決定され確定的な順位を有し、後に登記された抵当権より後順位の抵当権にされることはないし、また後順位の抵当権は先順位の抵当権の消滅によって昇進しないという二つの意味を有する。わが民法は、前者については、これを採用するも(三七三条)、後者については否定して、順位昇進の原則を認めている。

(ヘ)　流通性確保の原則　抵当権は、安全・迅速に流通されるべきであるとする原則である。この原則の実現のためには、抵当権の流通が公信の原則によって保護され、抵当権が証券化され迅速な取引の対象とされることである。

六　抵当権の法律的性質

抵当権は、抵当権に特有の性質と担保物権のひとつとして担保物権に共通する性質を備えている。

(1)　抵当権の特質

(イ)　抵当権は、約定担保物権であり、当事者の抵当権設定契約によって成立する。この点において質権と同様であり、留置権・先取特権と異なる。

(ロ)　抵当権は、目的物の交換価値を支配し優先弁済を受けることのできる権利である。この点、留置権と異なり質権・先取特権と性質を同じくする。

(ハ)　抵当権は、質権と異なり、抵当権者(債権者)に占有の移転を必要としない担保物権である。したがって、登記・登録等の公示方法を備えうるものについてのみ抵当権を設定しうる。

(2) **抵当権の通有性**

(イ) 抵当権は他物権である。したがって債務者または第三者のもののうえに成立し、自己所有のもののうえには、混同の場合の他は成立しない。

(ロ) 抵当権は附従性を有する。抵当権は、債権担保を唯一の目的とし、被担保債権から分離した抵当権は認められない。しかし、この附従性は、大幅に緩和されて解釈され、将来の債権担保のために現在の抵当権を設定することも認められている(大判昭和七・六・一新聞三四四五号一六頁)。

(ハ) 以上の他、抵当権は随伴性、不可分性、物上代位性を有する。

七 譲渡担保

第一 譲渡担保の意味

(1) **譲渡担保の定義**

譲渡担保とは、債権を担保するために、債務者(または第三者)の所有権(またはその他の財産権)を債権者に移転しておき、その後債務者が債務を完済したときはその権利をもとに戻すが、債務を弁済しなかったときはその権利から優先的に弁済を受けることにする契約である。一般には借金のカタに借主のカタに借主のもっている物の所有権を貸主に移しておく約束といってよい。一般に広く利用されている権利移転形式の担保の一種である。

ところで、譲渡担保の意味内容は実はいろいろである。広い意味では、後述の売渡担保を含めて権利移転形式の担保を総称するが、逆に、狭い意味のなかでも、財産権の移転とその復帰のしかたによって、さらに区別することもできる。ここでは、通説に従い、最狭義の意味での譲渡担保を本来的な譲渡担保と解しておく。

(2)　譲渡担保と売渡担保の相違

譲渡担保と売渡担保は、いずれも債権担保のための制度であり、両者を区別する理由がないとする見解もある（川井健・担保物権法二一四頁）。しかし、判例・通説は両者を区別し、その相違を「被担保債権の有無」に求める（大判昭和八・四・二六民集一二巻七六七頁）。すなわち、譲渡担保の場合は、法形式として、当事者間に金銭貸借関係があり、それを前提として財産権移転および復帰の関係が生じるが、一方、売渡担保の場合には、単に当事者間の売買があり、この売買代金の形で金融を受けると同時に買戻特約または再売買の予約をするのである。被担保債権を前提とする譲渡担保のほうが、担保的色彩はいっそう強いといえるであろう。しかし、実際の契約において、譲渡担保と売渡担保の区別はむずかしい。契約文言からだけでなく、いくつかの事情を総合して契約当事者の真意を判断すべきである。いずれとも判断しかねるときは、債権担保の目的からして、被担保債権の存在する譲渡担保と解してよい（最判昭和四二・一一・一六民集二一巻九号二四三〇頁、我妻栄「売渡担保と譲渡担保という名称について」法協五二巻七号一二一頁）。

(3)　譲渡担保の形式

狭義の譲渡担保も、目的物の所有権移転および復帰のための法形式の違いによって、二つに分類できる。

(イ)　目的物の所有権の移転を、解除条件（債務を弁済すれば所有権が復帰する）または停止条件（債務を弁済しなければ所有権が確定的に移転する）の形式を用いる場合である。これらは、実際の機能からみれば、代物弁済の予約とおおむね同じである。

(ロ)　また、債務者の権利を債権者に譲渡するとともに、債権者はその権利を担保目的以外には行使せず、債務が弁済されればその権利を返還する約束がある。これが本来の意味（最狭義）での譲渡担保である。この最狭義の譲渡担保には三つの契約が内在している。第一に被担保債権を発生させる金銭消費貸借契約、第二に担保目的物の財産権譲渡契約、第三に所有権の内容制限および取戻権留保契約、である。さらに、目的物を債務者が利用するための賃貸借（または使用貸借）契約がなされることも多い。この第二と第三の契約を合わせて、ひとつの信託的所有権譲渡契約が行われるのである。

第二　譲渡担保の法的構成

(1)　譲渡担保の有効性

譲渡担保の有効性については、当初、民法の諸原則との関係で疑問視されることもあったが、今日ではそれを疑うものはほとんどない。譲渡担保の有効性につき、これまで問題とされた点をあげればつぎのとおりである。

(イ)　権利移転（売買）の形式をとる譲渡担保は、虚偽表示（九四条）であり無効ではないのかという疑問である。古くはそのように解した判例もあったが、今日では当事者の真意をもってする信託的譲渡と解し有効性を認めるのが確立した判例である（大判大正三・一一・二民録二〇輯八六五頁）。

(ロ)　占有を移転しない質権の禁止（三四五条）や流質契約の禁止（三四九条）という民法上の強行規定を潜脱するための**脱法行為**ではないかとの疑問ももたれたことがある。これに対し、判例・通説は、質権設定と譲渡担保とは別異な制度であり、譲渡担保が社会的に有用なものである以上、物の占有を移転しない譲渡担保も脱法行為とはいえないと解している（大判大正八・七・九民録二五輯一三七三頁）。また、流質契約禁止の規定（三四九条）の趣旨である債権者の暴利行為の防止については、債権額と担保物価額との差額を債務者に返還させる（精算型）解決方法をとることによって、譲渡担保の有効性を認めている（最判昭和四六・三・二五民集二五巻二号二〇八頁）。

(ハ)　譲渡担保は取引習慣上および判例法上発達してきた制度であり、物権法定主義（一七五条）に反するのではないかという疑問もあろう。しかし、譲渡担保は従来より行われていた債権担保の方法であり、慣習法上の物権として認めることのほうが、かえって一七五条の目的にかなうものといえよう。

(2)　譲渡担保の法的性質

(イ)　信託的譲渡説と担保権説　譲渡担保の有効性が承認されるとしても、目的物の権利を移転させるという「形式」と債権担保という「実質」の差異をどのように理解したらよいだろうか。この点、判例・学説とも、おおむね、所有権移転構成（信託的譲渡説）から担保的構成（担保権説）に理解が移ってきている（最判昭和五七・九・二八判時一〇六二号八一頁について）。したがって、今日では、個々の問題を解決しようとする場合でも、具体的な担保的実質に即して当事者の法律関係を明らかにしていく態度が必要である。

(ロ) **外部移転型と内外共移転型**　なお、判例は、所有権の帰属の仕方からみて、譲渡担保を外部移転型と内外共移転型とに区別して、法律関係とりわけ対内的関係を理解しようとしてきた。外部移転型とは、担保目的物の所有権は第三者に対する関係では担保権者に移転するが、設定者との関係においてはあくまでも設定者にとどまる場合であり、内外共移転型とは、設定者との関係においてもまた第三者との関係においても担保権者に移転する場合である。当初、判例は、外部移転型を原則としたが、その後、内外共移転型を原則とするに至っている(大連判大正一三・一二・二四民集三巻五五五頁)。しかし、担保的構成からすれば、所有権がどちらかに帰属しているかを根拠にして、譲渡担保の対内的関係を論じるのは無意味であることから、今日では、外部移転型と内外共移転型という区別は用いられなくなった。また、学説が用いた、「強い譲渡担保」と「弱い譲渡担保」という区別についても同様に今日では用いられなくなっている。

(ハ) **流担保型と精算型**　譲渡担保の担保的構成のいきつくところとして、流担保型と精算型の区別がある。流担保型(非精算型)とは、譲渡担保の実行にあたり、被担保債権額と目的物価額との差額を返還する必要のない場合であり、精算型とは、その必要のある場合である。従来、流担保型(非精算型)を原則としてきたが、現在では、仮登記担保法の影響もあって、精算型が原則とされるに至っている(最判昭和四三・三・七民集二二巻五〇九頁)。また、精算型の場合でも、さらに、処分精算型と帰属精算型とに分かれるが、譲渡担保の趣旨からして帰属精算型が原則と解されている。しかし、その理由や適用事例について充分に検討されているとはいえない。

第二款　債　権　法

第一項　債権の意義および性質

債権とは、特定人（債権者）が特定人（債務者）に対して、特定の行為（給付）を請求することを内容とする財産的権利をいう。たとえばAがBにカメラを売ったとしよう。A（債権者）はカメラの代金請求権、B（債務者）はカメラの引渡請求権という債権をおのおの有する。その反面、Aはカメラの引渡債務、Bはカメラの代金債務を負担する。このように債権関係（債務関係）はつねに債権・債務（人と人との信頼関係）によって成り立っているから、債権者・債務者の協力なくしてはその目的を達成することはできない。債権法においてとくに倫理的規範たる**信義誠実の原則**が尊重されるゆえんである。

右にのべた定義からもわかるように、債権は、債務者の行為を請求することを内容とする権利であり（請求権）、債権の目的（内容）は、債務者の特定の行為（給付）である。債権は**請求権**であるから、債権者は債務者に対し特定の行為を請求しうるにとどまり、債務者を支配しうるものではない（物権のような支配権ではない）。したがって、債権は排他性を有しないので、同一物に二個以上の債権（たとえば引渡債権）が成立しうるし、しかもそのばあい各債権の効力は平等であり（**債権者平等の原則**）、順位という問題も起らない。もちろん優先的効力もない。物権と債権が併存すれば、債権は物権に優先される（ただし、登記された債権は例外である）（三九五・六〇五条など参照）。なお、債権と物権のちがいについては二六九頁参照。

　債権は、特定人に対する権利であって、第三者に対するものではないが、このことから債権には不可侵性がないということはいえない（**債権の不可侵性**）。なるほど債権には、原則として物権のような排他性はないから、第三者がすでに存在する債権と同一内容の債権を取得することはなんら妨げないが、だからといって、債権が第三者から侵害されることはありえないということにはならない。債権も権利である以上保護されねばならず、すべての人は債権を侵害してはならない義務を負っていると考えるべきである。したがって第三者が、債権の帰属自体を侵害したり（たとえば、無記名債権証書を横領して善意の第三者に取得させる行為）、債権の目的である給付を侵害すれば（たとえば、故意に債権の目的物を破壊したり、債務者を監禁する行為）、違法性があるものとして不法行為が成立し、第三者は債権者がうけた全損害の賠償をしなければならない（七〇九・七一〇条）。また債権者は、妨害の排除や停止も請求できると考える。ただ**第三者の債権侵害**のばあい、物権侵害における物権的請求権のようなものを、一般の債権に認めるわけにはいかないが（けだし債権は物権のように、客体を直接支配できないから）、賃借権のように物権化した債権についてはこれを認めうるとおもう。判例も、登記された不動産賃借権（六〇五条）、借地上の建物の登記を有する宅地賃借権、目的家屋の占有を取得した建物賃借権（借地借家法三一条）などの排他性ある賃借権について妨害排除請求権を認めている。

第二項　債権の内容（目的）

債権の内容である債務者の行為を債権の目的または給付という。債権の目的は、物権のように法律でさだめられたものにかぎられる（物権法定主義）のでなく、当事者の意思によって自由に成立させることができる（**契約自由の原則**）。金銭を支払えというような作為の給付でも、競業をしないというような不作為の給付でもかまわない。また金銭に見積ることのできない給付でもよい（三九九条）。究極において、金銭的な損害賠償請求権に変りうるものであればよいのである（四一七条参照）。しかし、給付の内容が、可能で、確定しうるものであり、かつ適法で、社会的に正当なものでなければ、その債権は無効である（〇〇頁参照）。民法は「債権の目的」と題して、**特定物の引渡を目的とする債権**（四〇〇条）、**種類債権**（四〇一条）、**金銭債権**（四〇二条）、**利息債権**（四〇四条）、**選択債権**（四〇六条）の五種を規定し、給付内容の確定について一応の標準を与えている。

第三項　債権の発生原因

第一　意義　債権の発生原因とは、債権があらたに存在するようになる原因をいうが、これにはいろいろある。民法は、第三編債権を第一章総則・第二章契約・第三章事務管理・第四章不当利得・第五章不法行為の五つに分けている。はじめの第一章は、債権そのものについての規定であるが、あとの二章から五章までの四つは、債権発生の原因に関するものである。講学上、総則に関する部分を「**債権総論**」と呼び、債権発生の原因に関する部分を「**債権各論**」という。この両者は、普通別個に説明されるのであるが、本書では紙数の都合上詳論できないので、便宜上ここに略述する。

第二　契約

契約とは、あい対立する意思表示の合致によって成立する法律行為をいう。あい対立する一方の意思表示を**申込**といい、他方の意思表示を**承諾**というが、申込は、承諾に先行する意思表示であり、承諾の意思表示とあい対立するものである。契約は普通この申込と承諾によって成立する。たとえば、売主がカメラを金何円で売ろうといい、買主がよし買ったといって、売買（契約）が成立するのである。

契約は（債権契約）は、債権発生の原因中主要なものである。民法は、債権契約について第二節以下に、**贈与**（五四九条以下）・**売買**（五五五条以下）・**交換**（五八六条）・**消費貸借**（五八七条以下）・**使用貸借**（五九三条以下）・**賃貸借**（六〇一条以下）・**雇用**（六二三条以下）・**請負**（六三二条以下）・

委任（六四三条以下）・**寄託**（六五七条以下）・**組合**（六六七条以下）・**終身定期金**（六八九条以下）・**和解**（六九五条以下）の十三種の契約（**典型契約**）について規定するが、これは右の契約について一応の解釈の標準を示したにすぎないのであって、各人はこれら典型契約と異なる種類内容の契約（**非典型契約**）を自由に締結することができる。すなわち、契約をするかどうか（締結の自由）、どんな内容の契約をするか（内容の自由）、だれと契約をするか（相手方選択の自由）、どんな形式で契約をするか（方式の自由）は全く当事者の自由である。これを**契約自由の原則**という（二一六頁参照）。しかしこのような古典近代的な契約自由の原則は、高度な資本主義経済の発達にともない、いろいろな形で変容を来し、かつ、来しつつあるということを充分注意しなければならない。

第三　事務管理

事務管理は、義務なくして、他人のために、その事務を管理する行為である（六九七条）。「他人の事に干渉するのは違法である」という法諺があるように、人は他人の生活領域をみだりに侵害してはならない。しかし他人の行為は、たとえば、暴風雨で壊れた隣家の留守宅を修繕してやるばあいのように、かならずしも本人に不利なことばかりではない。そこで民法は、このような事務を適法行為と認め、事務管理者および本人に一定の義務を負わせ、その間の調整をはかっている。

第四　不当利得

不当利得は、法律上の原因がないのに、他人の損失において利益を受ける事実である（七〇三条）。したがって、不当利得の性質は、利得者の意思を論ずることのない「事件」である。

不当利得した者（受益者）は、他人の損害を限度として、その現存利益を返還しなければならない。けだし、法律的に正当な理由がないばあい、他人の損失で利得させることは公平の理念に反するからである。

第五　不法行為

不法行為は、故意または過失によって他人の権利を違法に侵害する行為である。加害者は被害者に対しその損害を賠償する義務を負う（七〇九条）。

近代市民法は、「個人の自由な意思活動」を中心に構成されている（**私的自治ないし法律行為自由の原則**）（二一六頁参照）。それゆえ、他人に対する責任の有無についても、個人の意思が重視され自己の加害行為の帰責条件に故意・過失を加えるのを通常とする（「**過失なければ責任なし**」）。これを**過失責任の原則**といい、わが民法がこの立場を採っていることは明らかである。しかし過失責任主義は、かならずしも被害者の救済に充分でない。現代社会のように高度化した資本主義社会では、一方では到底防止しえないような危険を企業の内外に散布しながら、他方巨万の利益をあげている企業も多い。鉱毒からくる被害、鉱坑の爆発による死傷、工場の機械による負傷などがその例であるが、最近わが国においても問題になっている、騒音・ばい煙・悪臭・震動・汚物の流出など市民の平穏な生活をおびやかすいわゆる「**公害**」（**ニューサンス**）もここに加えてよいであろう。このような企業に故意・過失がないからといって、企業の内外に生ぜしめた損害を賠償する責任なしとすることははたして妥当なものだろうか。ここに過失責任主義は反省され、実質的公平の見地から損害発生について故意または過失がないばあいにも、賠償の責任を負わせようとする考えがでてきた。**無過失賠償責任論**の登場である（二一七頁参照）。

これらの思想的推移は、不法行為の他の要件である「**権利侵害**」についても同様のことがいえた。近代市民法は、個人尊重の理念から各個人の法主体性を認め、権利として確認されたものを保護し、またその権利行使を個人活動の自由として保護した。しかし、やがて社会生活が発展すると、「権利」と名のつかない多くの法益が生じ、これらも侵害から守られるべきは当然であった。ここにおいて、権利侵害は行為の違法性の一ばあいであり、違法性はかならずしも権利侵害という形でのみ現われるのでなく、個人法益を保護する法規に違反し公序良俗に反するようなばあいには、たとえ権利といわれる明確な客体がなくても、行為の違法性という点から不法行為の成立を認めるべきだと主張されるようになった。このようにして、「権利侵害」は「**違法性**」にとってかわられることになる。

第四項　債権の効力

債権の効力とは、債権者が債権の目的を達成するため、法律上認められた債権者の権能である。(イ)債権者は債権の最小限度の効力として、債務者が任意に給付すれば、これを受領できる（非債弁済（七〇五条）にならない）。すべての債権はこの効力を有するのであるが、主としてこの効力のみしかない特殊の債務もある（**自然債務**）。(ロ)債務者が給付をしなければ、**債務不履行**（**履行遅滞・履行不能・不完全履行**）になり、債権者は損害賠償の請求をすることができる（四一二・四一五・四一六条）。(ハ)またこのばあい債権者は、国家権力によって、その履行を強制することもできる（**強制履行**の手段には**直接強制**（四一四条一項）・**代替執行**（四一四条二項）・**間接強制**（民事訴訟法七三四条）がある）。(ニ)債権者は以上のような権能を有する反面、また責任も負う。すなわち、債務者が履行の提供をしたのにかかわらず、債権者においてこれを受領しないときは、債権者は遅滞の責を負わねばならない（**債権者遅滞または受領遅滞**）（四一三条）。右にのべたことはすべて債権者と債務者との間の関係であるから、これを**債権の対内的効力**という。

他面において、債権者は自分の債権を保全するため、(イ)債務者が他人（第三者）に対して有する権利を、代わって行使し（**債権者代位権**）（四二三条）、(ロ)債務者が、債権者を害するために、他人とした行為（詐害行為）を取消すことができる（**債権者取消権**）（四二四条）。(ハ)また債権が第三者により侵害されたときは、債権者はその者に不法行為にもとづく損害賠償の請求ができ（七〇九条）、ばあいによっては防害排除の請求も可能である（二八九頁参照）。右の三つは、債権者と第三者との間の関係であるから、**債権の対外的効力**という。

第五項　多数当事者の債権関係

第一　多数当事者の債権関係の意義

債権関係は、一人の債権者と一人の債務者との間に成立するばあいもあるが、また債権者、債務者の一方または双方が複数なばあいも多い。このように、債権関係の当事者が複数であるばあいを、多数当事者の債権関係という。民法は、つぎの四種類について規定する。

第二　分割債権関係

分割債権関係は、可分の給付を目的とし、その給付が数人の債権者または債務者間に分割せられる債権関係である。債権者が数人あるばあいを**分割債権**（**可分債権**）といい、債務者が数人あるばあいを**分割債務**（**可分債務**）という。多数当事者の債権関係は、特別の意思表示がないかぎり分割債権関係を生じ、各債権者または各債務者は平等の割合で権利を有し義務を負う（四二七条）。

第三　不可分債権関係

不可分債権関係は、不可分の給付を目的とし、数人の債権者または債務者のあるばあいの債権関係である。債権者が数人あるばあいを**不可分債権**といい、債務者が数人あるばあいを**不可分債務**という。各債権者は、総債権者のために履行を請求し、また債務者は総債権者のため各債権者に対し履行をすることができる（四二八条）。

第四　連帯債務

連帯債務は、数人の債務者が債権者に対し、共同して同一かつ全部の給付をなすべき義務を負い、一人が全部の給付をすれば他の債務者もことごとく債務を免れる関係で、債務者間には負担部分のさだめがある（四三二条以下参照）。連帯債務は、各債務者が全部の給付をなすべき義務を負うので、債権担保の効用が大きい。保証とともに**人的担保制度**

といわれるゆえんである。ただし、保証と異なり、各自独立の債務であって、附従性はない。なお、連帯債務は法律の規定によって生ずることもあるが（四四条二項・七一九条など）、普通は契約によって生ずる。

第五　保証債務

保証債務は、他人の債務（主たる債務）に附従して、これと同一内容の給付をなすことを内容とする債務であって、債権者と保証人との契約（**保証契約**）で成立する。保証人は、主たる債務者が債務を履行しないばあい、その責に任ずることによって（四四六条）、主たる債務を担保するのを目的とするから、**附従性**（保証債務は主たる債務に従属する）（四四八条）と、**補充性**（保証人は主たる債務の履行がないばあい、補充的に履行義務を負う）（四五二条以下）を有するのを、保証債務の特質とする。なお、保証人が主たる債務を消滅させたときは、保証人は主たる債務者に対して求償権をもつ（四五九条以下）。

第六項　債権譲渡および債務引受

債権譲渡は、債権の移転を直接の目的とする債権者と譲受人（新債権者）との契約（準物権契約）である。古代ローマ法においては、債権関係は債権者と債務者の人的法鎖であるとし、債権者の変更を認めなかった。しかし債権の対人性はその変更を否定するほどのものではないし、また資本主義経済は債権の譲渡を要請する。ここにおいて近世諸法はこれを認めるにいたり、こんにちはますます促進される傾向にある。わが民法も明文をもって譲渡性を認め（四六六条一項本文）、債権は、同一性を害することなく他人に移転することができる。

債務引受は、債務の移転を目的とする契約である。ローマ法は、これも認めなかったがドイツ普通以来論争を生じ、ついにドイツ民法はこれを認め、スイス債務法がそれにならった。わが民法はフランス民法と同様に、これに関する規定をおかない。しかし、こんにちの債権が独立して財産的価値を有し、客観的な給付を内容とする財産と考えられるときは、債務者の変更はそれほど重要でない。そこで、学説判例は債務引受の有効なことについて疑いをいれていない。ただ債務引受は、債権の同一性の維持とその価値の維持との関連において、最少限債権者の承認が必要であると考える。

第七項　債権の消滅

第一　債権消滅の意義　債権の消滅とは、債権が客観的に、その存在を失うことをいう。債権は、法律行為の取消（一二一条）、解除条件の成就（一二七条二項）、終期の到来（一三五条二項）、消滅時効（一六七条）、契約の解除（五四〇条）などの一般的原因によって消滅するほか、弁済・代物弁済・供託・相殺・更改・免除・混同および履行不能などの特別の原因によっても消滅する。民法は、履行不能以外の七つについて規定している。

第二　目的の消滅による債権の消滅

一　目的の到達による消滅

債権の内容である給付がなされ、債権者がこれを受領すれば、債権は目的を達し絶対的に消滅する。弁済がもっともこれに適するが、代物弁済および供託もこれに準じてよい。

(1) **弁済**　弁済は、債権の内容である給付を実現させる債務者の行為である（四七四条以下）。

(2) **代物弁済**　代物弁済は、債務者が債権者の承諾をえて、その負担した給付に代えて、他の給付をなすことである（四八二条）。

(3) **供託**　供託は、一定の原因があるばあいに、弁済者が弁済の目的物を供託所に寄託することである（四九四条）。

二　目的の到達不能による消滅

これは、債務者の責に帰すべからざる事由による履行不能である（四一五条の反対解釈）。

第三　目的の消滅以外の原因による債権の消滅

(1) **相殺**　相殺《そうさい》は、同一の債権者債務者間で、相互に同種の債権を有するばあい、一方の意思表示によって、その債権債務を対当額において消滅させる意思表示である（五〇五条以下）。

(2) **更改**　更改は、債務の要素を変更し、新債務を成立させることによって、旧債務を消滅させる契約である（五一三条一項）。

(3) **免除**　免除は、債権を無償で消滅させる債権者の行為である（五一九条）。

(4) **混同**　混同は、債権および債務が同一に帰することである（五二〇条）。

第三節　家　族　法

第一款　親　族　法

第一項　親族法の意義および特色

第一　親族法の意義とその特質

親族法は、親族的生活関係（身分的生活関係）を規律する法律である。われわれの私生活上の関係は、法的にみれば、家族法上の関係と財産法上の関係に分けられる。すでにのべた物権法や債権法などは、私生活における財産的関係を規律する法である。これに対し、家族法はわれわれの親族的共同生活関係を規律する法である。親族的共同生活関係には、夫婦・親子および親族という、いわゆる横の関係と、親族的共同生活団体の経済的基礎である財産の承継という、いわゆる縦の関係とがある。前者の関係を規律する法を**親族法**といい、後者の関係を規律する法を**相続法**という。従来は、この親族法と相続法の両者を、「**身分法**」と呼んでいた。しかし、そこにいわれる身分が、いわゆる身分的・家族的支配関係を意味しないにしても、それらと混同されるおそれがあり、また新憲法下における改正民法での身分は、いままでの身分とは全く異なった内容をもつものとなったのであるから、ここでは、一応「**家族法**」という呼び方にしたがうことにする。しかし、本文中では便宜上いままでの用語例にしたがって、「身分」という文言を用いるばあいがある。

親族法は、つぎのような**特質**を有する。

(1) **固有性**　財産法とくに自由意思を基調とする取引法は、社会経済の進歩にともない、その内容を合理的・技術的ならしめ、くわえて国際取引の発達はますますこれを普遍化し、そこには地方的・民族的色彩はすくなく、世界共通の内容をもつのを特色とする。しかし親族法は、夫婦・親子という人格的結合（親族的共同生活体）を基礎とするから、習俗・伝統に影響され、保守的で進歩性に乏しく、したがってまた法は各国固有の発達を遂げる。わが明治民法が、封建的な家の制度を淳風美俗として固守したことなどは保守性の顕著なあらわれであるが、こんにち民主化を標榜するなかにあっても、たやすく風俗・慣習を無視してはならないのである。

(2) **道義性**　親族法は他の領域に比較して、道義的・倫理的性質が濃厚である。したがってまた、夫婦や親子関係などのような性情的・血縁的関係を規律する親族法は、非打算的・非合理的性質を有する。この点、打算的・合理的意思の支配する財産法と異なる。すなわち親族法は、売買関係などのように充分に計算されたのちに結ばれた関係でなく、親子関係などのように全人格的な結合関係であり、その結合じしんのうちに意義のあるものである。合理的・打算的意思によって、親となり、子となるものではない。なるほど婚姻や養子縁組は当事者の意思によって成立するのではあるが、その意思は、売買や貸借関係のような計算されたものと本質的に異なるものである。

(3)　客観的規範性・強行法規性　親族法はわれわれの意思を超越した客観的な規範である。財産法上の関係が、主として当事者の自由な意思（契約）で規律されるのに対し（法律の規定は、意思を補充しまたは解釈するものにすぎない）、親子または夫婦関係などの親族法上の関係は、それらじしんの意思を離れたところの客観的な規範で規律される。なるほど、夫婦となるかどうかは、当事者の意思できまるとしても、ひとたび夫婦になった以上は、客観的な規範によって規律され、当事者の意思は無関係である。このことは、親族法の多くが強行規定であることを意味する。

親族法が客観的な規範であるということにつき、注意しなければならないことが二つある。一つは、意思の尊重であり、二つは事実の尊重である。親族法が客観的な規範であることはたしかであるが、客観的な規範のなかで、当事者の意思が重視されるばあいがある。それは、親族(身分)的法律行為についてである。たとえば、婚姻は当事者の合意のみによって成立し、その合意は終生夫婦生活を営もうという真の意思であることが必要であり、しかもこの意思は行為能力を要件とせず、たんなる意思能力をもって充分とする。これは親族（身分）的法律関係と大いに異なるところである。他方親族的法律関係では事実が尊重される。けだし親族的法律関係は全人格的な協同体であるから観念化するに適さないからである。内縁関係についての学説・判例の発展は、具体的に存在する事実の尊重であり、真実の父でない者が認知しても、親族関係は生じないということは（七八六条）、具体的事実の不存在を考慮するものである。

第二　親族法と民法総則

わが民法はパンデクテン・システムを採用し、第一編を総則としているので、一見第四編第五編の家族法全体についても当然総則編の規定が適用せらるようにみえるが、**第一**でのべた家族法の特質からして、ほとんど財産法を念頭においてさだめられたとおもわれる総則規定は家族法に適用しないと考えられている。問題となる総則規定をみれば、つぎのようである。(イ)胎児に権利能力が認められることが多い（相続について八八六条、遺贈について九六五条、なお、胎児が認知されうることについて七八三条）。(ロ)親族法上の法律行為は、本人がその行為の意味を理解しうる能力（意思能力）があれば、単独で何人の同意をうることなしに行なうことができるのを原則とする（婚姻・縁組について七三八・七三九条、成年被後見人の婚姻・縁組について七三八・七九九条、離婚・離縁について八一二条、認知について七八〇条、子の氏の変更について七九一条など）。(ハ)意思表示に関する規定も適用がない。けだし親族法上の法律行為にあっては、当事者の意思が絶対であって、意思主義が貫かれなければならないからである。すなわち、意思の欠缺に関する規定は適用がなく、法律行為に心裡留保（九三条）・虚偽表示（九四条）および錯誤（九五条）があればすべて無効であって（七四二条一号・八〇二条一号）、相対的有効なる観念はありえない。また瑕疵ある意思（詐欺・強迫）についてはとくに独自の規定をおく（婚姻・離婚について七四七・七六四条、養子縁組・離縁について八〇八・八一二条）。(ニ)親族法上の法律行為は、代理（九九条以下）に親しまないのを原則とする。(ホ)事実状態を尊重する趣旨から、取消に遡及効がないばあいがある（婚姻について七四八条一項、縁組について八〇八条）。(ヘ)条件や期限も身分行為に親しまない。(ト)親族法上の権利に時効の規定を適用するのも適当でない。最後に、(チ)親族法上の行為には、形式を必要とするものが多い

（婚姻・縁組について七三九・七九九条、離婚・離縁について七六四・八一二条、姻族関係終了の意思表示・認知について七二八・戸籍法九六・七八一条、遺言について九六〇条など）。以上みたように、民法総則編はほとんど財産法を規律するのであって、家族法には適用ないのであるが、日本国憲法の精神をうけ大原理を明言した第一条（公共の福祉・信義誠実の原則・権利濫用の禁止）と第二条（個人の尊厳と両性の本質的平等）の規定は、これに適用がある。なお、公序良俗違反の行為を無効とする第九〇条の規定も適用があるとする見解も有力である。

第三　新家族法の制定といわゆる家族制度の廃止

昭和二十二年五月三日日本国憲法が施行されるにいたり、封建的特質を有していた旧法が大改正されるのやむなきにいたったのは、けだし当然であった。新しい憲法の要請により、まず「民法の応急措置法」（昭和二二年法七四号）を制定し、憲法第二四条の理念と矛盾する点（「家」の制度（家・戸主・家督相続）・不平等な婚姻制度および相続制度など）をとりのぞくことになった。けだし、改正法を憲法施行と同時に公布・施行することは時間的に困難であり、さりとて、そのまま放置しては憲法の施行とともに、それと矛盾する民法の規定は効力を失うので（憲法九八条参照）、なんらかの立法的措置が必要とされたからである。昭和二十三年一月一日「民法の一部を改正する法律」（法律第二二二号）が施行されるにおよんで、中継法たる応急措置法はその役目を果し効力を失った。

新法は、家族制度を廃止し、団体的規制を消滅させ、男女平等の原則や均分相続の制度を確立させた。なかでも家族制度の廃止は大きな変革であった。すなわち、旧法の家族制度によれば、人はどこかの「家」に属しその家族でなければならず、その家の氏を称し、その家の長である戸主の統制に服した。夫婦や親子関係もその属する家の強い影響下にあった。婚姻も一つの家から他の家に行くという性格をもち、そのかぎりで戸主の同意を必要とした。親子も家を異にすれば、親は子の看護教育をする義務はなかった。また戸主はその家の統率者として、家に所属する所有者不明の物は戸主の所有と推定され、戸主が死亡したばあいは、その財産は家の財産として、家の承継者である一人の家督相続人に帰属した。このように夫婦・親子・親族関係において、家族団体から統制や制約を加えられていた「家」の制度は、すべての婚姻および家族に関する立法が「個人の尊厳」と「両性の本質的平等」にもとづかねばならないとする日本国憲法第二四条と矛盾することは明白であった。そこで前述のように親族・相続編は根本的に改正されたのである(なお、一一頁参照)。

新法が「家」を廃止したのにしたがい、家を単位として編製されていた戸籍制度も根本的に改める必要に迫られ、昭和二十二年末法律二二四号として新らしい戸籍法が制定された。夫婦とその子をもって一戸籍を編製し、子が婚姻し、または親となれば、つねに新戸籍を編製してそれに移すことを原則とした。ここにおいて戸籍は、もはや旧法のような「家」とはなんの関係もなく、たんなる各人の親族関係を公証する制度にすぎなくなった。

第二項　親　　族

第一　親族の意義と範囲

親族とは、法律が一定範囲の血縁関係、婚姻縁組関係にある者の相互間に認めた親族法上の法律関係である。わ

親族の図

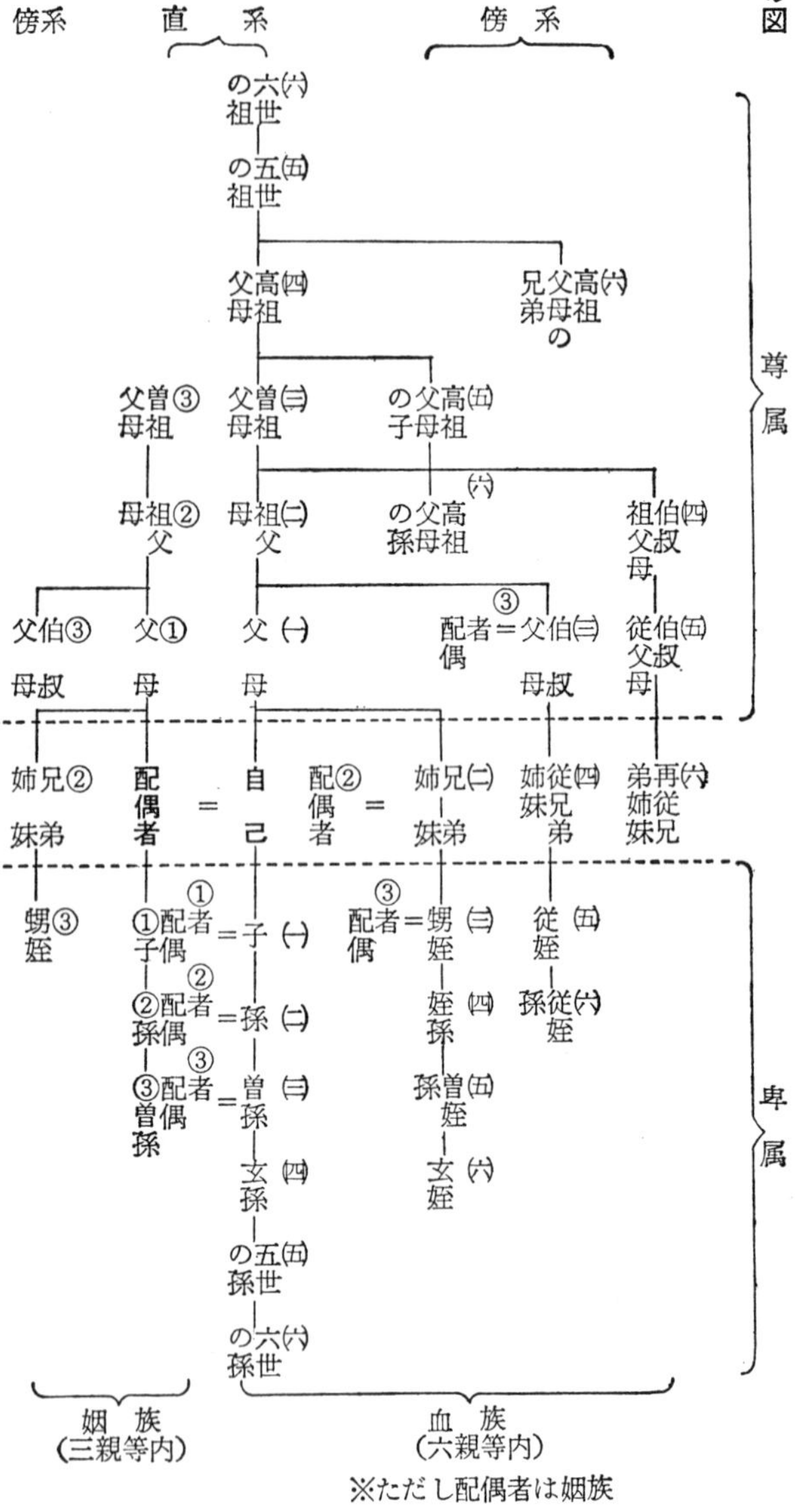
傍系
直系
傍系
六世の祖㈥
五世の祖㈤
高祖父母㈣
高祖父母の兄弟㈥
曾祖父母③
曾祖父母㈢
高祖父母の子㈤
祖父母②
祖父母㈡
高祖父母の孫㈥
伯叔祖父母㈣
伯叔父母③
父母①
父母㈠
配偶者③
伯叔父母㈢
従伯叔父母㈤
兄弟姉妹②
配偶者
自己
配偶者②
兄弟姉妹㈡
従兄弟姉妹㈣
再従兄弟姉妹㈥
甥姪③
子①
配偶者①
子㈠
配偶者③
甥姪㈢
従姪㈤
孫②
配偶者②
孫㈡
姪孫㈣
従姪孫㈥
曾孫③
配偶者③
曾孫㈢
曾姪孫㈤
玄孫㈣
玄姪㈥
五世の孫㈤
六世の孫㈥
尊属
卑属
姻族
（三親等内）
血族
（六親等内）
※ただし配偶者は姻族

が民法は、総括的限定主義を採り、六親等内の血族・配偶者および三親等内の姻族を親族とする（七二五条）。血族には、出生によって生ずる**自然血族**と縁組によって認められる**法定血族**とがある。配偶者は、夫婦の一方からみた他方の者である。姻族は夫婦の一方と他方の血族（準血族を含む）を相互にいう。親族の範囲を図によって示せば、前頁のようであるが、このように親族の範囲を定義することはあまり意味がないといわれている。

第二　親族関係の効果

民法は、親族一般の者について、(イ)婚姻・縁組の取消権（七四四・八〇五ないし八〇七条）、(ロ)親権・管理権の喪失またはその取消請求権（八三四ないし八三六条）、(ハ)後見人・後見監督人・保佐人の選任・解任の請求権（八四一・八四五・八四七・八四九・八五二条）を認め、一定の親族に、(ニ)成年被後見人・被保佐人の宣告申請権（七・一一条）、(ホ)互助の義務（七三〇条）、婚姻の障害（七三四ないし七三六条）、(ト)後見人・後見監督人および遺言の証人・立会人としての欠格（八四六条五号・八五〇・八五二・九七四条四号）、(チ)扶養義務（八七八条）、(リ)相続権を認めている。

第三項　婚　　姻

第一　婚　約

婚約は、将来婚姻をしようという男女間の合意である。実質的な夫婦生活に入りながら、ただ婚姻届けだけをしていない内縁とは異なる。判例は内縁を婚姻予約だといっているが、両者は区別されるべきである。婚約における合意は、かならずしも、結納の授受・エンゲージ・リングの交換などの形式を必要としないが、ある程度確定性・公然性のあるものでなければならないとおもう。婚約の履行は強制できないが、正当な理由なく破棄されれば、他の者は破棄者に損害賠償を請求できる（その法的根拠が不法行為責任か債務不履行の責任かについては説が分かれている）。

第二　婚姻の成立要件

婚姻は、「終生の共同生活を目的とする一男一女の法律的結合関係」といわれるが、その本質は契約（婚姻契約）であるといってもいい。社会の機械化が高度に進んだ現代においては、人間は巨大な機械の歯車のようになってしまい、自分で判断する必要がなくなり、物を考えず周囲を見回して他人と同じ行動をするようになる。つまり個性が失われ、そこにあるものは、個人の感情や考えではなく計算である。したがってこの社会では夫婦の愛情さえもまたギブ・アンドテイクで成り立つものになる。現代の日本社会でも、婚姻の基礎であるべき愛の役割りは薄れ、婚姻するについての判断も合理的打算的になってきているといわれている。婚姻は、終生の問題であるから、ときとして取引関係以上の打算性をもつ（親族法固有の特質であるべき、非合理性・非打算性の後退）。かような現代的婚姻感覚のもとでは、ますます婚姻の契約性が強まってくるであろう（これは婚姻法の財産法化現象を生む遠因の一つになっている）。

さて、わが民法は「婚姻の要件」として、いわゆる実質的要件と形式的要件とをさだめる。

(1)　婚姻の実質的成立要件―婚姻障害

実質的要件は、(イ)両当事者に婚姻意思の合致があること（七四二条一号参照）、(ロ)婚姻適齢にあること（七三一条）、(ハ)重婚でないこと（七三二条）、(ニ)再婚禁止期間を経過したこと（七三三条一項）、(ホ)近親婚でないこと（七三四ないし七三六条）、(ヘ)未成年者は父母の同意をうること（七三七条）、の六つである。

(2) 婚姻の形式的成立要件と内縁

形式的要件は、戸籍法のさだめるところによって、当事者双方および成年の証人二人以上から、口頭または署名した書面で夫の本籍地または所在地の市町村長に届出（創設的届出）をすることである。

このようにわが民法が、いわゆる**宗教婚主義**（宗教的儀式によって婚姻が成立する主義）や**事実婚主義**（夫婦の実体があれば婚姻が成立するという主義）を排斥して、**法律婚主義**（法定の手続をすることによって婚姻が成立する主義）を採った結果、事実上夫婦生活を営みながら、ただ届出をしていないという、いわゆる内縁関係を生み、これが複雑・困難な問題を提供している（法的構成と法的保護のづれ）。しかしながら、いわゆる**「届出婚主義」**は正しい志向を持っているのであるから、国民に婚姻届出の法的意義を周知徹底させ、自発的な届出の奨励をはかるのが望ましい。すなわち、「テレビ・ラジオによる啓蒙、戸籍窓口での指導、成人講座や青年学級などによる社会教育の徹底、学者や実務家の新聞による啓蒙等を考え、他方郵便による届出方法を周知させ、あるいは臨時の役場出張所を設けるなど届出の簡易化に万般の力を尽すべき」である。かようにしてなお発生する内縁については、立法論としては婚姻法の諸規定を準用するという消極的態度から脱皮して必要最少限度の保護規定を設けるべきであるとおもう。内縁関係の規定を欠くわが民法では、法律尊重主義を貫くかぎり内縁の保護について消極的にならざるをえないのは当然である。しかし事実関係の尊重ということは、親族法の他の理念でもあった（三〇二頁参照）。そこで学説・判例によって、内縁に準婚たる地位を与えられ、ますますその法的救済について解釈的（あるいは立法的）努力がなされつつある。

第三　婚姻の効果

一般に説明されるところと異なり、離婚の原因および離婚の効果と体系的統一をはかるため、ここでは婚姻の効果を本来的効果と身分法（規）的効果の二者に分けて説明することにしよう。さて、**婚姻の本来的効果**は、男女間における夫婦共同体の形成である。これは、法律以前の本質的なものであるが、民法は最少限度つぎのようなものを義務づけた。**婚姻の身分法（規）的効果**は、原始（本質）的意味においてかならずしも婚姻に必然的ではなく、夫婦たる身分の取得によってはじめて認められたものである。

本来的効果
- (イ)夫婦の同居・協力・扶助の義務（七五二条）
- (ロ)夫婦の貞操義務（七七〇条一項一号）

身分法（規）的効果
- 身分上の効果
  - (ハ)氏の変更（七五〇条）
  - (ニ)婚姻による成年擬制（七五三条）
  - (ホ)夫婦間の契約取消権（七五四条）
- 財産上の効果―(ヘ)夫婦財産制
  - 夫婦財産契約（七五五条）
  - 法定財産制（七六〇条以下）

第四　離　婚

離婚は当事者の死亡とともに、婚姻解消の原因である。離婚を歴史的にみるに、父権的家族制社会にあっては、離婚は家長の独断で行なわれ、あるいは夫の意思のみが離婚に必要とされ、妻から離婚することなどは認められなかった（追い出し離婚ないし**男子専権離婚主義**、わが国における「三下り半」の離縁状もその典型である）。しかし中世にいたり西欧諸国は教会法によって離婚を禁止し、あるいは強い制限を加え（**婚姻不解消論**）女性の救済に努めた。この**制限主義**は長くつづいたものの、その無意味・残酷性が認識され、人々の反抗とともに（**婚姻還俗運動**を想起せよ）、離婚は徐々に解放への途を歩みはじめた。そうして**離婚の自由**は、いわゆる**有責主義**から**破綻主義**へと進むのである。わが民法では、相手方の同意（**協議離婚**）（七六三条以下）がえられないかぎり、裁判所へ訴を提起するしかない（**裁判離婚**）（七七〇条以下）。しかしそこでは一定の離婚原因があれば、相手がかならずしも有責であるばあいでなくても離婚は認められるので（**一般的破綻主義**）、協議離婚を認めているのと同時に極めて進歩的離婚法といっていい（だからこそ、その運用には充分の慎重を期すべきである）。

一　離婚原因

離婚の本来的原因は、夫婦共同体の義務不履行である。婚姻の目的は、夫婦共同体の形成にあり、そのカテゴリーたる同居・協力・扶助・守操の義務は婚姻の目的に従って履行されなければならず、もしその義務を怠り、夫婦生活を破壊すれば離婚が許されなければならない。すなわち、婚姻の本来的効果の不履行（義務違反）が、離婚の本来的原因になるのである。一方、相手方にかような義務違反がなくても、婚姻という法鎖で一生涯拘束しておくことが無意味であり、残酷であるとおもわれるときは、また離婚を許さなければならない。これが**離婚の身分法（規）的原因**である。

本来的原因
- (イ)配偶者の不貞行為（七七〇条一項一号）
- (ロ)悪意の遺棄（七七〇条一項二号）

　→ 有責主義の妥当

身分法（規）的原因
- (ハ)三年以上の生死不明（七七〇条一項三号）
- (ニ)回復の見込みのない強度の精神病（七七〇条一項四号）
- (ホ)その他婚姻を継続し難い重大な事由（七七〇条一項五号）

　→ 破綻主義の妥当

二　離婚の効果

離婚の本来的効果は、夫婦共同体の絶対的解消である。したがって、婚姻によって生じた権利義務はことごとく消滅する。さきに、婚姻の契約性が強調されたが（三〇八頁参照）、離婚においても同様でなければならない。すなわち、ここでは離婚の契約解除的性格を強調することによって、離婚の本来的効果は一般的契約解除の効果（五四五条一・三項）とその本質を同じくするとみるのである。これはまた、扶養法や離婚法の財産法化的傾向あるいは現代の婚姻ないし離婚に対する合理主義思想の台頭的傾向からして論結されるのである。このように考えれば、離婚の本来的効果は一種の原状回復と損害賠償である、ということになる。このことは、夫婦共同体の解消という離婚の本来的効果からくる当然の結果であるが、民法は第七六八条に財産の分与という用語を用いて、これを規定した。ゆえに、ここにいう財産分与の内容は、まさしく原状回復と損害賠償であると考えるのである。離婚の本来的効果が夫婦の生活共同の清算にあることは再三のべたが、このうち同居・協力などの精神的肉体的精算は、離婚によって直ちに解消せられるので問題ないが、婚姻中、夫と妻により取得、蓄積された財産関係は離婚じたいによって単純に解決されるものではない。そこに夫婦が共同で蓄積した財産を整理する必要が生じてくる。いわばこの離婚の際に行なわれなければならない夫婦間の、共同経済の実質的清算が、離婚における原状回復である。損害賠償は、離婚から生ずるところの全損害であり、当然慰藉料をも包含される。

財産分与の性質については、右にのべた(イ)夫婦の共通財産の清算と、(ロ)有責配偶者の損害賠償のほか、(ハ)離婚後の生活扶養という性格をも含ませる有力な見解もあるが、判例は逆に損害賠償的性格を除く（判例は慰藉料と財産分与とは本質を異にするという）。いずれの説によっても、無責配偶者が有責配偶者に損害の賠償を請求しうるのは問題ないが（財産分与としてのみならず）、財産分与として扶養料を請求しうるという見解には賛成できない。婚姻および離婚の本質から考察して扶養的性格を認めえないことは前述のとおりであるが（理論上の根拠。財産分与の法的位置づけは、離婚の本質したがってまた婚姻の本質までさかのぼって検討されなければならない）、わが民法上、財産分与に関する唯一の規定たる第七六八条においても、たんに「財産の分与」とさだめられるのみで、そこに扶養的要素を含ましめる文言をみることはできない（法文上の根拠。このような抽象的規定から、扶養請求権を導びきだすのは困難であろう）。夫婦は相互に扶養についての期待を持つものであり、この期待を離婚という一事で喪失させるのは人道上許さるべきでない、との主張が有力であるが、離婚配偶者の一方に離婚後の扶養請求権を認めるがごときは、明白な規定がなければできないことである（扶養期待権の喪失は、損害賠償として構成さるべき性質のものである）。有力説の主張するところはすべて正しく、まさに財産分与制度の進むべき途であるとおもわれるが、たんに制度の趣旨に合するとか、必要だからと説くのみでは、解釈上扶養請求権を認める根拠たりえない。有力説は立法論を解釈に持込んだといえよう。このほか扶養的性質を否定するにつき、沿革上あるいは立法例上根拠づけされるのであるが、これ以上のべるいとまがない。

- 本来的効果―(イ)財産の分与（七六八条）
  - 共同経済の清算―有責・無責両離婚に適用あるも、とくに無責離婚において重要
  - 損害の賠償（慰藉料を含む）―有責離婚のみ（ただし、破綻的離婚にも適用あり）
- 身分法（規）的効果
  - (ロ)復氏（七六七・七七一条）およびそれに伴う祭具などの承継（七六九条）
  - (ハ)子の処置（七六六・八一九条）

第五　親　子

親子には、自然の血縁関係にもとづく実親子と、これに準ぜられる養親子（法定親子）とがある。

一　実親子

実親子は、婚姻関係にある父母から生まれたばあいと、婚姻関係にない父母から生まれたばあいに区別される。前者の子を「嫡出子」といい、後者の子を「非嫡出子」という。以前の旧法では、実子は、嫡出子・庶子・私生子の三種であったが、昭和十七年法律七号による民法の小改正でまず私生子の名称を廃し、新法によって庶子の名称をも廃止された。したがって、新法の下でいう実子は、「嫡出である子」か、「嫡出でない子」のどちらかである。

(1) **嫡出子**　嫡出子は、婚姻関係にある男女の間に生まれた子である。妻が婚姻中に懐胎した子は、夫の子と推定されるが（**嫡出の推定**）（七七二条）、夫は、子が嫡出であることを否認できる（**嫡出の否認**）（七七四条）。なお、婚姻前に生れた子でも、のちに父母が婚姻すれば嫡出子たる身分を取得することができる（**準正**）（七八九条）。

(2) **非嫡出子**　非嫡出子は、婚姻関係にない男女間に生まれた子である。婚姻外の子は、いわゆる私生子として嫡出子と区別され、より低い法律的地位を与えられている。非嫡出子には、さらに父に**認知された子**と、**認知されない子**がある。認知されない子は、父との間では親子関係に立たない。すなわち、非嫡出と母との関係は、分娩という事実によって生ずるが、父との関係は、認知によって生ずる。父（または母（通常は分娩により親子関係が生じ、認知を必要としない））は、任意に認知をすることができる（**任意認知**）（七七九条）。もし父（または母）が認知をしないときは、子など一定の者は裁判によって認知を強制することができる（強制認知）（七八七条）。

二　養親子

養子制度は、実親子のような血縁関係にない者を、法律上血縁関係にあるように擬制して、そこに親子関係を認めようとする制度である。養親子関係は、養子縁組によって成立する。縁組の要件については第七九二条以下参照。養子制度を歴史的にみれば、(イ)祭祀や祖名を継ぐ（血統継続）、「家のため」の養子から、(ロ)子を養いたいという親の本能を満足させ、労働力を補充し、老後をたよる「親のため」の養子に変貌し（したがって、養子制度を否認する国が生じてきた）、(ハ)さらにもっぱら未成熟の子の哺育・監護・教育を目的とする「子のため」の養子として再生してきたといわれる。

三　親子関係の効果

親子関係について民法は以下のような効果を認めている。(イ)未成年の子は、父母の親権に服する（八一八条一項）。養子は、養親の親権に服する（同条二項）。(ロ)子は父母の相続人となる（八八七条一項）。ただし嫡出子と非嫡出子がいるばあいは、後者の相続分は前者の相続分の二分の一である（九〇〇条四号）。父母も子の相続人となりうる（八八九条）。(ハ)嫡出子は、父母の氏を称し、嫡出でない子は母の氏を称する（七九〇条）。養子は、養親の氏を称する（八一〇条）。(ニ)親子は直系血族として、互に扶養をなすべき権利を有し義務を負う（八七七条以下）。(ホ)その他、親は未成年の子が婚姻するについて同意を与えるなど（七三七条）、多くの規定がある（七九七・八一一・七六六・七八八・七八七・八一五・七三四・七三六条など）。

第六　親　権

親権とは、父母が未成年者の子に対して有する監護教育を内容とする権利義務の総称である。親権は、母権から父権、そして父母共権へと進み、また「親のため」から「子のため」へと進化した。わが新法が、「子のための」親権法であることは明白である。すなわち、親権者は充分に子の利益を保護しうるものでなくてはならないから、民法は、親が未成年であるときは、その子に対して行なうべき親権を、親の親権者（八三三条）または後見人（八六七条）が代行すべきものとさだめ、旧法下の親権が原則として父の単独行使であったのを、父母の共同行使とし、また家庭裁判所に後見的作用を営ませ、親権者の親権濫用を抑制するがごときがその証左である。

親権は、父母の婚姻中は、父母（養子のときは養親）が共同して行なうのを原則とする（八一八条三項本文・二項）。ただし、この**親権共同行使の原則**にはいくつかの例外がある。(イ)父母の一方が親権を行なうことができないとき（八一八条三項但書）、(ロ)父母が離婚したとき（八一九条）、(ハ)嫡出でない子のとき（八一九条四項）、(ニ)父母の一方が死亡したときなどは、いずれも父母の一方が**単独親権者**となる。

親権の内容は、結局のところ、子を監護教育する権利義務である（八二〇条）。親権の内容である個々の権利には、居所指定権（八二一条）・懲戒権（八二二条）・職業許可やその取消・制限権（八二三条）・子の財産管理権・財産行為代表権・同意権（八二四条本文・四条）などがある。

第七　後見・保佐および補助

親権を行なう者のいない未成年者または成年被後見人の身体および財産を保護する制度が後見（法定後見）であ

る。後見もまた、他の家族法領域と同様に、「家のための後見」から、「被後見人の福祉のための後見」へ進んだ。

後見には、**未成年後見**と**成年後見**とがある。前者は、未成年に対して親権を行なう者がいないとき、親権を行なう者が管理権を有しないとき後見開始の審判（八三八条一号）に開始し、後者は、後見開始の審判があったとき（八三八条二号）に開始される。

後見人は、未成年については、親権者と同様に監護教育・居住指定・懲戒・職業許可の権利（義務）を有し（八五七条）、成年被後見人については、療養看護の義務（八五八条）を有する一方（被後見人の身上に関する義務）、被後見人の財産を管理し、またその財産に関する法律行為について被後見人を代表する（被後見人の財産に関する事務）（八五九条一項）。

保佐・補助は、被保佐人・被補助人を保護する制度である。いずれも保佐・補助開始の審判によって開始し、保佐人・補助人が付される（一一条、一二条、一四条、一六条、八七六条、八七六条の六）。被保佐人、被補助人の一定の行為については保佐人・補助人の同意を要し、同意（又は裁判所の許可）なしに行なった行為は取り消すことができる（一三条、一七条）

第八　扶養

社会にはかならず生活能力のない者がいる。かような者に生活上の扶助を与えることを扶養といい、扶養制度には、**私的扶養**と**公的扶養**（社会保障制度）がある。民法は前者について規定するものである。民法の扶養義務には、二つの異質的なものがあるといわれる。一つは、夫婦や親子の間のように自分と同じ程度の生活を保障する義務（「一椀のかゆもわけて食う」関係）であり、二つは、兄弟間の扶養などのように、自分の生活が立った上で、なお余裕があるばあいにその者の生活を最小限保障する義務である。前者は、**生活保持の義務**、後者は、**生活扶助の義務**と呼ばれている。民法の第六章第八七七条以下に規定するのは、生活扶助の義務についてである。要扶養者の直系血族と兄弟姉妹は、法律上当然に扶養の義務を負う（八七七条一項）。それ以外の親族は、当然には扶養の義務はないが、三親等内の親族については、特別の事情があるときに、家庭裁判所は、扶養の義務を負わせることができる（同条二項）。扶養当事者の順位および扶養の程度または方法は、まず当事者の協議により、協議ができないかまたは協議が調わないときは家庭裁判所がさだめる（八七八・八七九条）。

第二款　相続法

第一項　相続法の意義および特質

相続法は、相続および遺言に関する事項を規律した法であり、親族法と同様、家族法に属する。したがって、親族法と同じく、固有性・道義性・客観的規範性ないし強行法規性を有する。しかし、親族法は家族的共同生活の横の関係を規律するのに対し、相続法は縦の関係を規律する点で根本的に異なるのであるから、各性質の内容もそれに応じて異なる。すなわち、相続法は親族法とちがい一般的に財産法的色彩が濃厚である。これは、相続が、人が死亡したばあいに、その者の財産上の法律関係が一定の者に法律上当然に移転（承継）するという性質からくるものである。

なお、現行法における相続はつぎのような法律的性質を有する。

(1) **相続は人の死亡によってのみ生ずる（死後相続）**　旧法は、財産の承継を目的とする遺産相続のみならず、戸主権の承継を目的とする家督相続をも認めていた。**遺産相続**は、新法の財産相続と同様であるが、**家督相続**は、「家」の継続を目的とするものであり、形式的には、戸主たる地位ないし身分の承継であった。家督相続人についても、原則として**長男単独相続主義**が採られ、また相続は、死亡のほか、国籍喪失、隠居、入夫の離婚などによっても開始された。すなわち、近代法には珍しい**生前相続**が認められていたのである。ところが、新法によって「家」の制度、したがってまた「戸主」の制度が廃止されたから、それに伴い家督相続もなくなり、相続は旧法の遺産相続に当るものの一本になった。それゆえ、新法下では、人の死亡のみが相続の開始原因である。

(2) **相続は財産の承継である**　(1)でのべられたように、新法には、身分的地位の承継はなく、もっぱら財産上の法律関係を承継するものである（**財産相続**）。しかし新法も、祭祀財産を相続財産から区別し、その単独承継を認める（八九七条）。この立法は、わが国の慣習との妥協的産物であるが、「家」の制度を温存するものであるとの批判がある。

(3) **相続は被相続人の地位の包括承継である**　相続は、一定の親族的身分関係にもとづいて、被相続人の地位を承継（**人格の承継**）するものであり、その被相続人の財産に属した一切の権利義務を包括的に承継する（**包括承継主義**）（八九六条）。

(4) **相続は一定の身分関係ある者の間で生ずる**　わが民法は、相続人となるべき者の範囲（直系卑属・直系尊属・兄弟姉妹・配偶者）および順位を法定しているので、これ以外の者は、遺贈はうけられても、相続人となることはできない。したがって、遺言による相続や契約（合意）による相続はもちろん認められない。

第二項　相続人

相続人とは、相続により被相続人の地位を承継する者である。だれが相続人かは、法律によってさだめられている。法定相続人以外に、被相続人の指定や第三者の選定によって相続人を決定できない。

法定相続人の種類と順位を、新法は、法定血族の相続人については、(イ)子（および代襲相続による孫以下の直系卑属）、(ロ)直系尊属、(ハ)兄弟姉妹とし（八八七・八八九条）、これとは別に、配偶者はつねに相続人となるとした（八九〇条）。右のばあい、同順位の相続人が数人いればこれらの者は共同相続人となり、原則として相続分は平等である。

相続人の順位をわかり易く説明しよう。まず法定血族の相続人について。(イ)第一順位　被相続人の子である（八八七条）。孫以下の直系卑属は固有の相続権をもたないが、子を代襲して相続できる（八八七条二項）。養子も実子と同様の相続権があり、非嫡出子も嫡出子と同様に相続できる。いわゆる継子は、継親子関係が廃止になった現在、継親に対する相続権をもたない（一親等の姻族で血族たる子でない）。また子としての相続権は、相続人の年齢や男女の性別あるいは婚姻しているかどうかによって左右されない。(ロ)第二順位　子が一人もなく、また子を代襲すべき者がないばあい（孫がいても子が放棄すれば代襲はおこらない）は、被相続人の直系尊属が第二順位の相続である（八八九条一項一号）。実父母であるか、養父母であるかは関係がない。親等の異なった者の間ではその近い者を先にする（八八九条一項一号但書）。したがって、父母のどちらかが健在であれば、祖父母は相続人になりえない。親等の同じ者が数人いれば同順位で相続人となる。(ハ)第三順位　右の第一第二順位の相続人がいないばあいはじめて、兄弟姉妹が第三順位の相続人となる（八八九条一項二号）。これらの者が数人いれば、同順位で共同相続人になる。兄弟姉妹のうち一部の者または全部が死亡し、あるいは相続権を失ったばあい（欠格者となり、廃除されたばあい）には、その子が代襲相続人となる（八八九条二項）。つぎに、配偶者について。被相続人の配偶者は、右にのべた各順位の相続人があるばあいにもつねに、これと同順位で相続人になり、これらの者がいなければ単独で相続人になる（八九〇条）。この配偶者相続制度は新法があたらしく認めたものであって、夫婦の実質的平等を確定したものとして注目される。

第三項　相続の効力

相続人は、相続開始（死亡によって開始される。八八二条）の時から、被相続人の財産に属した一切の権利義務を承継する（八九六条本文）。人格権や親族法上の権利義務は相続されない。財産法上のものであれば、債権および債務・物権・無体財産権のような権利義務にかぎらず、売買の当事者としての地位や申込を受けた者の地位など一切の法律関係を承継する（「**法律上の地位の承継**」）。しかしこの原則に対しては二つの重要な例外がある。すなわち、「被相続人の一身に専属したもの」は承継されないし（八九六条但書）、祭祀財産（系譜・祭具および墳墓）は相続財産を構成せず、祖先の祭祀を主宰すべき者が承継する（八九七条）。

このように、**相続人**は相続開始のときから、被相続人の財産を直接承継するのであるが、相続人が数人いれば（共同相続）、全相続財産は各相続人の間に共同に帰属することになる（八九八条）。これを、**遺産の共同所有**という。遺産の共同所有（共有）は、第八九八条の文言どおり「共有」なのか、あるいは「合有」的性格を有するのであるか、大いに議論の分かれるところである。いずれにせよ、遺産はそれぞれの相続分に応じて分割する手続が必要である（**遺産の分割**）（九〇六条以下）。さらにまた、共同相続は各相続人の相続分が問題になる。共同相続人が承継すべき権利義務（各人の分け前）の割合が**相続分**であるが、これはまず**第一に**、被相続人の遺言により、被相続人またはその委託をうけた第三者の指定によってさだまる（**指定相続分**）（九〇二条一項本文）。第二に、右の相続分の指定がないときはじめて民法の規定する、つぎの相続分によってさだまる（**法定相続分**）（九〇〇条）。

(イ)　子と配偶者が相続人であるときは、子が二分の一、配偶者が二分の一の相続分をうける（九〇〇条一号）。このばあい、子が数人あるときは、各自の相続分は均等とするが、嫡出でない子の相続分は、嫡出の子の相続分の半分とする（九〇〇条四号）。

(ロ)　配偶者と直系尊属が相続人であるときは、配偶者は三分の二、直系尊属は三分の一の相続分をうける（九〇〇条二号）。直系尊属が数人あるときは、各自の相続分は均等とする（九〇〇条四号）。

(ハ)　配偶者と兄弟姉妹が相続人であるときは、配偶者は四分の三、兄弟姉妹は四分の一の相続分をうける（九〇〇条三号）。兄弟姉妹が数人あるときは、各自の相続分は均等とするが、父母の双方を同じくする者（全血兄弟姉妹）と父母の一方だけを同じくする者（たとえば、腹違いの兄弟のような半血兄弟姉妹）とがあるばあいは、後者の相続分は前者の二分の一とする（九〇〇条四号）。

なお、**代襲相続**のばあいは、被代襲者の相続分が代襲者の相続分となる。代襲相続人が数人いれば、被代襲者の相続分を右にのべた原則の相続分の割合で相続する（九〇一条一項）。これは、兄弟姉妹の代襲相続についても同様である（九〇一条二項）。

第四項　相続の承認および放棄

一　相続の承認・放棄の自由

前述のように相続は、人が死亡すれば、被相続人に属していた権利義務は法律上当然に相続人に移転するのであるが、法律は他面において、相続人にこの効力を自己にうけることを確認する旨の意思表示をなし、またはこの効力を消滅させる意思表示（単独行為）をなすことを認めている。前者を、相続の承認といい、後者を、相続の放棄という。古くは、相続の承認・放棄の自由は一定の制限をうけていたが、新法は、相続人はつねに相続を放棄して全然相続をしないこともできるし、また限定承認をして、被相続人の債務および遺贈によって生じた債務は、相続財産のある限度で弁済をし、固有財産をもっては責任を負わないという留保つきで権利義務を承継することもできることとする。

二　相続の承認

相続の承認には、単純承認と限定承認とがある。**単純承認**は、「無限に被相続人の権利義務を承継する」ことである(九二〇条)。したがって、相続によって承継した債務についても、相続人は自分の固有財産をもって全責任を負わねばならない。単純承認は相続人の意思表示によってなされるが、法律によって単純承認とみなされるばあいもある(**法定単純承認**)(九二一条)。**限定承認**は、相続によって得た財産の限度においてのみ被相続人の債務および遺贈を弁済する責任を負う(九二二条)。相続財産がマイナスであることが明瞭であれば相続人は放棄をすればよいが、プラスかマイナスか不明のばあいにこの制度が効果を発揮する。

三　相続の放棄

相続の放棄は、すでに開始した相続の効力を消滅させる行為(単独行為)である。すべての相続人は、放棄の自由を有し、旧法のような制限はない。相続の放棄をすれば、その者は、相続に関しては、はじめから相続人とならなかったものとみなされる(九三九条)。

第五項　財産分離

財産分離は、相続債権者・受遺者または相続人の債権者の請求によって、その利益を保護するため、相続財産と相続人の固有財産との混同防止を目的とする、裁判上の処分である。相続によって相続財産と相続人の固有財産とが混同すれば、相続財産が債務超過であれば相続人の債権者が不利益をうけるし、相続人の固有財産が債務超過であれば相続債権者が不利益をうける。そこで両財産を区別することを認め、関係者の利益を守ろうとするのがこの制度の目的である。すなわち民法は、一方では、相続債権者と受遺者に、財産分離の請求権を与え（九四一条）、相続財産と相続人の固有財産とを混同させないで、相続債権者や受遺者は相続財産について、相続人の債権者に優先して弁済をうけることができる（九四二条）とする反面、他方では、相続人の債権者にも、財産分離の請求を許し（九五〇条一項）、相続財産と相続人の固有財産とを混同させないで、相続人の債権者は相続財産について、相続債権者や受遺者に優先して弁済をうけることができる（九五〇条二項）とし、その目的に奉仕する。前者は、**第一種の財産分離**といわれ、相続債権者および受遺者を保護するものであるに対し、後者は、**第二種の財産分離**といわれ、相続人の債権者を保護するものである。なお、限定承認や放棄の制度は、相続人を保護するため認められたものである点で、これと異なる。

第六項　相続人の不存在

相続人の不存在とは、相続人の存否が不確定のことである。たんに相続人の所在が不明である（このばあいは、不在者の財産管理の問題である（二五条以下））のと異なり、相続人たるべき者がいるかいないかわからないばあいである。

このようなばあいは、一方において相続人を捜索しなければならないと同時に、他方相続財産を管理・清算（債権者のため）しなければならない。この要求を実現しようとするのが相続人不存在の規定である。

相続人の不存在ということは、相続財産の主体が存在するかどうか不明ということでもあるから、相続財産について管理・清算を行なうにも主体がなくては困る。ここにおいて民法は、相続財産を法人とし、相続財産それ自体に主体性を認めた（九五一条）。法人が成立したら、利害関係人または検察官の請求により、家庭裁判所は、相続財産の管理人を選任しなければならない（九五二条）。選任された管理人は、相続人の捜索と、相続財産の清算を行なう。相続財産法人は、相続人がいることがわかるか（九五五条本文参照）、またはついに出現しなかったばあいは消滅（九五八条の二参照）する。旧規定では、後者のばあい、相続財産は国庫に帰属するとされていたが、昭和三十七年の改正法は、被相続人と生計を同じくしていた者（たとえば内縁の妻、継子など）、生計を同じくしないが被相続人の療養看護に努めた者その他被相続人と特別の縁故があった者（たとえば養老院）に相続財産を承継する機会を与え（九五八条の三）、これら縁故者から所定の期間内に請求がなく、または請求があっても裁判所が相続財産の全部または一部を縁故者に与えなかったばあいに、はじめてその相続財産は国庫に帰属すると規定した(九五九条)。

第七項　遺　言

遺言とは、人がその死亡後に一定の効果を発生させる目的で、法定の事項についてなした要式の単独行為をいう。遺言は古くから存在し、かつ広く行なわれていたが、「家」の制度が行なわれていた時代には、被相続人の遺言の自由はかなり強い制限をうけていた。しかし、私有財産制度の確定されたこんにちにおいては、遺言による**財産処分の自由**が認められるのが一般である(遺言はかならずしも財産に関することを要しないが、財産に関するばあいがもっとも多く、「**遺言の自由**」というときは、普通は「**遺贈の自由**」をさす)。わが民法は、一定の事項にかぎって遺言を認めているが、財産の譲与(遺贈)は全く自由である。ただし、遺留分の項参照。

このように遺言は自由にすることができるのであるが、他方において方式を厳守することが要請される。すなわち、遺言はつねに遺言者の死亡後に効力を生ずるものであるから、遺言者の意思を歪曲させる危険があるので、民法は「遺言は、この法律に定める方式に従わなければ、これをすることができない」と規定した(九六〇条)。民法のさだめる方式には、**自筆証書遺言**(九六八条)、**公正証書遺言**(九六九条)、**秘密証書遺言**(九七〇条)の三種類の、**普通方式**(九六七条)と**危急時遺言**(九七六・九七九条)および**隔絶地遺言**(九七七・九七八条)の、**特別方式**とがある。

そもそも遺言は、死者の最終意思を尊重する趣旨から認められた制度である。それゆえ、遺言をするには一応の判断能力すなわち意思能力があればよい。十五歳以上の者で（九六一条）遺言のとき正常の精神状態を有するかぎり、未成年者・成年被後見人・被保佐人は法定代理人や保佐人の同意をえることなく、単独で遺言をすることができる（九六二条）。

わが民法上**遺言でなしうる事項**は、つぎのようである。

(イ) 子の認知（七八一条二項）
(ロ) 後見人および後見監督人の指定（八三九・八四八条）
(ハ) 相続人の廃除およびその取消（八九三・八九四条二項）
(ニ) 相続分の指定およびその指定の委託（九〇二条）
(ホ) 遺産分割方法の指定およびその指定の委託（九〇八条）
(ヘ) 遺産分割の禁止（九〇八条）
(ト) 相続人間の担保責任の指定（九一四条）
(チ) 財産の死後処分―遺贈および遺言による寄附行為（九六四条・四一条二項）
(リ) 遺言執行者の指定およびその指定の委託（一〇〇六条）
(ヌ) 遺贈減殺方法の指定（一〇三四条）

第八項　遺　留　分

遺留分とは、被相続人の処分によって奪われることなく、相続人がかならず承継できる相続財産の割合である。「家」制度の時代には、財産は、家じしんに帰属していたので、家族員（家長でも）が家産を自由に処分するがごときはできなかった。しかし私有財産制度下のこんにちでは、人は自分の財産を自由に処分できるのを原則とする。それは、生前でも死後の財産帰属でも、また一部でも全部の財産でも同じであるはずである（**個人主義**）。すなわち、この思想からすれば自分の財産の処分は完全に自由なのである（事実、英法系の立法例は遺留分制度を認めない）。しかしながら他面において、死者の財産によって生活していた者の保護も考えてやらなければならない（**家族主義**）。ここに、遺産の一部を一定の家族にのこすという制度が考案されるにいたる（**個人主義と家族主義の妥協**）。これが近代法における**遺留分制度**である。このように、遺留分は遺産の一部（割合）であるから、遺贈を制限するのが本来である。しかし、それでは被相続人が死亡の直前に贈与してしまえば、遺留分制度は意味をなさなくなる。ここにおいて、わが民法は、一定の範囲で、生前の贈与をも制限することにした（一〇二九条参照）。

それでは、被相続人の贈与または遺贈によって、現実に遺留分が侵害されたばあいはどのようになるのだろうか。遺留分は計算上の区分であるから、これら現実の処分行為を当然無効とするものではない。民法は、遺留分を有する相続人がうけた相続財産の総額が、遺贈または贈与がなされた結果として遺留分に足りないときは、遺留分権利者（子・直系尊属・配偶者）およびその承継人は、遺留分を保全するに必要な限度で、その遺贈および贈与の効力を消滅させ、その遺贈および贈与の目的物または価額を取り返すことができるとした（一〇三一条）。この遺贈および贈与の効力を消滅させることのできる権利を**遺留分の減殺請求権**（形成権）といい、遺留分はこれによって保全される。

最後に、民法のさだめる**相続人の遺留分**はつぎのとおりである（一〇二八条）。相続人が数人いるばあいは法定相続分の割合によって算定される（一〇四四・九〇〇・九〇一条・八八七条二項）。

(イ) 直系尊属のみが相続人である場合、被相続人の財産の三分の一。

(ロ) その他の場合、被相続人の財産の二分の一。

第三章　刑　法

第一節　総　論

第一項　総　説

第一　刑法の意義とその機能

(1)　**刑法の意義**　刑法(Strafrecht) は犯罪と刑罰に関する法である。すなわち、刑法は罪となるべき行為と、かかる行為をした者に、一定の刑罰を科する旨をさだめた法規範の一部である。したがって同じ規範でも、たんなる道徳律とは異なる。刑法は、法規範の体系、すなわち法秩序の維持を目的とし、刑法規範に違反する行為を犯罪行為と規定し、これに刑罰を加えて規定しているのである。このような規定がなければ道徳上どんなに非難される行為でも刑法犯として処罰することはできない(憲法三一条参照)。

(2)　**刑法の機能**　刑法は犯罪と刑罰を規定し、法秩序の保全を目的としている。したがって刑法は、まず**規制的**

機能（normierende Funktion）をもつ。刑法は、かかる規制により、人の生命・財産・自由など、個別的な利益（法益）を保護している。すなわち、殺人罪（一九九条）は人の生命、窃盗罪（二三五条）は人の財産、逮捕・監禁罪（二二〇条）は人の自由をそれぞれ保護する。これが刑法の第一次的・直接的目的であり、これらの**法益保護機能**（Schutzfunktion）を通して、全体社会の利益である法秩序を保護する機能をもつことになるのである。他面刑法は、さきにものべたように道徳と異なり、反社会的、反道徳的な行為のうちから、とくに刑罰をもって保護する利益ありと認めるものにつき、犯罪類型として構成要件を規定する。この構成要件に該らない行為は、いかに社会的・道徳的に非難される行為でも刑罰を科することができない。したがって、刑法は、構成要件に該る行為をする者には刑罰を基礎づけるとともに、その限界を明らかにすることによって、国家権力から国民を解放する役割をもっている。かかる機能を**保障的機能**（garantierende Funktion）という。刑法が「**一般国民のマグナカルタであると同時に犯人のマグナカルタである**」といわれるゆえんである。

第二　刑法の法源

(1)　**刑法典**　刑法の法源の主たるものは、刑法典（明治四〇年法律四五号）である。刑法典は、「この編の規定は、他の法令の罪についても、適用する」（八条本文）と規定して、その基本法たることを示している。刑法の法源として以上の固有の刑法のほかに、所得税法・労働組合法・専売法などにも刑罰規定があり、これらを**行政刑法**といい、固有の刑法である刑法典をも含めて、**実質的意味における刑法**という。固有の刑法は、「**それ自体にお**

ける悪」(**mala in se**) を対象とするのに対し、行政刑法は、行政的取締目的を実現するために刑罰をもって臨むものである。したがって、技術的であり、合目的・薄倫理的である。もっぱら、「**禁じられた悪**」(**mala prohibita**) を対象とし、取締目的を実現するものである。

さきにのべたように、刑法典は、実質的意味の刑法の中枢をなすものであるから、刑法総則の規定は、行政法規を含めて他の刑罰法規にも適用されることになるが(八条本文)、行政刑法の分野では、技術的、合目的的、薄倫理的要素に反映されて、刑法典の適用を排除する「特別の規定」(八条但書)が、散見する。

(2)　**罪刑法定主義**

(イ)　**罪刑法定主義の意義および沿革**　罪刑法定主義とは、前記保障的機能の個所にのべたごとく、ある行為が犯罪となり、その効果として、刑罰が科せられるためには、かならず「法律」によることが必要であり、国家権力の恣意を排除するという原則である。近代諸国における刑法は、およそ、かかる罪刑法定主義を基礎においている。この原則は、フォイエルバッハの「**法律なければ犯罪なく、法律なければ刑罰なし**」(Nulla poena sine lege. Nullum crimen sine lege) という言葉に由来し、歴史的には、一二一五年のイギリスの**マグナ・カルタ**に遡る。わが**旧刑法**(明治一三年公布 明治一五年施行)においては、「法律ニ正条ナキ者ハ何等ノ所為ト雖モ之ヲ罰スコトヲ得ス」(二条)と規定し、大日本帝国憲法もこの原則を承認した(大日本帝国憲法二三条)。現行刑法にあっては、この原則は明文化されていない。しかし、これは、この原則を否定する趣旨ではなく、当然の前提として承認されたものである。現行憲法も、第三一条において、間接にこのことを示している。

(ロ) 罪刑法定主義の基礎づけ 罪刑法定主義が近代刑法の大原則としてなぜ承認されてきたのであろうか。フォイエルバッハは、罪刑法定主義の基礎づけを法律によって、一定の行為をした者は、一定の犯罪となり、その制裁として、一定の刑罰が科せられる、という法の機能に求めた。すなわち、一定の罪となるべき行為とその効果である一定の刑罰を法定することによって、一般人がそれを知り、心理的に圧迫されて、かかる行為をしなくなるであろうという推測にもとづくものである。しかし、罪刑法定主義は、かかる**心理強制説**によってのみ基礎づけるべきものではない。一般人に、かかる行為をすべきではないという消極的機能に止まるものではなく、もっと積極的機能を有する。それには、さきにものべた刑法の機能そのものに着眼すべきであり、それは多分に歴史的所産である。すなわち、歴史的に犯罪というものは、為政者の都合の悪い行為が対象とされ、その限界は、いつに為政者の恣意に負うところであった。これでは、君子が為政者のばあいには理想的な結果は生むが、そうでないばあいには未曽有の悲劇を生む。そこで、罪刑を法定することによって、時の権力の恣意を封じ、犯罪行為として処罰される行為の限界を明確にすることによって一般国民を守る（刑法は一般人のマグナカルタである）とともに、犯罪者としても、法定された一定の刑罰しか科せられない（刑法は犯罪人のマグナカルタである）ということが要請される。これが、罪刑法定主義の要請される根拠である。そればかりではなく、犯罪行為を明確にすることによって、かかる人権保障に奉仕する刑法理論なるものが構築されうるのである。

(ハ)　**罪刑法定主義の内容**　罪刑法定主義は、その内容として、文字通りの罪刑の法定すなわち、慣習刑法の禁止のみならず、罪刑の均衡・類推解釈の禁止・遡及処罰の禁止・絶対的不定期刑の禁止ということも包含される原則である。(a)**慣習刑法の禁止**　罪刑の法定ということは、国会の議決した「法律」によることを意味する（憲法三一条）。したがって、刑法の法源は「法律」であることが要請され、慣習による処罰は人権保障と相容れないからである。(b)**罪刑の均衡**　他人の財物を窃取したといって死刑に処することは、極めて苛酷である。そこで、罪刑の法定とは、一定の罪とその刑とが均衡していることが要請される。この均衡は、社会一般の倫理的評価を基礎にもつものでなければならない。(c)**類推解釈の禁止**　法律の規定は、いうまでもなく、文字で表現されるものであり、ある程度抽象化されたものであるから、かならず法文の解釈ということが行なわれる。この解釈いかんによっては、罪刑法定という理想は空文に帰してしまう。「現に人がいる汽車又は電車を転覆……」（一二六条）という規定は、自動車には適用できない。にもかかわらず、人が乗り、人を運送するものであり、人命にかかわるものであるという理由で、自動車に類推適用することができるとすれば、法文の解釈いかんによって、いかようにも操作することができることになり、罪刑法定主義は運用の面から崩壊する。したがって、この面からの警戒が必要であり、そのために、類推解釈が禁止されるのである。(d)**遡及処罰の禁止**　「何人も、実行の時に適法であった行為については、刑事上の責任を問はれない」（憲法三九条）。行為の時に犯罪とされず、したがって処罰されなかった行為が、後で立法され、前に行なった行為が、この犯罪に該るからといって処罰されては、国民は安心して行動することができない。このようなことから、遡及処罰の禁止が、人権保障としての罪刑法定主義の一内容となってきたのである。(e)**絶対的不定期刑の禁止**　犯罪行為を行なった結果として刑罰を科するといっても、「被告人を拘禁する」といって、いつ刑期がくるのかわからないようでは、犯罪者にとってははなはだしく酷である。残虐な刑罰は禁止され（憲法三六条）、罪と刑とは均衡していなければならないという理想からいっても、かかることを認めることはできない。「懲役三年に処する」「禁個一年に処する」というふうに刑は明確にすべきである。しかし、「懲役一年以上三年以下に処する」という程度までは、それが、罪刑の均衡を失なわないかぎり認められよう（**相対的不定期刑**）。

第三　刑法の適用範囲

一　場所的適用範囲

(1)　「この法律は、日本国内において罪を犯したすべての者に適用する」（一条一項）。日本の国土内で、刑法所定の犯罪行為を行なった者は、その者が、どこの国籍をもつ者であろうと、わが刑法が適用されるということで、**属地主義の原則**という。日本の国外にあっても、日本船舶・日本航空機内に於ける犯罪行為についても同様とされる（一条二項）。

(2)　放火罪・殺人罪・強盗罪などの犯罪行為を、日本国民が外国で行った場合にも、刑法が適用される（三条）。これを**属人主義**という。

(3)　内乱罪・通貨偽造罪などの行為は、何人が、日本国外で行った場合でも、刑法が適用される（二条）。とくに日本国に重大な影響のある行為にかぎって刑法を適用することにし、日本国の法益を守らんとするもので、**保護主義**と呼ばれる(四条も保護主義の現われである)なお、わが刑法は、まだ**世界主義**を採るまでに至っていない(ただし、二条四・六号、仮案二条参照)。

二 時間的適用範囲

(1) 行為の時に犯罪とされなかった行為については、のちに立法され、犯罪行為とされたとしても、その立法にもとづいて、さきの行為を処罰することはできない(遡及処罰の禁止)。また、犯罪後裁判の時までに、その刑が廃止されてしまえば、もはや処罰の根拠を失う。

(2) 「犯罪後の法律によって刑の変更があったときは、その軽いものによる」(六条)。さきにのべたように遡及処罰は禁止されるが、刑法は、この趣旨を拡大し、むしろ積極的に軽い刑罰法規を適用すべしとし、遡及効を認めている。ここに「犯罪後」というのは、犯罪行為の時を基準にする。「刑」とは、主刑を意味する。刑以外のものに変更があったとしても、本条の問題ではない。犯罪行為の時と裁判の時の法の間に中間法が介在しているときは、三者のうちのもっとも軽い法が適用される。問題は新法、旧法間に、刑の軽重がないばあい、いずれを適用すべきかである。争いのあるところであるが、刑罰不遡及の原則どおり、行為時の法を適用すべきであろう。判例も、この見解に立脚している。

(3) 限時法 一定の期間の存続を予定された法律を**限時法**(Zeitgesetz, temporäres Gesetz)という。その期間内に犯罪行為が行なわれ、裁判が完結すれば問題はないのであるが、行為は期間中であったが、裁判時にはその法律はもはや失効しているばあいに、はたしてその行為を処罰できるかどうかが問われるのである。もちろん、当該法律が、予め法律失効後も処罰しうる旨のさだめを置いていれば問題はない。問題なのは、かような規定のないばあいである。もし、これを処罰できないとすると、当該法律の失効間際になって、犯罪行為が増えるのではないか、前に処罰された人との関係からいって、公平を失するのではないかが疑問として提起される。ドイツ刑法などにおいては、法律失効後も処罰できる旨の一般的規定を置いて、これを解決している。わが刑法の立場として、いかに処理すべきか。無条件に処罰を認める説もあり、いくらか制限を加え、法律見解の変更によるばあいは不処罰、事実関係の変更のばあいは処罰に影響なしとする説（動機説 Motiventheorie）もあるが、明文の規定のないかぎり不処罰と解すべきであろう。立法により解決のつく問題でもあり、軽々に罪刑法定主義の理念を放棄すべきではない。

三　外国判決の効力

外国で確定判決を受けたとしても、同一の行為について、さらに日本で処罰することができる。しかし、犯人がすでに外国において言渡された刑の全部又は一部の執行を受けているときは、刑の執行を減軽又は免除される（五条）。

第四　犯罪の成立要件

犯罪とは、法律によって刑罰を科すべきであると定められた行為である。たとえば、殺人罪は、人を殺す行為であり、窃盗罪は他人の物を盗む行為であり、それぞれ刑法一九九条と刑法二三五条に規定がある。

では、行為が犯罪とされるのはどのような場合であろうか。

一般に、犯罪の法律的な定義は、構成要件に該当する、違法・有責な行為である、とされる。以下、犯罪の成立要件、すなわち、構成要件該当性、違法性、有責性について説明しよう。

第一に、犯罪は「構成要件に該当する」行為でなければならない。

犯罪構成要件とは、殺人、放火、強盗、窃盗、詐欺など罰すべき違法行為を類型化した法律上の概念である。個々の具体的な行為を指すのではなく、それらを抽象化した観念的形象である。たとえば、スリ、万引き、こそ泥、空き巣など他人の物を盗る行為は多数存在するが、これらをすべて類型化して、「他人の財物を窃取」する行為として規定したものが窃盗罪の構成要件である。いわば、犯罪の「型」といってもよい。

行為は、まず、構成要件に該当しなければ（犯罪の「型」にあてはまらなければ）、社会的にいかに不都合なものであっても犯罪とはならないのである。刑法で罰する各犯罪の構成要件は、刑法第二編（七七条以下）に定められている。しかし、犯罪を規定する法律は刑法にかぎらないのであって、他にも道路交通法、公務員法、軽犯罪法など犯罪を規定する法律は夥しい数にのぼる。これらを総称して刑罰法規と呼ぶ。

構成要件は、ある行為が犯罪となるかどうかを判断するに当たって、構成要件該当性の有無によって刑法上重要な行為（さらに違法・有責であれば、犯罪となる行為）とそうでない行為とを選別する機能を有するもので、国民の自由保障をめざす罪刑法定主義の要請に応えるものであるとされている。かような刑法理論を構成要件の理論という。

第二に、犯罪は構成要件に該当する「違法な」行為でなければならない。

ある行為が犯罪と認められるためには構成要件に該当するだけでなく、それが法に違反すること、すなわち、法的に許されない、違法なものでなければならない。

すでに述べたように、構成要件は処罰に値する違法な行為の類型であるから、構成要件に該当する行為は一応違法な行為であるということができる（この働きを構成要件の違法推定機能という）。しかし構成要件に該当し、一応違法にみえる行為であっても、具体的な事情のもとでは、社会に実害を及ぼさないかあるいはその害が微弱で処罰に値しない程度のものである場合には、その行為は実質的に違法ではないのである。たとえば、死刑執行人が死刑囚を絞首して殺す行為は形式的には構成要件　（刑一九九条）に該当しているが、これを違法と断ずるのは不合理であろう（もっとも最初から構成要件に該当しないとする学説もないわけではない）。

このように一応構成要件に該当しながら、なお違法とされない事情を違法性阻却事由という。構成要件に該当すると判断された行為は一応違法な行為と推定されるから、実質的な観点からしても違法であるかどうかという判断は、違法性阻却事由があるか否かを判断すれば足りるのである。つまり、構成要件に該当する行為は違法性阻却事由がなければ実質的にも違法な行為とされるのである。

刑法典は違法性阻却事由として三種のものを規定している。

その一は、法令による行為および正当業務行為である（刑三五条）。法令による行為とは、法律・命令にもとづいてなされる行為である。たとえば、警察官の被疑者の逮捕（刑訴一九九条など）、私人の現行犯人逮捕（刑訴二一三条）、親権者の子に対する懲戒（民八二二条）などの行為は、それぞれ逮捕罪、暴行罪の構成要件に該当するが、いずれも法律の規定にもとづいたものであるため、その違法性は阻却される。正当業務行為とは、社会観念上正当とみられるために違法性が否定されるものである。たとえば、医師の手術、ボクシングなどが傷害罪や暴行罪にならないとされるのがこれである。なお、業務行為とみられないものでも、正当なものと解しうるかぎり違法性は阻却される。たとえば、ボクシングにおける殴り合いはプロもアマも適法である点で選ぶところはない。

その二は、正当防衛の規定（刑三六条）である。自己の生命、身体、財産などをさし迫った他人の不法な侵害行為から守るために、これに反撃を加える行為は、それが構成要件に該当する行為であっても違法とされない。侵害が目前に迫っている場合とっさに反撃にでることは人間の自己保存の本能であるし、違法な侵害者に反撃することは正義にかなうからである。ただし、このような私人が法益を守るためにする行為を適法とする範囲が広がりすぎると法秩序の混乱を招来する原因ともなるので、法の本来の保護を受けるいとまのない緊急の事態において、例外的に厳格な要件のもとに認められるのである。なお、正当防衛は自己の法益が危険に遭遇している場合だけでなく他人の法益が危機にある場合にも許される。人通りない夜道で女性が暴漢に襲われているとき、これにノックアウト・パンチを加えたナイトを暴行罪や傷害罪で獄窓に送ることは社会の法感情反するであろう。

刑法典の規定する違法性阻却事由の三番目は、緊急避難である（刑三七条）。これは自己または他人の生命・身体・自由もしくは財産に対する侵害が目前に迫っているとき、これを避けようとしてやむをえずとった行為が刑罰法規の定める構成要件にあたる場合である。たとえば、自宅の火災に際して逃げ口がなくなったため、隣家の垣根を壊して家財を運ぶとか、船が難破して海中を漂っている者が、一人しか支える浮力のない板にすがるため他人を押し退けて自分だけ助かる（「カルネアデスの板」として古くから著名な設例）という場合などである。

緊急避難も正当防衛と同じく緊急事態において例外的に認められるものであるが、正当防衛行為が法益を守るために違法な侵害者に向けられる反撃である（正対不正の関係）のに対し、緊急避難行為は危難の原因とは必ずしも関係の無い第三者の犠牲において行われるもの（正対正の関係）であるため、その要件も正当防衛に比べて一層厳格になっている。すなわち、避難行為が許されるのはそれ以外に危険にさらされた法益を守る道がない場合でなければならず、さらに、避難行為によって生じた害が、その行為によって避けようとした害の程度をこえない場合、つまり、大きな法益を守るために小さな法益を侵害する場合でなければならないとされているのである。

判例をあげよう。

被告人らは国鉄の機関士または機関助士であるが、あるトンネルを通過するにあたり、牽引車両の減車を行わなければ、トンネル内で発生する熱気の上昇、有毒ガス等のため生命身体に被害を受ける危険が常時存在するときは、トンネル通過前に三割の減車を行うことは乗務員の経験上現在の危難を避けるためやむをえない行為であるとして、緊急避難を認めたものがある（最判昭和二八・一二・二五刑集七・一三・二六七一）。本件では、三割減車行為によって生じた害は国鉄の財産上の損害であるのに反し、避けようとした害は生命身体に対する現在の危難であり、財産と生命身体を比較衡量する場合であるから判断は比較的容易であるが、財産対公益あるいは公益対身体といった事例では衡量に困難をともなう場合がしばしば生ずるのである。

構成要件に該当する行為が、実質的に違法でないとされる場合は右の三つにかぎらない。法秩序全体からみてその行為のもたらす害がとるに足らないものであるときは違法として社会的非難を加えるに値しない場合がありうるからである。このように法律に直接の規定はないが、なお違法性が阻却されると考えられている事例を二、三あげることにしよう。

まず、零細な反法行為と呼ばれるものがある。たとえば、他家の垣根の小枝を一本折り取るとか、会社員が勤務先の会社の封筒を一枚私用に使うとか、その行為のもたらす害悪が極めて零細なもので違法視する必要がない場合である。この理論によった裁判例として一厘事件と呼ばれる有名な大審院の判決がある（大判明治四三・一〇・一一刑録一六・一六二〇）。

つぎに、被害者の同意（または承諾）と呼ばれる法理がある。たとえば、所有者が壊すことに同意を与えている場合には、それがいかに高価な家具であったとしても器物損壊罪にはならない。「同意は違法を作らず」という法格言で古くから知られているものである。ただし、同意があればつねに違法性が阻却されるわけではない。建物の所有者が同意しているからといってその建物に放火する行為はやはり違法なのである。同意によって違法性が阻却されるのは刑法の保護の対象がもっぱら個人の利益に限定されており、その行為を無罪としても社会的影響のない場合だけである。放火罪のごとく公共の安全を守るために規定された社会的法益に対する犯罪や国家的法益に対する犯罪の場合は同意があっても違法性は阻却されない。

被害者の同意に関連する問題として安楽死（Euthanasie）の問題がある。森鷗外がこれをテーマに「高瀬舟」を書いてから法律に関心の薄い人にも耳なれた言葉となっている。これは不治の病で死期の切迫している者の本心からの同意にもとづいて、激しい肉体的苦痛を味わわせないためにやむをえない手段として死期を早める行為である。

一般に被殺者に同意がある場合の殺人について刑法は普通の殺人罪より軽い刑罰を定めている（刑二〇二条）。しかし、安楽死の状況にある場合は、死にもまさる苦痛にあえいでいる者に他になす術もないため本人の要求（承諾）にもとづいてその生命を断って安らかにしてやるのであるから、その行為は全く違法性がないのではないかが問題となる。学説に争いがあるが、最近では違法性の阻却を肯定する見解が有力になってきている。判例にはまだ安楽死で無罪を言渡したものはないが、昭和三八年名古屋高裁で安楽死が認められるための要件を明示した注目すべき判決がなされた（名古屋高判昭和三七・一二・二二下刑集一五・九・六七四）。なお、外国では安楽死が犯罪にならないという判例が多数ある。

三つ目は、責任である。構成要件に該当する違法な行為が、さらに、有責に為されたものでなければならないということである。

責任とは、その行為をしたことについて行為者を非難しうることである。普通の人間ならば適法な行為をとることができたのに行為者があえて（故意に）または不注意（過失）で違法な行為をしたという点に非難が向けられるのである。犯罪は処罰に値する行為である。しかし、刑を科せられるのは行為そのものではなくて行為者である。したがって、行為が行為者の非難すべき態度に由来するのでなければ、犯罪とすることも無意味なのである。

責任は三つの側面からの考察される。

第一は、責任能力である。責任能力とは、違法行為を行ったとして、行為者が非難を受ける、つまり、責任を帰せられる適格である。言葉を換えていえば、行為者が責任を担う能力ということができる。責任能力の内容は、行為が法的に許されないことを認識し、その認識にしたがって行為する能力であると定義される。このような能力のない者は「責任無能力者」といい、その行為の故に罰せられることはない（刑三九条一項）。また、その能力が通常人と比べて、著しく低い者は「限定責任能力者」といい、その行為については刑を減軽する（同二項）。自己の行為が法の許さない違法なものであることを知らずに行動する者、または知ってはいても病的な衝動などによって自己の行動をコントロールできずに違法行為をする者に対しては非難を加えることができないからである。たとえば、重度の精神障害者や小学生の犯した犯罪行為を考えてみれば明らかであろう。かれらは精神の異常あるいは未成熟のために普通の人間なみに自分の行動の善悪を判断することができないのであるから、刑罰を科するよりは治療や教育という異なった処遇の方が適当であると考えられているのである。

第二は、故意または過失が存在することである。違法行為に対する責任を問うには行為者が責任能力を有していたというだけでは十分ではない。事の善悪を知っていながら、従ってその行為に出ることを思いとどまるべきであったのにあえて違法行為に出たという心理的態度に非難の契機があるのである。すなわち、故意のない行為は罰しないというのが刑法の原則である（刑三八条一項本文）。しかし、法律に特別の定めがある場合は故意がなくとも罰する（刑三八条一項但書）。過失によって重大な結果を発生させた場合がこれである。故意とは、罪となる事実を認識し、かつ、その違法な結果の発生を認容することである。相手の心臓を狙ってピストルを撃てば相手は死ぬという事実を認識し、かつ、それを意欲あるいは少なくとも認容して（死んでもかまわないと考えて）いる場合である。法の禁止（人を殺してはならない）に積極的に敵対するところに強い非難が向けられるのである。これに反して、過失とは、普通の人間ならば注意して結果の発生を回避すべきであるのに、行為者の不注意により結果を発生させたという場合で法に敵対する積極的態度はみられないので非難の程度も弱くなる（刑一九九条と刑二一〇条の法定刑を比較せよ）。

第三は、期待可能性の存在である。責任能力、故意または過失のほかに適法な行為の選択を行為者に期待しうるという事情が存在しなければ責任を問うことができない、とするのが期待可能性の理論である。その違法行為をする以外に他にとるべき道がなかったという状況であったとすれば、他の者が同じ状況にあったとすれば、やはり同じように違法行為をするであろうから、その行為者だけを特に非難することができないわけである。

第五　犯罪の態様

犯罪行為は一瞬の間に完成してしまうものではない。通常は、犯罪行為の準備、開始、そして完成の過程をたどる。また、刑罰法規のほとんどは、単独犯行を予定して作られているが、一個の犯罪が数人によってなされる場合もある。以下、犯罪の態様を時間的発展と行為者の単複の視点から若干の説明をしよう。

(1)　犯罪の時間的発展段階　犯罪行為は、実行の準備、着手および完成の三つの段階に分けて考えられる。まず、犯罪を行おうとする内心の意思が生じ、それにもとづいて準備をし、犯罪行為にとりかかり、そして犯罪を完成させるというのが普通であろう。刑法には「思想は罰せず」という原則があり、犯罪を行おうという意思（犯意）が生じただけでは罰せられることはない。しかし、その意思が準備行為として外部に現れた場合には、さらに犯罪行為に発展する可能性が大きくなり、犯意が内心に留まる場合より危険が高まるといえる。そこで、一定の重大な犯罪については犯意が外部に表明された準備の段階をも罰するように定めている。この段階に属するものは、二人以上の者が一定の犯罪を行うことを相談する「陰謀」(刑七八条、八八条など)と、たとえば、放火に使用する石油、殺人に用いる凶器の購入など大体において物的形態でなされる「予備」(刑一一三条、二〇一条など)とがある。

さらにすすんで、犯罪を実現する行為を開始した場合(実行の着手という)には、犯罪は完成していないが、準備の段階よりは一層その危険が大きくなる。この段階を「未遂」という。実行に着手して犯罪行為を完了し、一定の結果が発生した場合を「既遂」という。刑法は既遂を罰するのが本則であるが、比較的重大な犯罪については未遂をも罰することにしている(たとえば、刑一一二条、二〇三条など)。

未遂には外部的な障害によって犯罪が完成しなかった場合(障害未遂)と実行に着手した後犯人が自分の意思で犯罪を完成させなかった場合(中止未遂)とがあり、前者は刑を減軽することができるに留まるが、後者は必ず刑を減軽するか免除しなければならない(刑四三条)。このように科刑の上で両者に差を設けたのは、すでに犯罪の実行に着手した犯人に続行を思いとどまらせ、社会に対する危険を防止するための政策によるものである。判例では、人を殺すつもりで相手を短刀で刺したが流血をみて、こわくなってやめた場合や強姦しようとしたが、寒気のため被害者が鳥肌立っているのをみて、欲情を失ってやめた場合などは障害未遂であるが、強盗をしようとしたが、被害者が一九〇円を差し出し、「これをとられたら明日から米を買う金もない」などといって涙ぐんだので同情してその金を取らなかった事案に対して中止未遂を認めた例がある。

(2)　**犯罪には一人で行う単独犯と数人が関与する共犯とがある**　刑法その他の刑罰法規に定められた犯罪は、ほとんど一人の犯人が単独で犯すことが可能であり、また、単独犯行を前提として規定が作られている（ただし、刑法一〇六条、一八四条などはじめから複数の人間による犯行をだけを予定しているものもある）。

そこで、本来単独犯を想定して作られた犯罪に複数の人間が関与した場合の取扱いについて刑法は三種の規定をおいている。

数人が意思を通じて共同して殺害行為をした場合などは共同正犯といい、各人が正犯として扱われる（刑六〇条）。また、他人をそそのかして犯罪を犯させた場合は教唆犯といい、正犯に準じて罰せられる（刑六一条）。これに対して、犯罪をみずから実行する者（正犯）に対して見張りや凶器の貸与などの援助を与える場合は幇助犯（または従犯）といい、正犯より軽く罰せられる（刑六二条）。共同正犯については多くの反対があるにもかかわらず、判例が古くから認めている共謀共同正犯という理論がある。これは、二人以上の者が犯罪を犯すことを共謀し、これにもとづいて共謀者の一部の者が実行した場合、直接実行に加わらなかった他の者も共同正犯になるという理論である。

現代社会の法と民法

2003年4月25日　第1版1刷発行
2014年3月31日　第1版8刷発行

編著者　小　野　幸　二
発行者　森　口　恵美子
印刷所　壮　光　舎　印　刷
製本所　渡　邉　製　本　㈱

八千代出版(株)　東京都千代田区三崎町2の2の13
電話　東京03(3262)0420
振替　00190-4-168060

ISBN 978-4-8429-1283-7